간첩의 탄생

간첩의 탄생

초판 1쇄 발행 2014년 10월 10일

지은이·문영심
발행인·표완수
편집인·문정우

펴낸곳·㈜참언론 시사IN북
출판신고·2009년 4월 15일 제 300-2009-40호
주소·100-858 서울시 중구 중림로 27 가톨릭출판사빌딩 신관 3층
주문전화·02-3700-3256, 02-3700-3250(마케팅팀), 02-3700-3255(편집부)
주문팩스·02-3700-3209
전자우편·book@sisain.kr
블로그·book.sisain.co.kr

ISBN 978-89-94973-19-7 03300

이 도서의 국립중앙도서관 출판시도서목록(CIP)은 서지정보유통지원시스템 홈페이지(http://seoji.nl.go.kr)와
국가자료공동목록시스템(http://www.nl.go.kr/kolisnet)에서 이용하실 수 있습니다. (CIP제어번호: CIP2014027584)

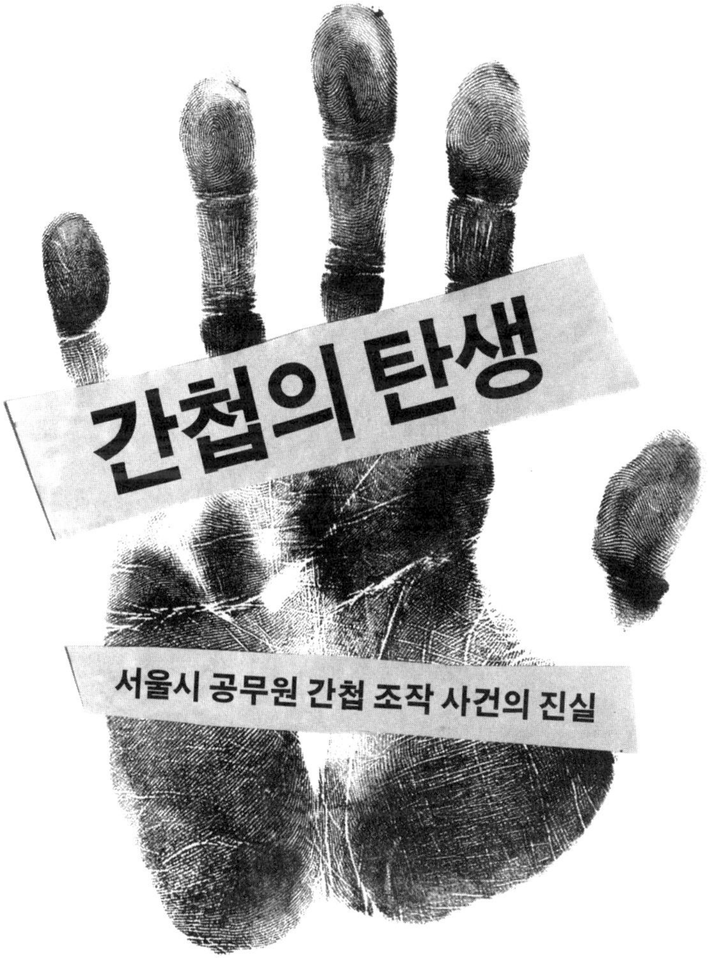

간첩의 탄생

서울시 공무원 간첩 조작 사건의 진실

문영심 지음

시사IN북 Book

독자 여러분을 배심원으로 모십니다

책을 쓰는 동안 머릿속에 달라붙어서 떨어지지 않는 말이 있었다.

"나라의 큰 기관인데 국정원이나 검찰이 나한테 거짓말하겠나?"

유우성 씨의 여동생 유가려 씨가 한 말이다. 죄 없는 오빠를 간첩이라고 고발하면서 자살을 기도할 정도로 고통스러워했던 가려 씨는 '오빠와 한국에서 잘살게 해주겠다'는 말을 믿었다. 스물다섯 살의 물정 모르는 처녀에게 거짓말을 유도하기 위해서 '나라'를 팔아먹은 사람들은 대한민국의 공무원이다. 국정원 수사관과 검사는 나라의 안전을 책임지고 국민의 권리를 보호해야 할 사람들이다. 그들이 '나라'를 팔아서 얻고자 한 것은 무엇이었을까?

풀리지 않는 의문을 끌어안고 씨름하는데 후배가 전화를 했다. 사귀던 남자친구가 아무 말도 하지 않은 채 잠적했다는 것이다. 닷새가 지났는데 휴대전화도 불통이고 아무에게도 행선지를 밝히지 않았다고 했다. 후배의 남자친구는 독립영화 감독이다. 그는 정부를 비판하는 영화를 연출했고 진보정당에서 활동하는 친구였다. 머리를 식히기 위해 여행이라도 간 것 아니겠느냐고 했더니 후배는 울먹이면서 "국가기관에서 잡아간 것 같다"고 했다. 그 말을 듣자 머리가 아파왔다. 대한민국이 언제부터 이런 나라가 됐을까? 사람이 사라졌는데 사고나 범죄를 떠올리기보다 국가기관의 소행을 먼저 의심하는 나라가 되고 말았다.

큰 사건이나 사고가 터지면 '음모론'이 나온다. 음모론에는 당연하다는 듯이 '은폐'와 '조작'이라는 말이 따라붙는다. 국민의 믿을 구석이 되어야 할 정부와 국가기관은 언제나 의혹의 한가운데에 있다. 국정원이 대통령 선거에 개입해서 정치적 댓글을 단 사건이 수사를 거쳐 사법 절차를 밟고 있지만 아무도 공평무사한 처벌이 이루어질 거라고 믿지 않는다. 언제부턴가 진상 규명에는 특별검사와 특별법이 필요하다는 생각이 국민들 머릿속에 자리 잡고 있다. 유가족들이 세월호 참사의 진상을 밝히기 위해 특별법을 요구하는 것만 봐도 알 수 있다. 이런 요구가 나오는 것은 사법제도에 대한 신뢰가 무너졌기 때문이다. 검사를 믿을 수 없고 판사도 믿을 수 없다는 것이다. 정상적인 나라라면 특별법이나 특별검사가 없어도 어떤 사건이든 국민들이 납득할 만한 결과를 내놓아야 한다.

나라의 큰 기관인 국정원과 검찰이 협력해서 죄 없는 사람을 간첩으로 만들었다. 조잡하기 짝이 없는 증거를 내세우며 국가보안법이라는 칼을 휘둘렀다. 재판 과정에서 증거를 수없이 조작했다. 재판부는 검찰이 유죄를 입증하겠다고 내놓은 자백과 증거와 증언을 하나도 인정하지 않았다. 불법 수집 증거이거나 증거 능력이 없다고 판시했다. 유죄입증의 책임은 검사에게 있음을 명확하게 하고 피고인에게 무죄를 선고했다. 이 사건을 판결한 판사들처럼 법을 집행한다면 특별법이나 특별검사가 필요하지 않다. 기존의 사법체계 안에서 이 사건처럼 국민이 납득할 만한 판결이 나온다면 땅에 떨어진 국가기관의 공신력이 회복될 것이다. 국가의 큰 기관이라면 공신력(公信力)이 있어야 한다. 국민의 신뢰를 받지 못하는 정부는 공권력(公權力)을 동원하기 좋아한다. 공권력은 국민에게 명령하거나 강제하는 권력이다. 지난 정권부터 이번 정권 내내 광화문에서 삼청동 뒷길까지 청와대로 가는 길목에 수많은 경찰들을 보초로 세워놓았다. 국민을 두려워하는 정부는 공권력에 기댈 수밖에 없다. 정부가 신뢰를 회복하면 공권력을 행사할 필요가 적어진다.

국민들은 사회적 합의 아래 국가에 권력을 위임하고 국민 모두의 안전을 보장하라고 명령했다. 거꾸로 국가 혹은 국가기관이 국민을 향해 몽둥이를 들게 된다면 강도나 도둑에 비할 바가 아니다. 이미 몇 번의 독재정권 아래에서 경험했듯이 온 국민이 공포 속에서 살아가게 될 테니 말이다. 법치가 무너지면 공신력이 실종되고 그 자리에 주인인 국민에게 몽둥이를 휘두르는 공권력만 넘쳐난다.

서울시 공무원 간첩 증거 조작 사건의 피고인인 유우성 씨는 1심과 2심에서 국가보안법 위반 혐의에 대해서 무죄를 선고받았다. 그러나 없는 간첩을 만들어냈던 국정원과 검찰은 그들이 저지른 죄에 합당한 대가를 치르지 않았다. 간첩 증거 조작 사건 재판이 진행 중이지만 국정원의 책임자와 검사들은 처벌받지 않고 다 빠져나갔다. 그래서 다시 특검이 필요하다는 이야기가 나오고 있다. 이 책은 간첩 증거 조작 사건을 저지른 국가기관과 그 기관의 공무원들에게 어떤 처벌을 내려야 할지를 묻는다. 독자를 배심원으로 모시고자 제기하는 공소장이다. 내가 검사라면 다음과 같이 구형하고 싶다.

독자 여러분께서는 불의와 거짓과 조작을 일삼은 국가기관에 사형을 선고해주십시오. 조잡한 증거를 조작하는 데 예산을 낭비하면서 무고한 사람들을 괴롭힌 국가정보원에는 해체 명령을 내려주십시오. 국정원과 손잡고 증거를 조작하고 인멸했을 뿐만 아니라, 재판 과정에서 국가의 공식기관이라는 사실을 내세워 법원을 기망하고, 사법체계의 근간을 위태롭게 한 검사들에게는 국가보안법을 적용해 그들이 피고인에게 구형했던 법정 최고형인 징역 7년을 선고해주십시오. 그리하여 대한민국이 특별법이나 특별검사가 없어도 모든 국민이 헌법과 법률에 따라 공정한 재판을 받고 인권을 보장받는 나라가 될 수 있게 해주십시오.

차례

남매의 꿈을 실은 비행기가 제주공항 활주로에 내려앉았다. 그들의 꿈은 대한민국 국민이 되는 것이다. 2012년 10월 30일, 유우성과 유가려는 상하이에서 오후 1시에 출발해 오후 3시 무렵 제주에 도착했다. 꿈의 나라 대한민국은 생각보다 그리 멀지 않았다. 가려의 눈에 가장 먼저 들어온 것은 공항을 오가는 여자들의 세련된 옷차림이었다.

"오빠, 한국 여자들은 다 저렇게 멋있나? 옷도 다 잘 입고 날씬하고…… 제제(언니)가 한국은 아줌마들까지 다 세련됐다고 하더니 정말이네."

가려는 벌써 꿈이 이루어진 것처럼 들떠 있었다. 우성은 통과해야 할 관문이 남아 있다는 것을 안다. 가려의 흥분을 가라앉히려고 몇 번이나 되풀이해온 주의사항을 다시 한 번 환기시켰다.

"오빠가 일러준 거 안 잊었지? 국정원 조사 때 어떻게 이야기하라는 거."

"오빠, 나 몇 살인지 아나? 나 어린애 아니다. 회령에서 살다 온 유우성 동생 유광옥, 부모는 화교지만 엄마가 혁명유자녀라서 오빠랑 똑같이 북한 국적 가지고 살았다, 엄마 돌아가시고 난 후 살기 힘들고 오빠와 살고 싶어서 한국에 왔다, 끝."

"잘했어. 아버지하고 같이 중국에 살러 나왔다는 건 말하면 안 돼. 아버지는 북한에 계시다고 이야기해야 돼."

"내가 바본 줄 아나? 말 안 한다."

"오빠가 친하게 지내던 국정원 형님한테 부탁해놨으니까 조사는 간단하게 끝날 거야. 오빠 자체가 너의 보증인이니까. 그다음에는 남한 생활 어떻다는 교육만 잘 받고 하나원에 가게 되면 오빠한테 연락 올거야. 오빠가 하나원으로 면회 갈 테니 그때 만나자."

"제주도가 이렇게 좋은데 서울은 얼마나 좋겠슴? 나 빨리 서울 가고 싶슴다."

"리리, 너 말투부터 고쳐라. 남쪽 사람들하고 어울리려면 북쪽 말씨 쓰면 안 좋다."

리리는 가려의 애칭이다.

"하루아침에 어케 고치겠습네까? 오빠는 이제 서울 사람 다 됐다야. 표시 하나도 안 난다야."

우성은 쓴웃음을 지으며 말했다.

"아직 멀었다. 조금만 길게 얘기하게 되면 다 안다. 사투리는 고쳐도 억양은 잘 안 변한다."

"난 텔레비전 보고 라디오 들으면서 서울 말씨 연습할 거다. 빨리 고치게."

"가려는 똑똑하니까 금세 고칠 거야. 오빠가 대학 보내줄 테니까 공부 열심히 해야 된다. 한국에서 의대 가는 거 어렵다."

"알았다. 공부 열심히 해서 꼭 의사 된다. 오빠 소원이니까."

"오빠가 기다렸다가 같이 서울 올라가면 좋은데 수업 때문에 먼저 가야 된다. 국정원 형님이 잘 보살펴줄 거야. 신신당부해놨으니까. 입국 심사대에 가서 탈북자라고 말해. 가짜 여권 가지고 왔다가 쓰레기통에 버렸다고 하고."

"걱정 마라. 유광옥이 이제 알아서 한국 사람 될 테니까."

남매는 그렇게 헤어졌다. 가려는 입국심사대에서 탈북자라고 신고하고 통검실에서 간단한 조사를 받았다. 통검실에서 가려는 국정원 직원을 만났다. 우성이 형님이라고 부르는 국정원 직원 K의 부탁을 받고 가려를 데리러 온 사람이다. 얼굴이 가무잡잡하고 평범한 인상의 40대 남자였다. 그는 가려를 보고 악수를 청하며 살갑게 말했다.

"유우성 씨 동생인가? 반가워요. 오빠가 K한테 자랑 많이 했다더니 듣던 대로 예쁘게 생겼네."

가려는 긴장을 풀고 활짝 웃었다. 오빠가 시야에서 사라지고 나서 약간 불안했는데 그를 보자 안심이 되었다. 남자는 통검실 직원과 잠깐 대화를 나누고 나서 가려를 데리고 제주공항조사실로 갔다. 조사실로 가는 도중 남자는 우성에게 전화했다.

"유우성 씨죠? 동생이 유광옥 씨 맞습니까?"

"네, 그렇습니다. 동생을 잘 부탁드립니다."

"걱정 말아요. K한테 이야기 많이 들었어요."

전화를 끊고 나서 남자는 가려에게 환하게 웃어보였다. 가려는 그의 미소에 안도감을 느꼈다.

거미줄이 소리 없이 출렁거렸다. 대한민국의 국민이 되겠다는 소박한 꿈을 안고 자진해서 거미줄에 뛰어든 천진스러운 이 남매는 일이 잘 되고 있는 것이 기뻤다. 거미줄 한가운데에는 무시무시한 조직이 투명 망토를 둘러쓰고 차분히 앉아 있다. 이 조직의 사업은 대개 투명 망토 아래에서 이루어진다. 얼마나 많은 악행이 저질러졌는지는 알 수 없다. 망토를 들치고 그 안을 들여다보기 전에는 말이다.

가려는 조사실에 가서 소지품 검사를 받고 탈북 경위에 대해서도 3시간 가까이 조사를 받았다. 가려가 제주공항에서 인천공항으로 이동해 국정원 중앙합동신문센터에 도착한 것은 밤 11시였다. 깜깜해서 건물이 어떻게 생겼는지도 보지 못하고 배정해주는 방으로 들어갔다. 혼자서 쓰게 되어 있는 아주 작은 방이었는데 좌변기와 세면대, 샤워기가 달린 화장실이 붙어 있었다. 감옥에 가본 적은 없지만 가려는 그 방이 꼭 감옥 같다는 생각이 들었다. 가려의 어깨가 바짝 움츠러들었다. 어쩐지 불안하고 무서웠다. 가려는 피로에 지쳐 곧장 구석에 놓인 침대에 누웠다. 어둠 속에서 디지털 시계의 숫자판이 선명하게 보였다. 23:55.

중앙합동신문센터 건물에는 높다란 담장이 쳐지고 담장 위에 철조망이 설치되어 있었다. 경비초소 위에 걸린 서치라이트가 일정한 간격을 두고 건물을 한 차례씩 훑고 지나갔다. 감옥이나 수용소를 연상시키는 모습이다. 가려는 깜박 잠이 들었다가 꿈을 꾸고 깨어나는 일을 반복하면서 첫날밤을 보냈다. 어떤 꿈인지는 기억나지 않았다. 서치라이트가 가려의 뒤숭숭한 꿈속을 들여다보려는 듯 밤새 가려의 방 안을 기웃거렸다.

1부

1
무너진 꿈

　옆방에는 사형수가 있다. 자신이 살던 고시원에 불을 지르고 뛰쳐나오는 사람들에게 마구 칼을 휘둘러 여섯 명을 죽였다고 했다. 그가 벽 하나를 사이에 두고 유우성과 등을 맞대고 누워 있다. 우성의 꿈은 서울구치소 B사동 2호 독방의 창살 사이로 흘러나가 버렸다. 가려를 데리고 제주공항에 도착한 지 70일 만에 일어난 일이다. 유우성은 아직도 자신에게 무슨 일이 일어났는지 이해하지 못한다. 꿈을 잘못 꾸면 이런 일이 일어나는가? 아니면 세상이 뭔가 잘못된 것인가? 혼란스러웠다.

　취침 시간을 알리는 차임벨이 울렸다. 우성은 불을 끄려고 스위치를 찾아 벽 쪽으로 손을 뻗다가 팔을 거두어들였다. 쓴웃음을 지으며 접이식 매트리스를 펴고 그 위에 누웠다. 구치소 안에서는 잘 때도 실내등을 켜둔 채 자야 한다. 오늘은 국정원 조사가 일찍 끝나서 취침 시간을 구치소에서 맞게 됐다. 우성은 잠을 청하기 위해 몸을 이리저리 뒤척였다. 사형수가 갇혀 있는 1호 독방 쪽으로 얼굴을 돌리면 무참한 살인의 현장이 눈앞에 어른거리는 것 같고, 반대쪽으로 등을 돌리면 등에 서늘한 칼끝이 닿는 것 같았다. 천장을 보고 반듯이 누우면 실내등 때문에 눈이 부셨다. 무섭고 불편해서 잠을 이룰 수 없었다. 우성은 멀거니 눈을 뜬 채 꿈을 꾸었다. 탈북한 뒤 9년 동안 한국에서 겪었던 온갖 고초가 뜨뜻한 눈물과 함께 꿈이 되어 흘러내렸다.

불과 며칠 전 국회에서 열린 세미나에서 주제 발표를 했던 일이 생각났다. 세미나에는 탈북자 문제에 관심 있는 몇몇 국회의원과 국회 직원, 학생 들이 참가했다. 우성은 탈북자들의 성공적인 조기 정착을 지원하는 문제와 복지 문제를 이야기했다. 북한의 경제난과 비참한 실정을 자신의 경험담을 통해서 들려주기도 했다.

"2000년, 경성의학전문학교에 다니면서 기숙사에서 지낼 때입니다. 학교에서는 옥수수의 가운데 송치 부분까지 다 기계로 갈아서 국수로 만들어주었습니다. 그때 교수님들이 항상 이런 말씀을 하셨습니다. '배고프면 허리띠를 좀 더 조르면 되고, 더 고프면 물을 좀 마시면 되는데, 만약에 수업시간에 칠판 글씨가 안 보이면 손을 들어서 교수님한테 가서 상담을 받으라.' 영양실조에 걸리게 되면 초기 증상으로 칠판의 글씨가 안 보이기 때문에 진단을 받으라는 말입니다. 제가 졸업하고 회령시 병원에 준의사로 근무할 때 약이 없어서 환자를 살릴 수 없었습니다. 심지어 환자들이 재래시장에 가서 약을 구입해 와서 그 약을 가지고 치료를 받아야 했습니다. 약이 없어서 죽어가는 환자들을 보면서 마음이 많이 아팠습니다. 의사 월급이 한 달에 2, 3만 원밖에 안 됩니다. 이 돈은 북한에서 쌀 10킬로그램 살 돈밖에 안 됩니다. 월급만으로 살 수 없어서 의사들은 뒷돈을 받습니다. 저는 뒷돈을 받지 않으려고 중국을 오가며 장사를 했습니다. 거기다가 북한은 철저한 계급사회라서 당원이나 간부, 고위직 들만 잘살고 노동자나 인민들은 비참한 생활을 하고 있습니다."

그 뒤 중국을 왔다 갔다 하면서 한국 생활을 알게 되고 탈북하게 된 경위를 이야기하고 북한에 비해서 남한이 얼마나 살기 좋고 기회가 많은 곳인지 이야기했다. 탈북자들이 한국에 오려면 목숨을 걸어야 하고 남한 사회에 적응하는 데도 어려움이 많다는 이야기도 했다. 우성의 주제 발표가 끝나고 나서 대학원생이라는 사람이 질문을 했다.

"좋은 이야기 잘 들었는데요. 우리가 북한의 경제적 어려움이나 인권 문제에도 관심을 가져야 하겠지만 그것보다 먼저 우리 사회에 나와 있는 북한이탈주민들, 지금 2만 6천 명가량 되는 걸로 알고 있는데 이분들의 성공적인 정착이 중요하겠고, 또 하나는 탈북자분들이 인권 침해를 겪는 사례가 많은 것으로 아는데 이 문제는 어떻게 생각하세요?"

우성은 오전에 만났던 김씨의 이야기가 생각나서 가슴이 뜨끔했다. 우성이 상담했던 탈북자 김씨는 국정원에서 자신을 간첩으로 의심하고 있다면서 두려움에 떨고 있었다. 국민들이 관심을 가질 정도로 이 문제가 심각한 것인가? 대학원생의 질문은 국정원을 겨냥하고 있었다. 유우성 자신도 어머니 장례식 때 북한에 다녀온 것 때문에 국정원 조사를 받으며 정신과 치료를 받을 정도로 힘든 날들을 보냈다. 하지만 우성은 국정원에 대해 부정적으로 이야기할 수 있는 입장이 아니었다.

"심각하다고 할 만한 인권 침해 사례는 없는 걸로 알고 있습니다. 국정원에서 탈북자들의 신원을 자세히 조사하고 정보를 수집하는 것은 지금 남북이 대립하고 있는 상황에서는 어쩔 수 없는 부분이고 필요한 부분이라고 생각합니다."

우성으로서는 그렇게 대답할 수밖에 없었다. 우성은 탈북자 출신

1호 공무원이 되어 국회에서 세미나를 하고 서울대학교를 비롯한 여러 대학에서 강연을 했다. 우성은 자신이 남한에서 성공을 향해 가고 있다고 생각했다. 여동생 가려도 이제 머지않아 대한민국 국민이 될 것이다. 북한 회령에 살던 남매의 꿈이 현실이 되고 있다고 믿었다.

눈물이 쉬지 않고 흘렀다. 우성은 고개를 돌려 주먹으로 눈물을 훔쳤다. 실내등 불빛이 눈을 찔렀다. 우성은 눈을 감고 혼잣말로 중얼거렸다.

"그게 꿈이야? 이게 꿈이야?"

꿈과 현실이 뒤죽박죽 뒤섞이는 혼란이 일어난 날은 2013년 1월 10일이었다. 그날 우성의 집에는 이화가 와 있었다. 우성의 친구인 이화는 연길에 사는 중국 동포다. 이화는 취업 비자를 받고 한국에 와서 일하고 있다. 그녀는 우성이 중국에 간다는 이야기를 듣고 연길의 친정 어머니께 전해줄 물건을 들고 찾아왔다. 우성이 이날 중국에 가기로 한 것은 아버지의 재혼 문제 때문이었다. 2006년에 어머니가 돌아가시고 혼자 살아온 아버지는 마침 좋은 사람을 만나 살림을 합치기로 했다. 우성은 새어머니 될 분과 그분의 친척들을 만나 인사도 하고, 가족끼리 예식을 올릴 장소와 날짜를 의논하기 위해 출국하려던 참이었다. 음력설이 되기 전에 그런 일들을 다 마무리하기 위해서 3박 4일 일정으로 아버지가 살고 있는 중국 연길에 다녀오려고 계획을 세웠다.

우성은 공항으로 가기 위해 집을 나섰고 이화는 짐을 들어주겠다며 따라나섰다. 양손에 여행가방과 짐을 든 우성과 이화는 엘리베이터를 타고 아파트 현관으로 내려왔다. 아침 10시. 우성이 막 현관을 나섰을 때 검은 양복을 입은 사내 열댓 명이 차에서 내려 그를 에워쌌다. 이화는 짐을 떨어뜨리며 비명을 질렀다. 한 사내가 앞으로 나서며 위압적인 목소리로 말했다.

"유우성, 국가보안법 위반 혐의로 체포한다."

우성은 날벼락을 맞은 듯 마땅한 대답도 못하고 멀거니 사람들을 쳐다보았다.

"가택수색부터 해야 하니까 앞장서!"

우성은 자신에게 일어난 상황을 이해하지 못한 채 사내들에게 에워싸여 도로 엘리베이터에 올라탔다. 5층에 있는 우성의 아파트에 들이닥친 사내들은 집 안을 샅샅이 뒤지기 시작했다. 가택수색은 오후 3시까지 계속됐지만 그들이 확보한 것은 책상에 놓여 있던 몇 장의 프린트된 종이와 우성의 노트북과 스마트폰뿐이었다. 가택수색이 끝나자 그들은 우성을 차에 태워 내곡동에 있는 국가정보원으로 데려갔다. 우성은 중국으로 가는 비행기 좌석 대신 국정원 조사실 의자에 앉았다.

"동생이 보위부(북한의 국가안전보위부, 이하 보위부로 약칭) 일 한 것 다 이야기하던데, 자네가 보위부 일 한 건 맞지?"

첫 질문과 함께 악몽이 시작되었다. 우성의 머릿속으로 불길한 예감이 스쳐갔다. 가려에게 무슨 일이 생긴 것일까?

"보위부 일이라니 무슨 말씀입니까? 동생이 무슨 말을 했는지 모르지만 뭔가 잘못된 겁니다. 동생을 만나게 해주십시오."

"유우성, 너 재북화교 맞잖아. 네 동생이 화교라고 인정했어. 화교는 강제 추방되는 거 알고 있지? 탈북자 명단 만들어서 보위부에 넘긴 것도 동생이 다 말했어. 동생 이야기 들어보니까 네가 하고 싶어서 한 것도 아니더라. 아버지와 동생이 북에 인질로 잡혀 있으니 어쩔 수 없이 한 거 아냐? 정상 참작해줄 테니까 잡아뗄 생각하지 말고 우리 좋게 이야기하자."

독거미가 자신의 온몸을 거미줄로 돌돌 말고 있는 것처럼 섬뜩했다.

"보위부 일이라니요. 그런 일 절대 하지 않았습니다. 탈북자 명단 넘긴 일 없습니다. 이건 뭔가 잘못된 겁니다. 제발 동생 좀 만나게 해주세요."

똑같은 이야기를 한동안 반복하다가 그들은 밤늦게 유우성을 서울구치소로 옮겨 수감했다.

구치소에 들어온 뒤 잠자리에 누울 때마다 필름을 되감듯 체포되던 날의 일을 떠올리곤 했다. 어디서부터 무엇이 잘못된 것일까? 우성은 진저리를 치면서 눈을 질끈 감았다. 1호 독방을 향해서 돌아누웠다. 차라리 살인 현장을 떠올리면서 자는 것이 나을 것 같았다.

유우성은 서울특별시 공무원이다. 2011년 6월, 서울시 복지정책과 생활보장팀에 계약직으로 채용되었다. 이른바 탈북자 출신 1호 공무원이다. 북한에서 의학전문학교를 나와 '준의사'로 일하다가 2004년에 탈북해 중국, 라오스, 태국을 거쳐 대한민국에 입국했다. 탈북자로 신고하고 국정원 중앙합동신문센터에서 조사를 받은 뒤 대한민국에 정착했다. 유우성은 함경북도 회령에서 태어나 탈북할 때까지 회령에서 살았지만 그의 신분은 '재북화교'이다. 재북화교는 북한 국적자가 아니지만 엄밀히 말하면 중국 국적자도 아니다. 어느 쪽이든 국적을 취득하려면 복잡한 절차와 심사를 거쳐야 한다. 유우성의 가족 같은 재북화교들은 중국에서 발행한 여권과 북한에서 내준 외국인등록증을 신분증으로 사용한다.

유우성은 중국인이지만 친가나 외가가 모두 증조부 때부터 4대째 북한에서 살았다. 북한 아이들과 같은 학교에 다녔고 한국 음식을 먹으며 자랐다. 그래서 한국에 왔을 때 북한이탈주민이라고 신고했다. 그때는 북한에 살았던 중국인(재북화교)이라는 신분이 그의 발목을 잡을 거라고는 생각지도 못했다.

우성은 서울시청 복지정책과 생활보장팀원 가운데 제일 일찍 출근하는 직원이었다. 그는 주임들보다 나이가 많았지만 팀의 막내로서 궂은일도 마다하지 않았다. 처음 팀에 배정받았을 때 아무도 그에게 일정한 업무를 맡기지 않았다. 하루 이틀 눈치만 보던 그는 자진해서 상사와 동료 직원들의 서류를 정리해주고 필요한 자료가 있는지 물어봤다. 그들이 업무에 필요하다고 하는 자료들을 찾아서 프린트해주고, 복사가 필요한 서류가 있으면 복사해주었다. 우성의 진심은 동료들의 가슴에 가닿았다. 동료들은 차츰 그를 인정해주고, 업무를 배정해주었다. 싹싹하고 성실한 우성은 결국 모든 동료가 좋아하는 직원이 된 것이다.

우성은 1주일에 20시간, 한 달에 80시간을 시간제 근무로 일했다. 하루 평균 4시간만 근무하면 되기 때문에 비교적 자유로웠지만 그 대신 월급은 100만 원이 조금 넘는 액수라 먹고살기가 빠듯했다. 복지 분야에서 일하려면 전문 지식이 필요하다는 생각에 2012년 2월 연세대학교 행정대학원 사회복지학과 석사과정에 등록했다. 우성은 서울시에 취직되기 전에 이미 연세대학교 중어중문학과 3학년에 편입해서 5년 만에 어렵게 졸업한 바 있다. 이제는 취업했기 때문에 기초생활수급자 자격은 없어졌다. 일과 공부를 병행하려니 벅찼지만 꿈이 있었기에 기꺼이 감내했다. 당장은 힘들지만 정규직이 되면 월급도 배 이상 오를 것이라는 희망이 있었다. 우성은 배우려는 욕심이 대단했다. 온갖 아르바이트의 땀방울로 얼룩진 지난 5년간의 대학생활도 꿈을 이루는 과정이라 생각하고 기쁘게 받아들였다.

우성은 신촌 거리를 좋아했다. 키가 크고 날씬한 여학생들을 많이 볼 수 있었기 때문이다. 언젠가는 신촌 거리를 활보하는 세련된 아가씨와 결혼해서 아들 딸 많이 낳고 행복하게 살 수 있을 거라는 희망을 주는 장소였다. 우성은 연세대학교 정문에서 본관으로 길게 이어지는 백양로를 걸을 때가 가장 행복했다. 그는 자신이 연세대학교 졸업생이라는 것이 자랑스러웠다. 서울구치소의 잠 못 드는 밤, 노란 은행잎들이 반짝거리던 백양로가 자꾸만 떠올랐다.

2
구속

2013년 1월 13일, 유우성에게 구속영장이 발부되었다. 그다음 날인 1월 14일에 유우성은 가려를 담당하고 있다는 수사관을 만났다. 그는 자신을 큰삼촌이라고 소개했다.

"자네가 우성인가? 반갑네. 리리한테 자네 이야기는 많이 들었지. 리리가 나를 아빠처럼 따르면서 큰삼촌이라고 부른다네."

사내는 우성에게 악수를 청했다. 60대 초반쯤 돼 보이는 사내였다. 그는 덩치가 컸다. 키가 185센티미터는 되어 보였고 가슴팍이 두툼하고 짧게 깎은 머리는 반쯤 세어 있었다. 우성은 그가 가려를 '리리'라고 부르는 것 때문에 당황했다. 리리는 가족끼리 부르는 가려의 애칭이었다. 우성의 목덜미에 소름이 돋았다.

"동생이 오빠를 보통 생각해주는 게 아니라서 내가 감동했네. 오빠는 잘못 없다, 동생이랑 아버지가 북에 인질로 잡혀 있으니까 할 수 없이 보위부 일 한 거다, 모든 죄는 다 자기가 안고 갈 테니까 오빠는 용서해달라, 이렇게 얘기하던데, 우성이 너는 어떻게 생각하나?"

우성은 늘 하던 말밖에 더 할 말이 없었다.

"아닙니다. 보위부 일 한 적 없습니다. 동생 만나게 해주십시오. 제가 다 밝히겠습니다."

큰삼촌은 우성의 말을 무시하고 자기 이야기를 계속했다.

"자, 지금부터 자네와 가려가 그동안 한 일을 내가 한번 쭉 정리해줄 테니까 자네 생각을 말해주게."

큰삼촌이라는 사내는 그렇게 운을 떼고 나서 우성에게 그의 죄가 무엇인지 가르쳐주기 시작했다. 유우성 자신조차 모르는 이른바 '서울시 공무원 간첩 사건'의 전모를 친절하게 설명해주었다. 우성은 자신을 감고 있는 거미줄의 정체가 무엇인지 알 것 같았다. 우성은 이야기를 다 듣고 나서 고개를 세차게 흔들며 부정했다.

"이것은 도저히 말이 안 됩니다."

큰삼촌은 우성을 똑바로 쳐다보았다.

"증거와 증인이 다 확보돼 있어. 네가 부인해도 소용없어."

"휴대전화나 노트북을 확인하면 동생 이야기가 거짓말이라는 걸 충분히 입증할 수 있습니다. 제 알리바이를 증언해줄 증인도 있습니다. 동생이 정신이 나갔는지 아니면 강압적으로 자백을 받았는지 모르겠지만 도저히 납득할 수 없습니다. 동생과 대질신문을 시켜주십시오."

큰삼촌의 얼굴에 조롱기 가득한 미소가 번졌다.

"다들 네가 똑똑한 사람이라고 하던데, 젊은 사람이 말귀를 어지간히 못 알아듣네. 우리는 너를 도와주려고 하는 거야. 죄가 있으면 다 털고 새 출발해야지. 리리는 내 말을 잘 알아듣던데."

우성은 말귀를 알아들었다. '너는 간첩이 되어주는 것이 좋겠다'는 뜻이 아닌가? 우성은 온몸을 부들부들 떨면서 조사실의 천장을 올려다보았다. 천장이 천천히 밀려 내려오는 것 같았다. 그들은 가려에게 무슨 짓을 하고 있는 걸까?

족보에도 없는 큰삼촌이 왔다 간 뒤, 국정원에서의 조사 과정은 모두 큰삼촌이 말한 사건 개요에 맞춰졌다. 수사관들은 처음부터 하나하나 짚어가면서 우성에게 다섯 차례의 밀입북 사실과 동생을 통해 탈북자에 관한 정보를 세 차례에 걸쳐서 북한 보위부에 전달한 간첩 행위를 인정하라고 했다. 우성은 모든 기억을 더듬어서 알리바이를 생각해내고 반대 증거가 될 만한 사실들을 끄집어냈다. 싸움은 지루했다. 수사관들은 3명씩 조를 짜서 심문했다. 한 사람은 부드럽게 한 사람은 강압적으로 또 한 사람은 다시 부드럽게. 그들이 나가고 나면 다른 수사관 셋이 들어와서 또 같은 질문을 같은 방식으로 되풀이했다. 사람의 피를 말리는 방법은 많았다.

"2006년 5월에 어머니 장례식 끝나고 중국으로 나왔다가 며칠 뒤에 다시 북한으로 들어갔지?"

"아닙니다. 그런 적 없습니다."

"아니긴 뭐가 아냐? 아버지하고 동생이 걱정돼서 다시 들어갔잖아. 특히 가려가 걱정된다면서 아버지한테 전화해서 다시 가겠다고 해서 아버지가 오지 말라고 했는데도 들어갔다면서, 아니야?"

"아닙니다. 어머니 장례 끝나서 나오고 그 뒤로 간 적 없습니다. 2009년에 조사받을 때 다 말씀드린 부분입니다. 그때 국정원 선생님들이 제 말 믿어주셨고 이미 불기소처분 받은 사항입니다."

"나중에 보위부 애들한테 적발돼서 식구들이 다 잡혀 들어가게 되니까 동생이 '왜 아버지 말 안 듣고 들어와서 이렇게 만들었느냐'고 오빠를 원망하는 소리까지 했다던데, 그래도 아니야?"

"아닙니다. 절대 아닙니다. 동생 만나게 해주십시오."

회유를 맡은 수사관은 우성에게 집요하게 협상을 요구했다.

"유우성, 너는 화교니까 강제 추방될 수 있어. 혐의를 부인하고 계속 버티면 형량만 늘어날 뿐이야. 적어도 5년은 받을 거야. 그 대신 순순히 죄를 인정하면 형량은 3년까지 줄여줄 수 있어. 죄를 인정하고 사상 전향서까지 쓰게 되면 1년 6개월까지 내려가. 이제부터 너한테 가장 좋은 방향으로 진술서를 작성하자고. 네가 반성하게 되면 출소 이후에 잘살 수 있게 우리가 도와주겠네. 물론 여동생도 한국에서 같이 살게 해주지."

친절하기도 해라! 우성은 마음이 흔들렸다. 그들이 요구하는 대로 인정하고 1년 6개월만 형을 살고 난 다음 더는 마음 졸이지 말고 편하게 살면 어떨까. 1주일 동안 거의 잠도 못 자고 시달리다 보니 판단력이 흐려졌다. 밥도 먹히지 않았고 구토 증세가 밤낮없이 계속됐다. 몸무게는 급격히 줄어들었고 황달이 오면서 얼굴이 샛노래졌다. 그러나 탈북자들에게 피해 주는 일을 했다는 사실은 죽어도 인정할 수 없었다. 우성은 그들이 강요하는 내용대로 진술서 쓰기를 거부하고 모든 것은 사실이 아니라는 진술서를 쓴 다음 변호사 선임을 요구한다는 말을 진술서 말미에 써넣었다.

우성은 서울구치소에 수감되어 매일 아침 8시가 되면 조사를 받기 위해 국정원으로 갔다. 우성은 국정원 조사 내용과 자신의 진술 내용을 잊어버리지 않도록 저녁에 구치소에 오면 그날 있었던 일을 기록하기 시작했다. 정신이 조금씩 흐려지는 것을 느꼈기 때문이다. 함정에서 빠져나오려면 디뎠던 발자국을 또렷이 기억해야 한다. 구치소 측에서 CCTV로 그의 행동을 감시하고 국정원에 보고하는 모양인지 그가 기록을 시작하자 국정원에서는 취침 시간 전에 그를 보내주지 않고 더 오래 붙들어놓았다. 국정원에서 하루 종일 시달리다가 밤늦게 구치소로 돌아왔고, 다음 날 8시가 되면 다시 국정원에 가는 생활이 반복됐다. 우성은 국정원에 갈 때마다 변호사를 만나게 해달라고 말했지만 수사관들은 그의 요구를 들어주지 않았다. 우성은 혐의를 벗을 수 있는 증거나 알리바이를 수사관들에게 착실히 진술했다. 결백을 입증하면 풀려날 수 있다는 순진한 생각이었다. 우성은 수사관들이 그가 주장한 내용을 듣고 다른 방에서는 가려에게 구술 중인 소설을 짜 맞추고 있다는 생각은 꿈에도 할 수 없었다.

유우성을 구속 수감하고 수사를 벌인 자들은 형사소송의 기본 원칙이란 원칙은 모조리 무시했다. 헌법과 형사소송법에 명문으로 규정된 구속통지의무를 이행하지 않은 것은 물론이고 변호인의 조력을 받을 권리도 박탈했다. 유우성과 가까이 지내던 신부님이나 친구, 동료 들은 갑자기 증발해버린 그를 찾아 동분서주했다. 국정원은 불법 납치와 불법 구금이나 다름없는 방법으로 우성을 데려다가 수사한 것이다. 형사 피의자에 대한 '무죄추정의 원칙'은 아예 작정하고 짓밟았다. 유우성이 체포된 지 12일 만인 2013년 1월 21일에 〈동아일보〉는 1면 톱으로 '서울시 공무원 간첩 사건'을 보도했다. 기사는 무죄추정의 원칙 따위는 들어본 적도 없다는 듯 '간첩 유우성'을 기정사실화했다. TV들도 앞다투어 〈동아일보〉 기사를 인용해 방송을 내보냈다. 그들은 유우성이 북한 보위부의 공작원으로 활동하면서 탈북자 1만여 명의 신원정보를 북한에 넘겼다고 연일 허위보도를 일삼았다.

3
광일이

구치소의 기상 시간은 아침 6시다. 우성은 일어나자마자 시찰구에 매달려 소리를 지르기 시작했다.

"저, 억울해요. 저는 정말 억울합니다. 제 말 좀 들어주세요. 교도관님, 전 억울해요."

교도관들은 우성의 아우성에 넌더리를 냈다. 교도관은 우성의 시찰구 앞에 와서 엄격한 얼굴로 나무랐다.

"조용히 해. 여기서 이렇게 소리 질러도 소용없어. 여기 들어온 사람들은 어차피 다 재판 받아야 하고, 재판 받으면 죄가 있는지 없는지 밝혀질 거야. 계속 그렇게 소리 지르면 징계 처분 내릴 거야."

"선생님, 제 이야기 좀 들어주세요. 저는 정말 억울합니다. 아무도 제가 여기 와 있는 걸 몰라요. 변호사도 못 만나게 해요. 저는 한국에 가족도 없습니다. 저를 좀 도와주세요. 바깥에 연락할 수 있게 해주세요."

우성은 교도관에게 애원했다. 교도관의 얼굴에 얼핏 딱해하는 표정이 스쳤지만 이내 표정을 수습하고 엄격한 표정으로 돌아갔다.

"검찰로 넘어가면 변호사 만나게 돼. 조금만 참고 있어. 자꾸 시끄럽게 하면 처벌한다."

우성은 어떻하든 바깥에 있는 사람들과 연락을 취해야 한다고 생각했지만 방법이 없었다. 이렇게 억울하다고 울부짖다가 국정원에 끌려가 종일 시달리고, 취침 시간마저 넘긴 채 다시 독방에 내던져지는 일이 반복되었다. 외부와 단절되어 영치금을 받을 수 없었던 우성은 편지로 자신의 처지를 알리고 싶어도 등기 우표 값이 없었다. 유우성은 특수간첩이라고 소문이 나서 교도관들이나 다른 재소자들이 꺼리는 존재였다. 우성은 구치소 수감자 중에서 청소 등의 잔일을 하는 '사서'에게 우표 한 장만 꾸어달라고 부탁했다. 사서는 우성을 믿을 수가 없다면서 거절했다. 우성은 등기 우표 값 1천5백 원 때문에 절망했다. 우성이 포기하지 않고 끈질기게 부탁하자 그중 마음이 약한 사서가 우표두 장을 빌려주었다. 우성은 탈북자를 지원하는 일을 하면서 알게 된구윤회 목사에게 편지를 썼다. 등기로 부치면 당일이나 늦어도 다음 날이면 받아본다고 했는데 사흘이 지나도 감감소식이었다. 알고 보니 구윤회 목사에게 쓴 편지는 국정원에서 검열을 핑계로 며칠을 묵히고 뒤늦게 구윤회 목사에게 전달된 것이다. 그런 사실을 알 리 없는 유우성은 세상이 자신을 잊어버렸다는 공포에 시달렸다.

우성의 생각과는 달리 밖에서는 많은 사람들이 우성을 찾고 있었다. 2013년 1월 18일, 김권순 신부는 아침 일찍 대전에 있는 김찬선 신부에게 전화했다.

"신부님, 혹시 최근에 유우성하고 통화하셨습니까?"

"광일이 말입니까? 아니요. 한 일주일 전인가 아버지 일 때문에 중국에 다녀온다는 얘기를 들었습니다. 그 후에는 연락 주고받은 적 없는데 왜 그러십니까?"

"광일이가 없어졌습니다."

김권순 신부가 걱정스러운 목소리로 말했다.

"없어지다니요? 무슨 말씀입니까? 중국에서 돌아오지 않았나요?"

김찬선 신부가 놀라서 물었다.

"13일에 돌아와야 하는데 지금까지 소식이 없고 무엇보다도 전화 통화가 안 됩니다. 전화를 안 받는 친구가 아닌데. 그리고 광일이하고 가까운 아이들이 이상한 소리를 합니다. 국가정보원에서 아이들한테 전화해서 광일이가 간첩 행위를 한 사실을 알고 있느냐고 묻더랍니다."

김권순 신부가 말했다. 김찬선 신부는 2009년의 일이 생각나자 불길한 예감에 사로잡혔다. 유우성은 당시 북한에 몰래 다녀왔다는 것 때문에 국정원 조사를 받고 있었다. 그 일은 2010년에 불기소처분을 받았다고 했는데 왜 간첩 행위라는 말이 또 나오는 것일까?

"천주교 인권위원회에 찾아가 보세요. 변호사의 도움이 필요할 것 같습니다. 무슨 일인지 알게 되면 저한테도 연락해주시고요."

김찬선 신부의 말에 김권순 신부는 전화를 끊자마자 서둘러 천주교 인권위원회를 찾아갔다.

김찬선 신부는 천주교 작은형제회(프란치스코회) 수련회 원장 겸 수련장이다. 작은형제회에서는 대북사업을 지원하는 단체인 한우리를 조직해서 탈북자들을 돕고 있었다. 김찬선 신부는 한우리 산하에 청년들을 중심으로 영 한우리를 만들었고 유우성은 그 단체에서 열심히 활동했다. 2012년부터는 영 한우리의 회장을 맡았다. 90명 가까운 영 한우리의 회원은 북한 출신과 남한 출신 청년들이 반반이었다. 김찬선 신부가 대전으로 내려가면서 김권순 신부가 서울에서 영 한우리의 지도 신부가 되었다.

우성은 연세대 탈북자 출신 대학생들을 중심으로 구성된 '연세대 통일한마당'과 탈북자 출신 대학생과 남한 출신 대학생들이 같이 활동하는 '새롭고 하나 된 조국을 위한 모임(새조위)' 등에서도 활동했다.

우성은 대학원 동아리에서도 임원으로 활동하며 탈북자들의 어려운 현실을 선배들에게 알리고 도움을 요청했다. 대학원의 사회복지학과 선배들은 탈북자들에게 도움을 주고 싶어도 방법을 몰라서 못했다며 우성의 제안을 반겼다. 우성은 후원금과 장학금을 모아서 모임을 통해 알게 된 탈북자 후배들에게 나눠주었다. 물품 후원도 받았다. 기업을 운영하는 사람들에게 이월상품이나 옷, 신발, 가방 등을 협찬 받아 나눠주기도 했다. 김장철에는 김치까지 후원받았다. 탈북자뿐만 아니라 도움이 필요한 한국 청년들에게도 나눠주었다. 우성은 장학금과 물건을 전달하는 역할을 했기 때문에 학생들의 추천서를 작성해서 가지고 있었다. 이름과 연락처, 그리고 옷과 신발 사이즈 등이 적힌 추천서가 우성의 컴퓨터에 저장되어 있었는데, 국정원에서 가택수색할 때 입수했다는 그 유명한(?) 탈북자 명단이 바로 그것이다.

우성은 영 한우리와 관련된 일 때문에 김권순 신부와는 하루가 멀다 하고 연락을 주고받았다. 전화를 받지 못할 사정이 생기면 김 신부에게 미리 거취를 알려주었다. 그런 그가 1월 10일부터 일주일이 지나도록 연락두절 상태라니 걱정하는 게 당연했다.

김찬선 신부는 김권순 신부의 연락을 기다리면서 광일에게 별일이 없기를 기도했다. 유광일은 유우성이 2004년에 탈북자로 한국에 들어왔을 때 밝힌 이름이다. 김 신부는 그 이름이 친근하고 입에 붙어서 우성이 이름을 바꾸고 난 뒤에도 '광일이'라고 불렀다. 김찬선 신부가 광일을 처음 만난 것은 2008년 무렵이었다. 탈북자들의 고충을 듣고 해결해준다는 이야기를 듣고 광일이 김찬선 신부를 찾아왔다.

"신부님, 제가 영세 받을 때 대부를 서주신 분이 있는데 저를 가족처럼 잘 대해주셨습니다. 그분이 사업이 어려우니 돈을 빌려달라고 하셨어요. 탈북자 정착금을 은행에 넣으면 이자가 너무 박하니까 차라리 자기한테 6개월만 맡기면 은행 이자의 2~3배를 쳐서 돌려주겠다고 했습니다. 이자 때문이 아니라 그분이 저를 아버지처럼 따뜻하게 대해주셨기 때문에 빌려드렸어요. 제 돈뿐만 아니라 친구가 결혼하려고 모아 놓은 돈까지 그분한테 드렸는데 6개월 후에 사업이 잘 안 됐다면서 감옥에 들어가버렸습니다. 저보다도 제 잘못으로 친구 결혼자금을 날리게 돼서 너무 미안하고 어떻게 했으면 좋을지 모르겠습니다."

광일은 고개를 푹 숙이고 눈물을 글썽거렸다.

"그분이 구속되기 전에 돈 받으러 갔다가 사업이 잘 안 돼서 끼니도 걸렀다고 해서 30만 원을 부쳐주기도 했어요. 감옥에 들어갔으니 그분도 안됐다는 생각이 들긴 하는데 친구 생각하면 밥이 잘 안 넘어가고 잠도 안 옵니다."

김찬선 신부는 돈 떼어먹은 원수에게 오히려 돈을 보태주었다는 말에 큰 감명을 받았다.

"비싼 돈 주고 인생수업 받았다고 생각해라. 그걸 든든한 밑천으로 삼으면 앞으로 뭘 하든 성공할 거야."

우성은 김 신부와 이야기하면서 마음을 정리했다. 김찬선 신부와 유우성의 인연은 그렇게 만들어졌다. 그 후 광일은 어려운 일이 있을 때마다 김찬선 신부를 찾아가서 의논했다. 한국에 가족이 없는 우성은 명절 때마다 김찬선 신부에게 인사하러 갔고, 사제관에서 명절을 지내고 가기도 했다. 김찬선 신부는 많은 탈북자들을 도와주었지만 광일처럼 여러 해가 지나도 꾸준히 찾아오는 사람은 드물었다. 도움을 받을 당시에는 평생 잊지 않겠다는 말들을 했지만 한두 해가 지나면 자기 살기 바빠서인지 발길을 끊었다. 광일은 한 번 맺은 인연을 소중하게 생각하는 청년이었다.

2006년에 어머니가 돌아가셨을 때 북한에 갔다 온 것 때문에 2007년부터 2010년까지 국정원 조사를 받을 때도 광일은 김찬선 신부를 찾아왔다. 그때 유우성은 화교 신분과 간첩 혐의 등으로 국정원에서 추궁을 당했다.

우성은 국정원 조사를 받으면서 우울증에 걸려 정신과 치료를 받을 정도로 극심한 스트레스에 시달렸다. 그 무렵 우성은 한 작명가에게 이름을 바꾸면 어려움이 해결될 거라는 말을 들었다. 지푸라기라도 잡는 심정으로 어떤 이름이 좋겠느냐고 물었더니 그가 유우성이라는 이름을 지어주었다. 그때부터 유광일은 유우성이 되었다. 김찬선 신부는 광일이 힘들어 하는 모습을 지켜보면서 용기를 북돋아주었다.

"네가 법을 어긴 것은 처벌을 내리면 받아야 하지만, 간첩 혐의는 당당하게 아니라고 말해야 한다."

김찬선 신부는 2010년에 밀입북 혐의에 대해서 불기소처분을 받고 자신을 찾아와 기뻐하던 광일의 모습이 눈에 선했다.

우성은 탈북자라는 꼬리표를 떼고 대한민국 청년 유우성이 되고 싶어 했다. 대학을 졸업하고 탈북자지원재단에서 좋은 조건을 제시했는데도 다른 직장을 찾은 것도 그런 이유 때문이다.

"신부님, 저는 한국 사람들과 같은 조건으로 일하면서 한국 사회의 시스템을 제대로 배우고 싶습니다. 한국 기업에 들어가서 사회 경험을 하고, 탈북자 유우성이 아니라 한국 청년 유우성으로 인정받고 싶어요. 한국 청년들과 공평한 조건으로 일을 배우고 경쟁하면서 경험을 쌓고 싶어요. 탈북자들을 돕는 일은 계속하겠지만 먼저 한국 사회를 제대로 알아야 할 것 같습니다. 그래야 탈북자들에게 어떻게 도움을 주는 게 좋을지도 더 잘 알 수 있지 않겠습니까."

김찬선 신부는 고개를 끄덕거렸다. 광일은 분별력이 있고 영민한 청년이었다.

유우성은 대학을 졸업한 2011년 6월에 서울시 공무원으로 채용되었다. 공무원이 되고 나서 김찬선 신부를 찾아온 우성은 상기된 표정으로 말했다.

"신부님, 저 서울시 복지정책과 생활보장팀으로 발령받았습니다. 계약직이긴 하지만 열심히 일해서 꼭 정규직이 될 겁니다."

김찬선 신부는 자기 일처럼 기뻤다. 그 후 광일은 탈북 청년의 성공적 정착을 상징하는 모범 사례로 언론에 자주 오르내렸다. '탈북자들의 희망' '탈북자 출신 1호 공무원' '탈북자들의 역할 모델' 등의 수식어가 유우성의 이름 앞에 따라다녔다. 전국의 여러 대학에서 강연을 하고, 〈KBS 통일열차〉〈MBC 통일전망대〉 등 방송 프로그램에 출연하기도 했다. 직장생활과 학업, 봉사활동까지 하면서 바쁘게 살았다. 적은 월급으로 어렵게 살았지만 꿈을 이루는 과정이라면서 늘 밝은 얼굴이었다. 김찬선 신부는 광일에게 더는 나쁜 일이 일어나지 않기를 빌었다.

김권순 신부는 천주교 인권위원회를 통해서 '민주사회를 위한 변호사 모임(민변)'에 법률구조를 요청했다. 민변에서는 장경욱 변호사에게 연락했다. 장경욱은 공안사건을 다뤄본 경험이 많았고 탈북자 간첩 사건을 여러 건 맡고 있었다. 2013년 1월 18일에 김권순 신부와 장경욱 변호사가 만났다. 김권순 신부는 유우성을 데려간 국정원 수사관의 연락처를 알고 있었다.

"신부님이 먼저 전화해서 유우성은 한국에 가족이 없고 내가 가족이나 다름없는 사람이니 즉시 어디 있는지 알려달라고 하십시오."

김권순 신부가 국정원 수사관에게 전화해서 장경욱이 시키는 대로 우성의 소재를 알려달라고 했으나 상대는 모른다면서 전화를 끊어버렸다. 장경욱이 국정원 수사관의 전화번호를 넘겨받아 전화했다.

"나는 장경욱 변호사요. 지금 국정원에서 유우성을 구금하고 있습니까?"

상대는 이번에는 대답도 하지 않고 전화를 끊어버렸다. 장경욱은 수사관에게 문자 메시지를 보냈다.

'국정원에서 유우성을 수사하고 있다면 즉시 유우성의 소재를 알려주시오. 그렇지 않으면 불법 구금에 대한 법적 조치를 취할 것입니다.'

메시지를 보내고 나서 한참 기다렸더니 국정원 수사관이 전화했다. 그는 유우성이 1월 10일에 체포되고 1월 13일에 구속됐으며 지금 서울구치소에 수감되어 국정원에서 수사를 받고 있다고 말했다.

다음 날인 2013년 1월 19일 오전, 장경욱 변호사와 김권순 신부는 국정원으로 가고 김 신부가 부탁한 다른 지인들이 서울구치소로 유우성을 접견하러 갔다. 장경욱과 김 신부가 국정원에 도착할 무렵, 서울구치소에 간 사람들에게서 유우성이 국정원으로 출정 가서 접견을 못했다는 연락이 왔다. 장경욱이 국정원에 변호인 접견을 신청했으나 유우성이 아직 국정원에 오지 않았고 서울구치소에 있다는 답변이 돌아왔다. 장경욱이 몇 번이나 항의했으나 국정원에 없다는 말만 되풀이했다. 장경욱과 김 신부는 서울구치소로 달려갔다. 그날은 마침 토요일이었다. 토요일은 구치소에서 변호인 접견실을 열지 않았다. 가족 면회만 허용된다고 해서 점심시간이 지나고 나서 김권순 신부가 면회를 신청했지만 다시 국정원에 출정 갔다는 대답이 돌아왔다. 김 신부는 그들이 자꾸 핑계를 대면서 접견을 방해하자 우성의 신변에 무슨 일이 생긴 건 아닌지 불안해졌다. 장경욱과 김 신부가 이날 두 번째로 국정원에 갔을 때 장경욱은 처음으로 유우성을 접견할 수 있었다.

우성은 장경욱 변호사를 만나기 전에 많이 망설였다. 국정원 수사관들은 장경욱 변호사를 비방하며 갖은 험담을 늘어놓았다.

"장경욱 변호사는 국가보안법 사건 맡으면 5년형 받을 사람 7년형 받게 만드는 걸로 유명한 변호사야. 민변 소속 변호사들은 전부 다 빨갱이나 마찬가지야. 걔들은 돈만 챙기고 책임도 안 진다니까. 너희 아버지 찾아가서 큰돈 요구할 거고, 너희 집은 망하게 돼 있어. 우리 말 안 듣고 민변하고 소송했다가는 나중에 크게 후회할 줄 알아."

우성은 국정원 수사관들이 하도 어르고 달래는 바람에 마음이 흔들렸다. 이때까지만 해도 우성은 국정원 수사관들을 '선생님'이라고 부르고 있었다. 이번 일이 터지기 전까지 우성에게 국정원은 고마운 기관이었다. 자신을 탈북자로 인정해주고 정착지원금도 받게 해주었고, 2006년에 어머니 장례식에 참석하느라 북한에 다녀온 사실을 알고도 처벌하지 않고 선처해주었다. 터무니없는 혐의를 씌워 자신을 간첩으로 지목하는데도 설마 하는 마음이 남아 있었다. 국정원 수사관들의 말을 거역하면 더 큰 보복을 당하지 않을까 하는 두려움도 있었다. 우성은 복잡한 마음으로 장경욱 변호사를 만났다.

장경욱은 탈북자 간첩 사건을 여러 건 맡아본 경험이 있었다. 대부분의 탈북자 간첩 사건에서 유일한 직접 증거는 피의자 본인의 자백이다. 탈북자들이 '자백'을 근거로 간첩 혐의에서 유죄 판결을 받는 경우를 수없이 보면서 장 변호사는 안타까움을 느끼고 있었다.

유우성은 다른 탈북자들과 달랐다. 장경욱을 보자마자 자신이 죄가 없음을 주장했다.

"변호사님, 저는 보위부에서 시키는 일을 한 적이 없습니다."

장경욱은 유우성의 이 한 마디에서 가느다란 빛을 보았다. 스스로 당당하게 무죄임을 주장하는 탈북자 간첩 피의자를 만나다니! 우성은 형편없이 지쳐 보였지만 눈빛이 살아 있었다.

"국정원에서 제가 중국에 간 날짜에 맞춰서 거짓말을 만들었습니다. 동생이 허위자백을 하고 있습니다."

"우성 씨는 동생이 왜 그랬다고 생각해요?"

"여동생이 화교 신분이라서 한국 국적을 부여할 수 없다고 하니까 자기나 오빠가 북한에 살면서 보위부에 이용당한 피해자라고 진술하면 한국에서 살 수 있을 거라고 지레짐작했거나 아니면 그렇게 유도당해서 진술한 것 아닐까 합니다."

"우성 씨는 지금 뭐가 제일 힘들어요?"

"우리 사건이 화교 남매 간첩 사건이라고 언론에 나올까 봐 제일 걱정되고요. 여동생이 잡혀서 어떻게 하고 있는지 몰라서, 심장도 안 좋은데, 나이도 어리고 한국 실정도 모르는 동생 때문에 미칠 것 같습니다."

"동생은 우리가 어떡하든 만나보도록 할 테니까 우성 씨는 마음 단단히 먹고 국정원에서 무슨 말을 해도 허위진술하지 마세요."

그날 김권순 신부는 저녁 늦게까지 국정원 정문에서 우성을 기다렸다. 얼굴이라도 한 번 보아야 안심이 될 것 같았다. 우성이 호송차를 타고 서울구치소로 돌아가려고 정문을 나설 때 국정원 수사관이 차 문을 열어주었다. 이때 김 신부는 잠깐 동안 우성을 볼 수 있었다. 초췌하게 변한 우성의 모습에 김 신부는 가슴이 철렁했다.

김권순 신부는 월요일인 1월 21일이 되어서야 서울구치소에서 10분 동안 유우성을 면회할 수 있었다. 우성은 불과 20일 만에 다른 사람처럼 변해 있었다. 우성은 원래 통통한 편인데 몸무게가 20킬로그램 가까이 줄어서 뼈만 앙상한데다 희고 혈색 좋던 얼굴이 누렇게 떠 있었다. 김권순 신부를 만난 우성은 10분 내내 울기만 했다.

"신부님, 저 정말 억울합니다. 억울합니다."

"진정하고 내 말 잘 듣게. 지금부터는 변호사들의 도움을 받아서 우성이의 결백을 입증해야 돼. 우리가 도와줄 테니 마음 굳게 먹고 몸 상하지 않게 유념하게. 천주님이 함께하심을 믿고 늘 기도해야 하네."

국정원에서 돌아온 우성은 김권순 신부가 넣어준 성경책을 머리맡에 두고 잠자리에 누웠다. 국정원에서 조금 일찍 돌아오는 날도 밤마다 악몽을 꾸는 바람에 길게 잠들지 못하는 날이 계속됐다. 누워서 눈을 감으면 엄마가 생각나고 아버지가 생각나고 가려가 걱정되면서 가슴이 두근거렸다. 그러다가 점차 가슴이 답답해지고 숨 쉬기가 어려웠다. 우성은 이러다가 그대로 심장이 멈춰버리는 것이 아닌지 두려웠다. 전형적인 공황장애 증세가 나타난 것이다. 우성은 옆으로 누워서 다리를 잔뜩 구부렸다. 엄마 배 속에 있던 자세를 취하면 조금이나마 숨 쉬기 편한 것 같았다. 우성은 돌아가신 엄마를 불렀다.

"엄마, 엄마, 살려주세요. 가려와 저를 살려주세요."

우성은 손을 뻗어 머리맡의 성경책에 손을 얹었다.

"신부님, 도와주세요. 하느님, 살려주세요."

4
변호인

2013년 1월 20일 일요일에도 장경욱은 국정원에 가서 변호인 접견을 신청했고 국정원 조사에 입회했다.

"장 변호사님은 일요일인데 쉬지도 않으세요?"

변호인 접견을 신청하자 국정원 직원이 물었다.

"이게 다 너무 열심히 일하는 국가정보원 때문입니다. 국정원에서 일요일에 쉬지 않는데 국정원 담당 변호사가 일요일에 어떻게 쉽니까? 국정원이야말로 일요일에는 피의자를 좀 쉬게 내버려둬야 하는 거 아닙니까?"

유우성을 피의자로 신문하는 자리에 입회한 장경욱은 유우성이 국정원 수사관들에게 얼마나 두려움을 느끼고 있는지 두 눈으로 똑똑히 보았다. 국정원 수사관은 변호인이 보고 있기 때문인지 비교적 부드럽게 신문했지만 조사 도중 다른 수사관이 문을 열고 들어오자 유우성은 의자에서 벌떡 일어섰다. 장경욱은 유우성이 국정원에 대한 공포를 극복하고 적극적으로 자신을 방어할 수 있게 해야 한다고 생각했다.

우성은 구치소에서 접견할 때와 국정원에서 접견할 때 태도가 달랐다. 구치소에서 면회할 때면 국정원 수사관들의 강압 수사에 대해서 이야기했다. 국정원에서 변호인들의 비밀 접견 내용을 계속 캐물으면서 변호인들이 개입해서 일이 더 커지게 되었다는 식으로 압박한다고 했다. 우성은 자신이 화교라서 변호인단이나 지인들이 자신을 버릴까 봐 불안해하기도 했다. 국정원에서는 우성의 이런 불안 심리를 이용해서 압박하고 전향하라고 회유했다. 우성은 국정원에 가서 밥을 한 끼도 먹지 않았고, 영치금을 넣어주겠다는 제의도 거절했다. 국정원의 회유에 넘어가지 않기 위해서였다. 그런데도 장경욱이 국정원에 항의하겠다고 하니까 유우성은 검찰로 송치된 다음에 싸우겠다면서 말렸다. 국정원에 대한 공포를 떨쳐버리지 못한 것이다. 장경욱은 우성에게 말했다.

"싸울 때 못 싸우는 사람은 영원히 못 싸우는 거예요. 겁먹을 게 뭐가 있어요? 지금 당장 나하고 가서 항의합시다."

우성은 자리에서 일어서지 못하고 망설였으나 장경욱은 물러서지 않았다. 장경욱은 유우성을 데리고 조사실로 갔다. 장경욱은 유우성을 조사하는 수사관에게 말했다.

"책임자에게 내 말을 전달해주세요. 변호인이 피의자와 접견하면서 나눈 이야기는 법적으로 비밀이 보장됩니다. 수사관은 그 내용을 물어서는 안 돼요. 오늘 이후로 다시 한 번 변호인과의 비밀 접견 내용을 물었다는 이야기가 나오면 응분의 대가를 치르도록 조치하겠습니다. 변호인이 구두로 경고했습니다. 알았습니까?"

"네, 알았습니다."

조사관은 할 수 없이 고개를 끄덕거렸다.

언론에 유우성에 대한 기사가 나간 뒤 장경욱 변호사는 변호인단을 모집하기 위해 동분서주했다. 2013년 1월 22일에 유우성 공동변호인단의 첫 회의가 열렸다. 김남국, 김용민, 양승봉, 장경욱 변호사가 회의에 참석했고, 설창일, 천낙붕, 하주희, 이광철 변호사가 합류할 뜻을 밝혔다. 공소가 제기되기 하루 전인 2013년 1월 25일에 열 명의 변호인단이 꾸려졌다. 1심 재판이 시작될 무렵 그중에서 천낙붕, 장경욱, 양승봉, 김용민, 김진형, 김유정 등 6명의 변호사가 변호인단에 남게 됐다. 변호사들은 자주 모임을 갖고 사건에 대한 의견을 나누었다.

"친동생이 오빠를 배반한다, 오빠를 죽이는 증언을 한다, 이게 말이 되나? 솔직하게 말하자면 나는 유우성을 믿을 수가 없어요."

국가보안법 사건을 처음 맡게 된 양승봉 변호사가 고개를 저으며 말했다.

"이번 사건도 조작이라니까 그러네. 틀림없어."

혼자서 탈북자 간첩 사건을 도맡아온 장경욱 변호사가 말했다.

"그래도 여동생이 오빠를 판다는 게 상식적으로 말이 되나요?"

양 변호사는 자꾸만 고개를 갸웃거렸다.

"합신센터에서 탈북자들을 어떻게 다루는지 몰라서 하는 말이야. 우리나라 실정에 대해서 아무것도 모르는 어린 처녀가 석 달 가까이 고립되어 갇혀 있었다고. 무슨 일이 일어났는지 어떻게 알아? 유가려를 저렇게 잡아놓고 있다는 것이 말이 돼?"

장 변호사가 열을 올렸다.

"장기간 독방 생활을 하면서 자술서 쓰게 하고, 접견권도 무시하고, 국정원이 철저히 통제한 것 자체가 심각한 인권 침해지. 그런 조건에서 나온 진술이 증거 능력이고 증명력이고 있을 턱이 없지."

그들 중 가장 선배인 천낙붕 변호사가 말했다. 그 말에는 양 변호사도 고개를 끄덕거렸다.

"탈북자 간첩 사건을 보면 전부 다 합신센터 조사 때 꼬투리가 잡혀 가지고 나중에 만들어지는 건데, 합신센터, 이게 문제가 많아요."

장경욱이 말했다.

"이 사건은 발표 시기도 아주 묘하지 않아요?"

가장 젊은 축인 김용민 변호사가 말했다.

"유우성이 1월에 체포되고 2월 말에 기소됐어. 서둘러도 보통 서두르는 게 아니지. 정권교체기마다 불거지는 국정원 개혁 문제와 무관하지 않지. 국정원의 국내 사건 수사나 정치 개입 금지 얘기가 나오는 시점에 이 사건을 터뜨렸지. 왜 그랬을까?"

천낙붕이 변호사들을 둘러보며 물었다.

"언론을 통해서 이 사건을 부풀리고 키우는 거야. 탈북자 중에 간첩 많다, 탈북자 수사를 강화해야 한다, 국정원 수사관 숫자를 늘려야 한다, 기구 축소는 안 된다, 이런 이야기를 하고 싶어 하는 거지. 찌라시 언론들이 국정원 입맛에 맞게 그런 기사들을 써주고 있고."

장경욱이 말했다.

"서울시 공무원 탈북자 간첩 사건! 얼마나 선정적이냐고요. 탈북자 명단 1만 명을 북에 넘겼다는 건 또 어떻고."

김용민이 어이없다는 듯이 덧붙였다.

"너무 엉성하게 사건을 꾸몄어."

천낙붕이 말했다.

"네, 선배님. 증거도 형편없고 동생 진술이라는 것도 왔다 갔다 합니다."

김용민이 말했다.

"보위부에 인입된 시기가 2007년이었다가 2006년으로 바뀌었던데요."

장경욱이 말했다.

"아무튼 총체적으로 문제가 많은 사건이야. 장 변호사, 그동안 혼자서 탈북자 간첩 사건 변호하면서 억울하고 원통했을 텐데 이번에는 끝까지 진실을 밝히자고. 새 역사를 한번 써야지."

천낙붕이 장경욱의 어깨를 두드리며 말했다.

변호인단은 유우성의 국정원 조사에 입회하고 변호인 접견을 계속하는 한편 유가려를 접견하기 위해 합신센터를 계속 찾아갔다. 2월 4일, 5일, 6일, 7일 나흘 동안 매일 변호인단 중 한두 사람이 찾아가서 접견을 신청했으나 합신센터의 문은 열리지 않았다. 처음에는 '유가려가 변호인 접견을 원치 않는다'고 했다가 그다음에는 변호인 접견 대상이 아니라고 했고, 유우성이 쓴 편지라도 전달해달라고 했으나 그것마저 거부했다.

5
기소

    유우성은 함경북도 회령시에서 중국인 부모 사이에 태어난 재북화교였다. 재북화교들은 중국에서 발행한 여권을 가지고 있었지만 중국 호구(호적)가 없기 때문에 중국에서도 이방인이다. 중국으로 이주해서 정착하는 것이 불가능한 것은 아니었지만 중국에 가서도 3년에서 5년 이상 기다려야 호구를 받을 수 있다. 재북화교란 중국에서나 북한에서나 반쪽짜리 국민이었다.

    구치소에서 잠들지 못하는 밤, 우성은 자신의 마음속을 여러 차례 들여다보았다. 우성은 결국 반쪽짜리 국민으로 살기 싫었던 것이다. 그렇다고 단짝 친구 숙의명이나 아버지처럼 중국 국민으로 사는 것도 원치 않았다. 우성은 목숨을 걸고 탈북하면서 이방인이 아닌 당당한 대한민국 국적자로 살기를 갈망했다. 그래서 북한 국적자라고 말했고 거짓말이라고 인식하지도 못했던 그 말이 원죄가 되어 그의 발목을 잡고 있다. 우성은 자신의 원죄에 대해서 억울한 마음이 더 컸다. 그는 중국인 부모 밑에서 태어나고 싶어서 태어난 것이 아니고 북한에서 태어나고 싶어서 태어난 것도 아니다. 얼굴도 모르는 그의 조상인 증조할아버지와 외증조할아버지가 북한에 가서 살게 됐고 그래서 그는 북한에서 태어났다.

우성은 2006년 어머니가 갑작스럽게 돌아가시는 바람에 북한에 다녀왔다. 남한 국적을 가진 사람이 북한에 간다는 것이 위험한 일이라는 걸 알았지만 어머니 장례식에 참석하지 않을 수 없었다. 유우성이 북한에 다녀왔다는 사실을 알게 된 국정원이 2007년부터 우성을 내사하기 시작했다.

2009년 5월경 우성은 국정원에 불려갔다. 2010년 3월에는 가택수색을 당했고, 검찰과 경찰에도 불려 다녔다. 우성이 2006년에 밀입북한 경위와 화교가 아닌 북한 국적 소지자라는 것이 사실인지 추궁했다. 국정원 수사관들은 북한 국적을 가진 탈북자가 어떻게 북한에 무사히 다녀올 수 있었는지 따졌다. 이때 우성은 두 가지 거짓말을 보태지 않을 수 없었다. 북한에 들어가기 위해서 연길에 사는 조희자(가명)의 도움을 받아 임시호구를 연길에 두고 본인 명의의 통행증을 받아서 들어갔다는 것과 북한에 들어가는 것을 눈감아달라고 보위부에 뇌물을 주었다는 것, 그 두 가지 거짓말을 당시 국정원 수사관들은 믿어주는 것 같았다. 북한 보위부에 뇌물을 주었다는 것은 연길에 사는 외당숙 공성철(가명)과 입을 맞춰서 공성철이 우성의 부탁을 받고 노트북과 기름, 쌀, 고기 등을 보위부에 건넨 것으로 허위진술을 하도록 했다. 국정원은 이 일을 다시 끄집어내면서 기름이나 쌀, 고기를 주었다는 부분은 빼버리고 노트북만 건넨 것처럼 조서를 꾸몄다.

당시 우성은 아버지, 어머니가 화교이지만 어머니가 혁명유자녀라서 자신은 북한 국적을 취득할 수 있었다고 말했다. 어머니가 혁명유자녀인 것은 사실이었다. 우성의 외증조할아버지 조덕일은 중국과 북한을 오가며 항일운동을 돕다가 일본군에게 처형당했다. 그래서 외할아버지는 물론이고 외삼촌과 어머니도 혁명유자녀로 북한 사회에서 우대를 받았다. 어머니는 우성이 북한 국적을 취득하길 원했다. 우성은 어려서부터 외국을 동경했고, 성인이 되어 중국을 오가게 되면서 남한을 동경하게 되었다. 북한 국적을 취득하면 중국을 마음대로 드나들 수 없었다. 우성이 적극적으로 북한 국적을 취득하지 않은 이유였다.

어렵게 편입한 연세대학교 중문학과에 다니던 시기에 밀입북 건을 조사받으면서 우성은 우울증에 시달렸다. 정신과 의사를 찾아가 한동안 우울증 치료를 받았다. 그러던 중, 2010년 7월에 북한이탈주민남북협력법 위반 사실이 있지만 공소시효가 끝나서 불기소처분한다는 통지를 받았다. 우성에게는 단비 같은 면죄부였다.

그러나 그 모든 거짓말이 지금 덫이 되어 우성의 발목을 잡았다. 실제로는 북한 보위부에 뇌물을 준 적이 없지만 외당숙까지 끌어들여서 만들어놓은 거짓말은 국가보안법상 편의 제공이라는 죄목으로 그를 옭아맸다. 거짓말이 후회를 낳았다. 유우성은 화교라는 사실을 감추기 위해 많은 대가를 지불했다. 2010년 당시에는 어머니 장례식에 다녀오고 북한 보위부에 뇌물까지 제공한 자신을 왜 기소하지 않았는지 아무리 생각해도 이해할 수 없었다. 우성은 이번에 국정원 조사를 받으면서도 북한 국적자라고 주장했다. 2013년 1월 21일, 구치소에서 텔레비전을 보다가 자신이 간첩이라고 보도하는 뉴스를 보았다. 그동안 한국에서 살면서 쌓아온 공든 탑이 하루아침에 무너지는 소리가 들렸다. 우성은 한국 사회에서 언론이 가진 힘을 잘 안다. 유우성은 그다음 날 국정원 수사관들 앞에서 자신이 북한 국적이 없는 화교라는 사실을 인정했다.

우성의 일이 알려지면서 많은 사람이 구치소로 편지를 보내줬다. 우성의 결백을 믿고 격려하는 내용이 대부분이었다. 언론에 보도된 뒤, 김권순 신부는 우성의 기운을 북돋워주기 위해 되도록 자주 구치소를 찾아 우성을 만나고 자신이 못 오면 다른 사람들을 대신 보냈다. 우성이 활동하던 영 한우리는 한우리라는 단체의 산하단체였다. 한우리는 일반 탈북자와 남한의 가톨릭 신자들의 모임이고, 영 한우리는 그중에서 대학생들의 모임이다. 김 신부는 한우리 회원들을 중심으로 교대로 우성을 접견하도록 했다. 변호사들은 수임료를 받지 않고 무료 변론을 하기로 결정했지만, 우성의 영치금과 소송 비용을 마련하기 위해 모금운동도 펼쳤다. 우성을 믿는 사람들이 뜻을 모아서 후원금을 모았다. 김권순 신부가 중심이 되어 대책위원회를 만들고 유우성을 구하기 위해 변호인단과 힘을 합치기로 했다.

우성은 2013년 1월 10일부터 29일까지 20일 동안 국정원 수사를 받고 검찰에 송치되었다. 1월 29일 검찰 송치를 앞두고 변호인들은 묵비권을 행사하도록 조언했다. 국정원에서처럼 계속 진술하는 경우 피의자에게 유리하게 조서가 작성될 리 없고 검찰 조서는 증거 능력이 쉽사리 부인되지도 않는다. 검사가 묻는 말에 수동적으로 따라가면서 진술하다 보면 자신에게 불리한 진술로 왜곡될 소지가 있는데 이것을 통제하기가 쉽지 않다. 피의자는 심리적 불안감에 정상적인 판단을 하기 어려운 특성이 있어서 검사가 형량을 낮춰준다면서 회유하면 속기 쉽다. 그래서 변호인단은 묵비권 행사를 권하는 것이다.

"국정원에서 조사받을 때 기억이 잘 안 나서 착오로 진술한 것도 거짓말하는 것처럼 조서에 기재되어서 불리한 것 같더라고요. 변호사님들 오시기 전까지는 조사를 받으면 죄가 없는데도 국정원 수사관들을 당할 수가 없고 넋이 나가고 귀가 안 들려서 정신을 차릴 수가 없었어요. 동생이 변호인의 도움 없이 혼자 갇혀서 조사받은 것 생각하면 너무 불안합니다."

우성은 가려 걱정 때문에 피가 마르는 것 같다고 호소했다.

"가려 씨와 대질할 때까지 진술을 거부하겠다고 검사에게 꼭 말하세요. 만약 대질하게 되면 반드시 변호인이 참여한 자리에서 영상 녹화를 전제로 응하겠다고 말해야 합니다."

김용민 변호사가 거듭해서 당부했다.

검찰로 송치된 첫날 유우성은 이시원 검사에게 진술을 거부한다고 밝혔지만, 이시원이 알았다고 하면서도 마치 일상적인 대화를 하듯 질문을 하자 자기도 모르게 대답을 하고 말았다. 변호인이 옆에서 주의를 주면서 더 이상 답변하지 말라고 했다. 경찰이나 검찰에서 수사나 조사를 받아본 경험이 없는 사람이 전문적인 수사관이나 법조인을 상대하기가 얼마나 어려운지 알 수 있다. 유우성은 첫날 당하고 나서는 그다음 날부터는 묵비권을 행사하며 검사의 질문에 일절 답변하지 않았다. 그런 가운데 2013년 2월 26일, 검찰은 유우성을 국가보안법 위반 등의 혐의로 기소했다.

공소장이 나오고 공소 사실을 뒷받침하는 유가려의 진술서를 열람할 수 있게 되자 변호사들은 유우성을 접견하면서 가려의 진술을 뒤집을 알리바이와 증인, 탄핵 증거를 찾기 시작했다. 양승봉 변호사는 '여동생이 오빠를 팔 수 있는가?'라는 의문을 풀기 위해 매일 우성을 만나러 갔다. 가려의 증언이 거짓임을 주장하는 우성의 말을 믿을 수가 없었다. 양 변호사는 유우성이 자신을 설득해주기를 바랐다. 가려의 진술 내용을 보여주자 우성이 말했다.

"변호사님, 우리는 2011년 7월에 이미 이사를 나왔는데 여동생은 계속 북한에 집이 있는 것처럼 말하고 있습니다. 2012년 1월이나 2012년 7월에는 북한에 집도 없을 때입니다. 그런데 2012년 1월에 엄마 산소도 없는데 가서 성묘를 드리고 그 집에서 머물다가 나오고, 2012년 7월에는 자기가 넘어가서 집에서 자고 온 것처럼 이렇게 말을 합니다. 가려진술서는 전부 다 거짓말입니다. 너무 이상합니다."

"그럼 집을 누구한테 팔았는데?"

양 변호사가 물었다.

"우경희(가명)한테 팔았습니다. 우경희는 지금 한국에 있으니까 전화 걸어서 확인해보십시오."

양 변호사는 우경희에게 전화했다. 우경희는 우성의 말이 맞다고 확인해주었다.

"2011년 5월이나 6월경에는 집을 사면서 광일이네 집에 돈을 다 줬습니다. 2011년 7월에 집 팔고 중국으로 다 나갔으니까 그 뒤에 회령에 들어왔다는 소리는 못 들어봤습니다. 가려 엄마 무덤까지 정리해서 유골 가지고 나갔으니까 들어올 일이 없었겠지요."

우경희의 말은 우성의 주장을 뒷받침해주었다.

"변호사님, 꼭 이화를 만나보세요. 이화가 우리 집 일은 누구보다도 잘 알고 있습니다. 이화한테 들어보시면 동생 말이 사실이 아니라는 걸 아실 수 있을 거예요."

우성의 말대로 양 변호사는 이화에게 전화를 걸었으나 받지 않았다. 문자를 보내도 마찬가지였다. 결국 우성의 말에 따라 구윤회 목사에게 부탁해 어렵사리 이화를 만날 수 있었다.

"우성 씨 말이 맞습니다. 국정원 수사관들한테 하도 시달려서 모르는 번호는 아예 전화를 안 받습니다."

이화는 그렇게 말하면서 웃었다. 막상 만나보니 시원시원하게 말을 잘했다.

"2012년 1월에 설날 닥쳤을 때는 가려 식구들하고 우리 식구들하고 내리 같이 있었어요. 우성 씨가 중국 온 날도 마중 나갔고, 그다음 날, 다음 날 계속 만나서 저녁에 노래방도 가고 놀았어요. 한국 들어가는 날은 제가 공항에 태워다줬고."

이화의 말은 우성의 말과 일치했고 가려의 진술과는 달랐다. 이화는 2011년에 가려 아버지가 중국에 이사 나오던 무렵의 일들도 자세히 이야기했다.

"그때 2011년 5월에 가려가 중국으로 이사 나온다고 되게 좋아했어요. 그때 나와서는 물건도 많이 사서 우리 집에 맡겨놓고 들어가고. 7월에 이사 나왔을 때는 내가 같이 가서 짐 정리하는 것도 거들어주고. 아버지 편찮으셔서 병원에도 모시고 다니고."

"이사 나오고 난 뒤에는 회령에 안 갔습니까? 가려나 우성이 아버지나."

양 변호사가 물었다.

"안 갔어요. 갈 일이 없었죠. 그 집 식구들은 회령에 볼일이 없어요. 친척들도 거의 다 중국 나와 살고."

양승봉은 유우성의 진술이 사실 그대로라는 믿음을 다지게 되었다.

"가려는 어떤 아가씨입니까?"

양 변호사가 물었다.

"아주 명랑하고 귀엽고 발랄한 아입니다. 가려가 왜 그런 거짓말을 해서 오빠를 저렇게 만들었는지 아무리 생각해도 모르겠어요. 바보도 아니고 똑똑한 아이인데."

이화는 가려 이야기를 하면서 눈물을 글썽였다. 유우성의 동생 유가려, 이 처녀에게 무슨 일이 일어났던 것일까?

2부

1
회령 화교 유가리

죄가 없더라도 죄를 만들어낼 수 있다. 그런 신기한 재주를 가진 사람들이 있다. 꿈을 안고 날아온 남매의 죄는 어떻게 만들어졌는지 살펴보자. 대한민국 국가정보원의 창조적 수사기법이 적나라하게 드러난다. 변호인단이 유가려를 만나려고 수없이 찾아갔던 국정원 중앙합동신문센터의 굳게 닫힌 문 안에서 유우성을 간첩으로 만드는 '사업'이 넉 달 동안에 걸쳐서 밤낮없이 진행되었다.

2012년 11월 5일, 유가려가 합신센터에 들어온 지 일주일째 되는 날이다. 유가려가 조사실에서 수사관들을 기다리고 있는데 '아줌마'와 '대머리'가 들어왔다. 그들이 이름을 알려주지 않았기 때문에 가려는 그들의 특징대로 혼자 그렇게 불렀다. 대머리는 키가 작은 편이고 안경을 썼는데 앞머리가 벗어진 40대 후반의 남자였다. 아줌마는 쌍꺼풀 진 눈이 큰 편이고 곱상하게 생긴 50대 여자였다. 처음 며칠 동안은 아줌마 수사관이 혼자서 가려를 담당했다. 11월 1일부터 4일까지 아줌마는 가려의 진술을 그대로 받아 적기만 했다. 이름은 유광옥, 오빠는 유우성, 어머니가 돌아가시고 나서 살기가 더 어려워졌고, 아버지는 새 어머니를 얻게 되어 오빠랑 살기 위해서 탈북했다는 이야기를 고개를 끄덕거리면서 들어주었다. 그런데 그날은 분위기가 달랐다.

아줌마와 함께 조사실에 들어온 대머리는 들고 들어온 서류뭉치를 책상에 내던지면서 화난 목소리로 가려를 불렀다.

"유가리!"

'가리'는 가려의 이름을 중국식으로 발음한 것이다. 유가려는 깜짝 놀랐지만 자기 이름은 '광옥'이라고 계속 말해왔기 때문에 모르는 척하고 가만히 있었다. 대머리는 큰 소리로 가려를 다그쳤다.

"너 이름이 뭐야? 이름을 말해봐."

"유광옥입니다."

가려는 유광옥임을 다시 주장했다.

"아직도 유광옥이야? 너 유가리잖아. 이게 어디서 앙큼하게 거짓말이야."

아줌마가 앙칼진 목소리로 외쳤다. 아줌마의 책상은 조사실 문 쪽에 놓였고 책상 앞은 파티션으로 막혀 있었다. 가려는 반대편 벽 쪽으로 3미터가량 떨어진 곳에 있는 작은 책상 앞에 앉아 조사를 받았다. 대머리가 가려 옆으로 와서 섰다. 아줌마는 파티션 너머로 가려를 노려보면서 계속 이름을 대라고 했다.

"이름, 이름을 말해!"

"유광옥입니다."

아줌마가 벌떡 일어서더니 가려에게 달려왔다. 아줌마는 들고 온 서류뭉치로 앉아 있는 가려의 머리를 내려쳤다.

"솔직히 말 안 해? 회령에서 온 사람 중에 너를 모르는 사람이 없더

라. 다 화교라고 알고 있던데, 병신 같은 게 어디서 거짓말을 해!"

가려는 혼비백산했지만 자신이 화교라는 사실을 계속 부인했다.

"저는 화교 아니고 조선 사람입니다. 엄마가 북한 국적자라서 북한 국적으로 살았습니다."

가려가 떨리는 목소리로 주장하자 대머리가 가려의 양팔을 잡아서 일으켰다.

"쌍년이 아주 거짓말을 밥 먹듯이 하네. 벽 쪽에 가서 서 있어."

가려는 벌벌 떨면서 벽 쪽으로 가서 섰다.

"야, 이 싸가지 없는 년아, 너 한번 혼나볼래? 사실대로 말 안 해?"

아줌마가 서 있는 가려 앞으로 와서 얼굴을 바싹 들이대며 말했다. 아줌마는 그동안의 모습과는 너무 다른 표독스러운 얼굴로 가려를 노려봤다. 가려가 다리가 떨려서 비틀거리며 벽에 기대려고 하자 대머리가 가려의 팔을 거칠게 잡아당겨서 벽에서 떼어놓았다.

"기대지 마. 기대기만 해봐. 똑바로 서."

그들은 번갈아가며 가려에게 바른대로 말하라고 다그쳤다. 가려가 계속 화교임을 부인하자 대머리는 주먹으로 가려의 머리를 내려쳤다.

"이래도 아니야? 너 화교지? 화교 맞지?"

가려는 울면서 아니라고 머리를 흔들었다. 아줌마가 가려에게 달려들더니 가려의 뒷머리를 잡아챘다. 가려의 머리채를 잡고 마구 흔들던 아줌마는 분이 안 풀린 듯 벽에다 가려의 머리를 찧기 시작했다. 가려는 비명을 질렀지만 아줌마는 계속해서 머리채를 잡고 흔들다가 벽에 찧기를 반복했다. 아줌마가 지쳐서 숨을 헐떡거리며 물러서자 대머리가 나섰다. 대머리는 가려의 머리를 주먹으로 내려치고 따귀를 때렸다.

"말해봐. 네 이름이 뭐야? 화교 유가리지? 그렇지?"

그래도 가려는 아니라고 고개를 저었다.

"이 쌍년이 아주 질기네. 생긴 건 순진하게 생겨가지고 거짓말을 아주 잘하는구나."

대머리가 잠시 숨을 돌리는 사이에 아줌마가 다시 나섰다.

"네가 아무리 그래도 우리한테는 안 통해. 말해봐. 너 화교지? 그렇지? 화교 유가리!"

가려는 울면서 고개를 저었다.

"아닙니다. 아닙니다. 화교 아닙니다. 조선 사람입니다."

아줌마가 발로 가려의 정강이를 걷어찼다. 하이힐의 뾰족한 뒷굽으로 세게 찼기 때문에 가려는 비명을 지르며 그 자리에 주저앉았다. 아줌마가 소리쳤다.

"야! 일어나. 똑바로 서지 못해!"

가려는 다리가 아파서 벽을 짚고 겨우 일어섰다. 그러자 대머리가 와서 가려의 손을 벽에서 떼어냈다. 가려는 울면서 고개를 숙이고 겨우 서 있었다.

"고개 들어. 눈 마주치고 똑바로 말해!"

"화교 맞지? 회령 화교 유가리!"

"아닙니다."

대머리가 달려들어서 겨우 서 있는 가려의 앞머리를 쳐서 벽에 찧어댔다.

"이래도 아냐? 응? 이래도 아냐?"

가려는 완강하게 고개를 저었다.

아줌마는 가려를 때리느라고 손등이 벌겋게 된 것을 보고 화를 내면서 소리쳤다.

"저년 때문에 이게 무슨 꼴이야. 어디 네가 이기나 내가 이기나 한번 해보자. 네가 진술 제대로 안 해서 내 밥줄 끊기면 책임질래? 내가 너 같은 것 때문에 옷 벗어야겠어? 내가 옷 벗으면 누가 우리 아들들 먹여 살리니?"

가려는 난생처음 당하는 무자비한 폭행에 얼이 빠져서 울기만 했다. 그래도 화교라는 것을 인정하면 안 된다고 이를 악물었다. 대머리가 아줌마에게 말했다.

"선배, 잠깐 나가서 쉬고 들어와요. 내가 이년한테 항복을 받아낼 테니까."

아줌마는 한숨을 쉬면서 옷매무새를 가다듬고 밖으로 나갔다.

"너 아무리 버텨도 소용없어. 증인이 있으니까. 계속 그렇게 거짓말 하면 개망신 주는 수가 있어. 얼른 바른대로 말해."

가려가 계속 고개를 젓자 대머리가 말했다.

"네가 북한 국적자란 말이지. 그럼 북한에서 공민증 받는 방법부터 말해봐. 몇 살 때 어디서 어떻게 신청하는지 말해."

가려는 공민증을 받아본 적이 없어서 정확하게 대답하기가 어려웠다.

"공민증은 열일곱 살 때 발급받고……"

가려가 제대로 말을 못하자 대머리가 비아냥거렸다.

"모르지? 공민증 받아본 적 없으니까."

이때 아줌마가 들어왔다.

"무슨 얘기야?"

"화교 유가리가 북한 공민증을 잘 몰라서 대답을 못하고 있어요."

대머리가 가려를 비웃으면서 말했다.

"북한 국적자라면서 공민증을 몰라? 공민증 앞면에는 뭐가 적혀 있어?"

아줌마가 가려에게 물었다. 가려는 기억을 더듬어서 겨우 대답했다.

"공화국 표시가 있고……"

아줌마가 다시 물었다.

"발급기관은 어디야?"

가려는 기억을 짜내면서 자신 없는 목소리로 대답했다.

"인민, 인민보위부……"

아줌마가 웃어댔다.

"인민보위부? 인민보위부에서 공민증을 발급해? 맞아?"

가려는 고개를 숙이고 훌쩍거리기만 했다.

"공민증 뒤에 사진 옆에는 뭐가 있어?"

대머리가 다시 물었다.

"이름하고 성별, 난 날, 난 곳, 민족별 표시로 조선족인지 외국인인지……"

가려가 더듬거리며 말하자 대머리와 아줌마가 찢어지는 소리로 웃었다.

"그래? 잘 아는데. 맞아? 조선족이라고? 조선 사람 아니고? 네가 중국인이니까 한국 사람은 조선족이라고 하는 게 맞겠네. 그럼 네 공민증 발급번호 말해봐."

가려는 고개를 숙이고 아무 말도 하지 못했다.

"고개 들어! 눈 마주치고 다시 말해봐. 너 화교지?"

대머리가 손가락으로 가려의 턱을 들어 올리며 다시 한 번 물었다. 그래도 가려는 아니라고 고개를 가로저었다. 의자에 앉아서 가려를 비웃던 아줌마가 벌떡 일어서더니 가려의 손목을 잡아챘다.

"이 계집애 아무래도 안 되겠어. 정신 번쩍 들게 해주마. 전기고문 맛을 보여주지. 따라와."

아줌마는 가려의 손목을 잡고 방을 나섰다. 아줌마는 가려와 별 차이 없는 자그마한 체격이었지만 완력은 놀랄 만큼 셌다. 가려는 끌려가지 않으려고 버텼지만 순식간에 복도로 끌려 나갔다. 대머리와 아줌마는 가려를 질질 끌면서 몇 미터를 걸어가더니 어느 방문 앞에 섰다. 아줌마는 방문을 열고 가려를 잡아당겼다. 가려는 전기고문이 뭔지 알지 못했지만 그들의 기세에 혼이 빠질 만큼 공포를 느꼈다.

"자, 다시 한 번 묻겠다. 너 화교야, 아니야?"

가려는 그 방에 들어가지 않으려고 필사적으로 몸을 빼면서 외쳤다.

"아닙니다. 화교 아닙니다."

아줌마와 대머리는 문을 몇 번 열었다 닫았다 하면서 가려를 위협하다가 다시 가려를 조사실로 끌고 갔다.

"단단히 망신을 줄 테니까 각오해. 너 같은 독종은 혼이 나봐야 돼."

아줌마가 그렇게 말하면서 책상 위에 있던 A4용지 두 장에 매직펜으로 글씨를 쓰기 시작했다. 종이에 쓴 글자는 '회령 화교 유가리'였다. 아줌마는 두 장의 종이를 가려의 가슴과 등에 스카치테이프로 붙였다. 아줌마와 대머리는 종이를 붙인 가려를 끌고 내려가 개별 조사를 끝낸 사람들이 집단으로 생활하는 건물 앞에 세워놓았다. 생활관 안에 있던 사람들이 창문으로 아래를 내려다보면서 무슨 일인지 몰라 수군거리는 소리가 가려의 귀에 들려왔다.

"이제 말해. 화교지? 화교 맞지?"

가려는 고개를 저으며 울기만 했다.

"그래도 말 안 해? 너 정말 독하구나."

아줌마는 가려를 건물 앞에 세워둔 채 건물 안을 돌아다니면서 사람들을 불러서 데리고 나왔다. 사람들은 웅성거리면서 가려를 둘러싸고 구경했다.

"탈북자로 가장해서 들어온 나쁜 년이에요. 구경하세요. 얼마나 뻔뻔하게 생겼는지 보세요."

아줌마가 큰 소리로 말하자 둘러서 있던 탈북자들 중 한 남자가 가려 앞으로 바싹 다가오더니 무릎을 굽히고 고개를 숙이고 있는 가려의 얼굴을 밑에서 올려다보았다. 남자는 능글맞게 웃으면서 가려의 눈을 쳐다봤다. 사내의 호흡에서 역겨운 입 냄새가 풍겼다. 가려는 너무 창피해서 그 자리에서 죽고 싶었다. 사람들은 가려의 등 뒤로 돌면서 '회령 화교 유가리'라고 쓴 글자를 확인하기도 했다.

수사관들은 가려를 건물 앞에 세워두고 한동안 망신을 준 다음 가려를 혼자 세워두고 건물 안으로 들어갔다. 가려가 고개를 숙이고 혼자 서 있는데 웬 중년 여성이 나타나더니 가려 앞으로 왔다.

"너 가리 아니냐?"

조영숙(가명)이라는 여자였다. 회령에서 가려의 앞집에 살던 사람의 친척 동생으로 가려도 몇 번 본 적이 있었다. 조영숙은 3층에 있는 자기 방에 있다가 '조영숙 씨는 아래층으로 내려오라'는 방송을 듣고 내려온 참이었다. 조영숙이 가려와 마주 서 있는데 대머리와 아줌마가 나왔다.

"이 아가씨가 회령 출신 화교 유가려가 맞지요?"

아줌마가 조영숙에게 물었다.

"네, 맞습니다."

조영숙이 고개를 끄덕거리자 수사관들은 가려를 데리고 개별 조사를 하는 건물로 돌아갔다. 조영숙은 건물 앞에 서 있는 가려를 보고 헤어진 뒤, 조금 시간이 지나서 자신을 찾는다는 말을 듣고 조사실에 가서 가려를 만났다. 조사실에 마주 앉은 조영숙은 가려가 화교가 아니라고 부인하고 있다는 말을 듣고 가려를 타일렀다.

"가리야, 너 어째 거짓말하니? 국정원 선생님들은 다 안단 말이다. 위성사진으로 보면 대문 색깔까지 보인다. 여기서는 거짓말하면 안 돼. 우리들 똥집까지 훤히 안단 말이다."

조영숙은 그렇게 말하며 가려에게 화교임을 인정하라고 했다. 조영숙의 등장으로 가려는 무너졌다. 가려는 한국에 오기 전에 오빠가 해준 말을 떠올렸다. 국정원의 친한 형님한테 부탁했으니까 걱정하지 말라고 했다. 대한민국은 인권이 보장되고 국정원 선생님들은 다 좋은 분이라고도 했다. 우성은 2010년에 국정원 조사를 받으면서 부모님은 화교지만 자식들은 다 북한 국적 소지자라고 진술하고 인정받았다고 했다. 가려는 지금 벌어지고 있는 일이 믿기지 않고 혼란스러웠다. 조영숙이 가려가 화교라는 내용의 진술서를 쓰는 동안 가려는 오빠 걱정으로 심장이 말라붙고 있었다. 화교라는 게 밝혀지면 오빠가 그동안 한국 사회에서 고생하며 쌓아온 탈북자로서의 위치가 위태로워질까 봐 겁이 났다. 그날 밤 늦게 대머리는 가려에게 화교임을 인정한다는 진술을 받아내 녹취록을 만들었고, 가려는 같은 내용의 자필 진술서를 쓰고 서명했다. 국정원이 남매의 고삐를 틀어쥐는 순간이다.

2
간첩의 태동

　화교라는 사실을 인정하고 난 다음부터 수사관들은 가려에게 회령에 사는 화교와 보위부 사람들에 대해서 캐묻기 시작했다. 회령에 사는 화교들의 명단을 뽑아 주면서 아는 것을 다 적으라고 했다. 가려는 그들이 왜 그런 것을 묻는지 알지 못한 채 아는 대로 진술서를 작성했다. 화교라는 사실을 자백하는 과정에서 겪은 일이 가려의 혼을 반쯤 빼놓았다. 조사실에 들어가면 언제든지 주먹이 날아올 것 같아서 잔뜩 긴장했다. 가려는 오빠를 수렁에 빠뜨렸다는 생각에 초조했다. 극도의 두려움과 초조감은 가려의 판단력을 마비시켰다.

　수사관들은 화교들의 생활수준과 생계유지 방법에 대해서 묻고 회령뿐만 아니라 청진, 나진, 평양에 사는 화교들에 대해서도 물었다. 가려가 잘 모른다고 하면 가려에게 그들에 대해 설명해주기도 했다. 마침내 간첩 이야기가 나왔다. 대머리가 물었다.

　"화교들 중에서 간첩 행위를 하는 사람들이 있지?"

　가려는 간첩 행위라는 말이 무슨 뜻인지 몰라서 대답을 못했다.

"중국이나 한국에 드나들면서 보위부에서 시키는 일을 하는 사람들 말이야. 화교 중에 그런 사람들이 있잖아."

아줌마가 말했다.

수사관들은 북한 보위부와 화교에 대해 진술서를 쓰라고 가려에게 계속해서 요구했다. 가려가 화교라는 사실을 자백한 다음 날부터 수사관들은 CCTV가 설치된 방으로 가려를 옮겼다. 유가려는 24시간 감시를 당하는 처지가 된 것이다. 가려가 독방에 돌아가 쉬려고 하면 아줌마가 인터폰으로 숙제를 하라고 족쳤다. 끊임없이 진술서를 쓰라고 요구하면서 가려의 생각을 마비시키고 원하는 진술을 얻어내려는 일종의 가혹행위였다.

"가려야, 왜 숙제 안 하니? 숙제하고 자야지. 숙제 제대로 안 하면 내일 조사받을 때 혼난다."

"네."

가려는 진술서를 써내는 숙제거리를 찾느라고 머리를 짜냈다. 그러다가 2009년에 프로돈 사업을 하다가 걸려서 벌금을 적게 내려고 아버지와 함께 반탐부부장을 방문한 사실을 기억해냈다. 가려는 반탐부부장의 이름을 몰라서 사람들이 부르는 대로 '진혁이 아버지'라고 적었다. 대머리와 아줌마는 프로돈 사업에 대해서 자세히 물었다.

"프로돈 사업 하는 사람들을 아는 대로 다 적어. 너희 집은 언제부터 얼마나 했는지 다 적고. 너희 오빠도 북에 송금 많이 했지?"

프로돈은 '프로티지'와 '돈'의 합성어로 탈북자들이 북한에 있는 가족들에게 돈을 송금하도록 도와주는 것을 말한다. 중국에 드나들 수 있는 화교들이 중국에 가서 한국의 탈북자들이 보내준 돈을 받아 물건을 산 다음 그것을 북한에 있는 탈북자 가족에게 전해주면 북한의 가족들은 그 물건을 팔아서 현금화하는 것이다. 환금과 밀무역이 결합한 형태의 송금 방식인데 그 과정에서 심부름을 해준 화교는 수수료를 뗀다. 수수료의 비율은 사람마다 조금씩 다르다. 20~30퍼센트를 받는 사람도 있었지만 우성의 아버지는 5퍼센트만 받았다. 한국 돈을 중국 돈으로 바꿀 때의 환시세에 따라서 조금씩 차이가 나고 구입한 물건의 환금성이 얼마나 좋은가도 변수로 작용한다. 프로돈 사업은 북한에 사는 재북화교들은 누구나 다 하는 중요한 부업이다. 중국에서 자기 돈으로 물건을 사다가 북한에서 팔거나 돈 받고 휴대전화를 빌려주는 일도 있다. 화교들은 대개 중국 휴대전화를 갖고 있기 때문에 휴대전화가 없는 북한 사람들이 한국에 있는 탈북자 가족과 통화할 때 돈을 내고 휴대전화를 빌리는 것이다. 이것을 '손전화 사업'이라고 부른다. 프로돈 사업은 불법이지만 공공연한 비밀이고 보위부에서도 단속하는 시늉을 하지만 뇌물을 받고 눈감아주는 경우가 많다.

프로돈 사업에 대해서 진술하고 나자 대머리가 유우성이 북한에 몇 번 다녀갔는지 묻기 시작했다.

"오빠는 2006년에 어머니 돌아갔을 때 한 번 들어왔습니다."

"그 뒤에도 몇 번 왔다 갔잖아."

대머리가 추궁했다.

"아닙니다. 어머니 장례식 때 한 번밖에 안 들어왔습니다."

가려는 2006년 5월 23일에 오빠가 중국을 통해서 회령에 왔다가 어머니 장례식을 5일장으로 치르고 5월 27일에 돌아갔다는 내용의 진술서를 썼다. 진술서를 읽은 대머리는 고개를 저었다.

"장례식 이후에도 들어왔잖아."

대머리가 인상을 쓰면서 소리를 질렀다. 가려는 화교 소동 때가 생각나서 겁이 났다.

"회령 당구장에서 오빠를 봤다는 사람이 있어. 네 오빠가 빨간 옷 입고 친구들하고 당구 치는 것 봤다는 증인도 있어. 바른대로 말 안 할래?"

"오빠가 한국 간 뒤에 오빠가 입던 옷을 오빠 동무들한테 다 주었습니다. 엄마도 주고 아버지도 주고 저도 주고. 그래서 오빠 옷을 입고 있으니까 착각해서 그런 말 한 거 같은데."

대머리가 들고 있던 물병으로 가려의 머리를 때렸다.

"이게 어디서 잔머리를 쓰고 있어. 오빠가 북에 여러 번 갔다 온 거 우리가 다 아는데 거짓말할래? 증거도 다 있어."

대머리는 서류철을 넘기면서 가려에게 슬쩍 보여주었다. 가려가 서류를 넘겨다보니 '유우성 출입경기록'이라는 글자가 눈에 들어왔다. 가려는 하도 답답해서 자기 가슴을 주먹으로 치면서 큰 소리로 아니라고 주장했다.

"오빠 안 들어왔습니다. 동생인 내가 모르면 누가 알겠습니까? 엄마 돌아가고 나서는 회령에 온 적 없다니까요."

그러자 대머리가 눈을 부릅뜨고 소리 질렀다.

"너 지금 나한테 성질 부리는 거냐? 이제 보니까 이게 아주 악질이네. 사실과 다른 게 드러나면 너는 나한테 죽을 줄 알아. 일어서!"

대머리는 가려를 일으켜 세운 뒤 물병 대신 주먹으로 가려의 머리를 계속 때렸다.

"사실대로 말해! 말해! 말해!"

가려는 벌벌 떨면서도 입을 꽉 다물고 있었다. 대머리가 구둣발로 가려의 정강이를 걷어찼다. 가려가 비명을 지르며 주저앉자 주먹으로 머리를 때리면서 악을 썼다.

"일어서!"

가려가 일어서자 다시 앉으라고 했다. 다리가 아프고 떨려서 정신이 하나도 없는 가려에게 '일어섰다 앉았다'를 여러 차례 명령했다. 저녁 늦게까지 실랑이를 벌이다가 독방으로 돌아가는 일과가 여러 날 반복되었다.

어느 날 조사실에 들어가자 대머리가 웃는 얼굴로 가려에게 말했다.

"가려야, 내가 너희 오빠를 잘 알아. 통화도 가끔 하고 만나서 밥도 먹고 술도 마시고 했단 말이다. 오빠가 국정원 선생님들하고 친하게 지낸 거 너도 알지? 오빠가 외국에 갔다 오면 나한테 선물도 사다 주고 그랬단 말이다."

가려는 오빠와 친하다던 국정원 직원 K가 생각나서 그럴 수도 있겠다는 생각이 들었다.

"우성이가 똑똑하고 머리도 좋아서 공부 잘하고 한국에서 잘 자리 잡아가는 중인데 화교라는 것 때문에 잘못될까 봐 내가 도와주려고 하는 거야. 너희 오빠가 그동안 고생 많이 했는데 그대로 주저앉으면 불쌍해서 그래. 앞날이 창창한 젊은 사람이."

가려는 듣고만 있었다.

"우성이를 위해서 네가 사실대로 말해야 돼. 유우성이 회령에 몇 번 왔다 갔지?"

그래도 가려가 입을 다물고 있자 대머리가 법전을 가져와서 가려 앞에 펼쳐보였다.

"가려야, 너와 오빠는 화교잖아. 너는 그냥 추방당하면 끝나는데, 네 오빠는 벌금 내고 징역도 최소 5년은 가야 되고, 그다음에는 추방당하는 거야."

가려는 그 자리에서 무릎을 꿇고 대머리에게 애원했다.

"선생님, 저는 추방당해도 괜찮지만 우리 오빠 좀 도와주시오. 오빠 추방 안 되고 교화소 안 가게 도와주시오."

대머리는 흡족한 듯이 웃으면서 말했다.

"알았어. 네가 사실대로 말하면 오빠를 도와주지."

"고맙습니다, 선생님. 이 은혜는 잊지 않겠습니다. 나가서 두고 봅시다."

가려가 고마움을 표시하며 머리를 조아리는데 대머리가 놀란 얼굴로 말했다.

"두고 보자는 말이 무슨 말이야? 북한 말이라서 그런가, 어째 이상하게 들린다. 두고 보자는 게 무슨 말이야?"

"오빠 도와주겠다고 하시니까 나가서 인사하겠다는 뜻입니다."

가려가 설명하자 대머리는 그제야 빙긋이 웃으며 고개를 끄덕거렸다.

"알았어. 이제 우리 좋은 분위기에서 이야기해보자. 자 이게 오빠가 중국에서 북한에 드나들었던 통행기록인데, 우성이도 이걸 보여주니까 북에 들어간 걸 다 인정했어."

대머리는 우성의 통행기록이라면서 지난번과 비슷한 서류를 잠깐 보여주었다. 가려는 오빠가 인정했다는 게 믿어지지 않았다. 그런 사실이 없는데 왜 인정했을까?

"진짜 우리 오빠가 인정했습니까? 오빠가 왜 인정했지? 정말입니까?"

가려가 자꾸 물어보니까 대머리가 가려의 눈을 똑바로 들여다보며 말했다.

"오빠가 인정 안 했는데 내가 왜 그런 말을 하겠어? 지금 나를 못 믿겠다는 거야?"

가려는 오빠가 교화를 가거나 추방당하는 것을 면하기 위해서 국정원의 도움을 받으려고 그랬나 하는 생각이 들었다. 대머리는 조사실 칠판에 분필로 몇 개의 날짜를 적기 시작했다. 2006년 8월, 2007년 5월을 적고 나서 2008년을 적었다.

"이게 오빠가 갔다 온 날짜고, 2008년 6월에도 갔다 온 것 같지?"

대머리가 그렇게 물었지만 가려는 아무리 생각해도 오빠가 인정했다는 사실이 의심스러워서 다시 한 번 물었다.

"오빠가 진짜 그렇게 말했습니까? 오빠 입으로 직접 진술했습니까?"

그러자 대머리가 집게손가락을 들어서 입을 막는 시늉을 하고 천장을 올려다보면서 가려에게 고개를 흔들어 보였다. 마치 누군가 지켜보고 도청하고 있으니 조심하라는 듯이 눈을 크게 뜨면서 주의를 주는 시늉을 했다.

가려는 그날 아줌마와 운동장에 나가 산책하면서 오빠에 대해서 물어보았다.

"우리 오빠 지금 조사받고 있습니까?"

"그래, 조사받고 있어."

"어디서 조사받고 있습니까?"

"예전처럼 집에서 직장 다니면서 저녁에 시간 내서 국정원 선생님들 만나서 조사받고 있단다."

이때는 유우성이 아직 아무것도 모르고 직장에 다니면서 가려가 하나원으로 나오게 될 날을 기다리고 있을 때였다. 그들은 우성이 구속

되어 서울구치소에 있을 때도 계속 그렇게 거짓말을 했다. 가려는 자신이 화교라는 사실을 자백한 것 때문에 오빠가 직장을 잃고 처벌을 받게 될까 봐 전전긍긍했다.

대머리와 아줌마는 차례로 가려를 앉혀놓고 점차 간첩의 형태를 그려 나갔다. 유우성의 밀입북 사실에 대한 가려의 진술서를 받아냈다. 먼저 진술의 큰 틀을 잡아주고 인정하게 했고 그다음에는 세부적인 사항에 대한 거짓 진술을 유도해냈다. 약점을 잡아 혼을 뺀 다음 협박과 회유를 반복하는 전통의 수사기술이 효과를 거두고 있었다.

"2007년에는 엄마 돌제사니까 오빠가 엄마 산소에 가려고 들어왔겠네. 그렇지?"

아줌마가 그렇게 물으면 가려는 억지로 고개를 끄덕거렸다.

"오빠가 그때 뭘 사가지고 왔어?"

가려가 대답을 못하면 몇 가지 선택지를 주었다.

"아버지하고 동생 옷 같은 거 사가지고 왔을 테고, 가려가 좋아하는 한국 영화나 드라마 CD 같은 거 갖고 왔겠네."

가려가 마지못해 고개를 끄덕거리면 진술서를 쓰라고 했다. '네'라고 대답한 것이 함정이었다. 그들이 질문하면서 알려준 정보가 가려의 진술서 내용이 되었다. '2007년 5월경 엄마의 돌제사를 지내려고 오빠 유우성이 회령에 왔습니다'라고 쓰는 식이다.

"2008년에 들어왔을 때는 누구 만났어? 오빠가 그때 와서 무슨 얘기 했지?"

그렇게 해서 가려는 2006년과 2007년, 2008년까지 3년에 걸쳐 유우성이 세 번 밀입북한 사실이 있다고 진술서를 썼다. 대머리가 다시 출입경기록이라는 서류를 들이밀면서 세 번 말고 더 갔다 온 사실이 있다고 인정하라고 했다. 가려는 아니라고 했고 대머리는 인정하라고 하면서 열흘이 넘게 실랑이를 벌였다. 조사는 새벽까지 계속되었고 대머리는 회유와 협박을 번갈아가면서 했다. 가려가 말을 듣지 않으면 물병으로 때리고 몇 시간이고 앉지 못하게 세워두었다. 가려는 폭행이나 욕설보다 오빠를 추방하고 교화 보낸다는 말이 더 무서웠다.

화교라는 약점이 잡힌 물정 모르는 처녀를 압착기에 넣고 누르자 점차 새로운 간첩이 윤곽을 드러내기 시작했다. 힘껏 누르기만 하면 필요한 증거는 나오기 때문에 편리한 방법이었다. 시간은 천천히 흘러갔다. 11월이 지나가면서 가려는 점차 삶의 의욕을 잃고 죽음을 떠올리기 시작했다.

오빠가 북한에 갔다 온 사실을 정리하면서 수사관들은 수도 없이 이야기를 바꾸었다. 처음에는 열다섯 차례 갔다고 했다가 열두 차례로 바꾸더니 결국 2007년 5월, 2008년 6월, 2012년 1월, 2012년 10월에 갔다 온 것으로 정리했다. 2006년에도 어머니 장례식 후에 두 차례 더 북한에 갔다 왔다고 했다. 그렇게 진술을 정리하면서 가려에게 오빠가 어떤 방법으로 밀입북하고 북한에 와서는 무슨 일을 했는지 써내라고 숙제를 내주었다. 가려는 생각나는 게 없어서 '오빠가 통행증으로 들어왔고, 친구를 만나서 술 마시고 당구장에 갔다'는 식으로 되는대로 진술서를 작성해서 갖다 바쳤다. 수사관들은 가려의 진술서를 받아서 이런 부분은 맞지 않다고 삭제하고 몇 번이고 다시 쓰라고 했다.

그러던 어느 날 아줌마가 건더기를 내놓으라고 요구했다.

"가려야, 네가 빼놓고 안 쓴 게 있지? 오빠가 한국에서 탈북자들의 정보를 수집해서 보위부에 넘긴 사실을 왜 숨기는 거야?"

가려는 펄쩍 뛰었다.

"아닙니다. 그런 일 한 적 없습니다. 우리 오빠는 그런 사람 아닙니다."

"오빠가 한 일을 네가 어떻게 다 알지? 오빠가 너 모르게 왔다 갔다 하면서 정보를 수집해서 넘겼을 가능성이 많아. 우리가 증거를 갖고 있어."

가려는 고개를 가로저었다.

"아닙니다. 오빠 그런 일 하지 않았습니다."

"그럼 네가 아니라는 걸 증명해봐."

"우리 가족은 할아버지, 할머니, 아버지, 엄마 다 착하게 살아온 사람들입니다. 우리 오빠는 북한에서 의사 할 때도 환자들한테 뒷돈 받지 않고, 중국 다니면서 보따리 장사하며 착하게 살았습니다. 우리 집은 다른 화교들하고도 다릅니다. 엄마 아버지는 너무 소심하고 고지식해서 남한테 피해를 받으면 받았지 피해 준 적 없이 살았는데, 우리 오빠가 간첩이라니 말도 안 됩니다. 믿어주세요."

가려는 울면서 그렇게 말했지만 대머리와 아줌마는 가려의 말을 무시하고 계속 오빠가 보위부 일을 하지 않았다는 걸 어떻게 증명할 거냐고 물었다. 가려는 아줌마가 먹으라고 준 음료수 병을 집어 들었다. 그걸로 자기 머리를 쳐서 죽든지 피를 보여서라도 오빠가 간첩이 아니라는 것을 증명하자는 생각이 들었다. 가려는 음료수 병을 치켜들고 울면서 소리쳤다.

"차라리 제가 죽을게요."

가려가 음료수 병을 쥐고 차마 머리에 내려치지 못하고 손을 부들부들 떨자 아줌마가 가려의 팔을 잡더니 음료수 병을 빼앗았다. 그러고는 갑자기 어조를 바꾸어 가려를 위로했다.

"가려야, 다 이해한다. 얼마나 마음이 아프고 충격을 받았는지 알아. 그래도 바보 같은 짓은 하면 안 돼. 우리는 너희를 도와주려는 거야."

"북에서는 간첩죄나 반역죄를 저지르면 죽습니다. 그런데 한국에서는 어떻게 간첩을 해도 교화를 안 가게 됩니까? 이해 안 됩니다."

가려의 대답을 듣고 아줌마와 대머리가 서로 눈빛을 주고받더니 아줌마가 친절한 목소리로 물었다.

"가려야, 너 김현희라고 아니? 들어봤어?"

가려는 김현희를 몰랐다.

"모릅니다."

"김현희는 북에서 공작원 교육받고 남한의 비행기에 폭탄장치를 해서 비행기에 탄 사람들을 다 죽였어. 그런데도 자기 잘못을 반성해서 교화도 안 가고 지금은 한국에서 보호받으면서 살고 있단다. 집도 주고 살게끔 조치를 다 취해줬어."

가려는 믿어지지 않는 사실이라 자기 귀를 의심했다.

"황장엽은 알지?"

이번에는 대머리가 물었다.

"잘 모릅니다."

"너는 어려서 잘 모르는 모양이구나. 황장엽은 김정일의 큰 간부인데 여기 들어와서 김현희처럼 반성해서 사상전향서 쓰고 나서 나라에서 좋은 집도 주고 잘 먹고 잘 살고 있단다. 우리가 잘 보호해주고 있지."

대머리는 2010년에 죽은 황장엽이 아직도 살아 있는 것처럼 말했다. 그 이야기도 황당하긴 마찬가지였다.

"남한은 북한과는 법이 완전히 달라. 사람을 중시하고 인권을 보호하는 나라이기 때문에 아무리 큰 죄를 지어도 자기 죄를 반성하면 사형시키지 않고 교화도 보내지 않는단다. 죄를 인정한 사람은 국가에서 집도 주고 보호해주게 되어 있어. 그 대신 자기 죄를 인정하지 않고 반성하지 않으면 오랫동안 교화를 가야 되는 거야. 한국 법은 그래."

가려는 처음 들었을 때는 이 말을 믿기 어려웠지만 반복해서 그렇게 말하니까 점점 그들의 말을 믿게 되었다. '오빠가 간첩죄를 인정하고 반성하게 가려가 진술을 잘해야 한다. 그래야 오빠는 교화 가지 않고, 가려와 함께 한국에서 살 수 있다.' 반복적으로 주입된 이 말이 가려가 허위진술을 해야 하는 논리였다.

이 허술한 논리가 폭행, 협박, 회유와 함께 날마다 가려를 괴롭혔다. 그래도 가려는 꽤 오랫동안 오빠가 간첩이 아니라고 버텼다. 어느 날 조사를 마치고 방에 돌아와 잠잘 준비를 하는데 아줌마 수사관이 방으로 왔다. 밤 10시가 넘은 시각이었다. 아줌마는 가려를 조사실로 데려갔다.

조사실에 갔더니 낯선 남자가 조사실 의자에 앉아 있었다. 60대를 넘긴 것처럼 보였는데 눈매가 매서웠다. 남자는 의자에 앉은 채 가려를 천천히 쏘아보았다. 남자의 위압적인 눈빛에 가려는 평소보다 더 겁이 났다. 가려가 늘 조사받는 책상 앞에 가서 앉아 있는데 대머리가 들어왔다. 대머리는 의자에 앉은 낯선 사내에게 고개를 숙여 깍듯하게 절을 하고 가려 앞으로 왔다.

"야, 너 일어나."

가려가 자리에서 일어나자 대머리는 가려를 쏘아보면서 물었다.

"네 오빠 유우성이 보위부의 지령을 받고 간첩 행위를 했지?"

가려는 떨리는 목소리로 부인했다.

"아닙니다."

그때부터 대머리와 아줌마의 무자비한 구타와 폭언이 이어졌다. 대머리는 주먹으로 가려의 머리를 때리고 아줌마는 가려의 머리채를 잡아 흔들었다. 60대 남자는 처음부터 끝까지 아무 말도 하지 않고 가려를 쏘아보기만 했다.

"오빠가 간첩 행위 했지?"

가려는 아니라는 말을 하지 못하고 울기만 했다.

"고개 들고 눈 마주쳐. 똑바로 말해."

대머리가 가려의 턱을 치켜들고 다시 머리를 때렸다. 그들은 가려의 입에서 '네'라는 말이 나올 때까지 계속해서 때렸다. 가려는 울면서 그동안 부인했던 그들의 질문에 모두 '네'라고 대답했다. 어느 순간엔가 60대 남자는 의자에서 일어나 방을 나갔다. 가려는 그날 밤 오빠가 밀입북한 사실뿐만 아니라 보위부에 인입되었다, 국가훈장을 받았다, 입당했다, 북한에 탈북자 자료를 전달했다는 사실까지 모두 인정했다. 그날 조사는 새벽 2시에 끝났다. 가려는 몸을 제대로 가누지 못해서 아줌마의 부축을 받고 방으로 돌아갔다.

새로운 간첩이 점점 뚜렷이 형태를 갖추고 가려의 어지러운 머릿속을 들락거렸다. 가려는 자신이 조금씩 미쳐가고 있는 것이 아닌지 두려웠다. 가려는 자살 충동에 시달리면서 화장실에 숨어서 탁상시계를 깨트려서 자살 도구로 쓰려고 했으나 아줌마가 들어오는 바람에 실행하지 못했다. 조사실 복도에 있는 화분을 깨트려 머리를 내려칠 생각을 하면서 부들부들 떨기도 했다. 아줌마가 이상한 낌새를 채고 가려를 안고 달렸다.

"바보 같은 생각 하지 마. 다 잘될 거야. 오빠와 한국에서 살 수 있게 우리가 도와줄게."

3
이상한 가족

새로운 간첩이 탄생하는 데는 가족이 필요한 모양이다. 2012년 12월 15일에 처음 보는 60대 남자가 수사관들을 데리고 조사실에 들어왔다.

"오늘부터 나를 큰삼촌이라고 불러라. 여기 있는 수사관들도 다 삼촌이라고 부르고. 우리는 너를 도와주려고 왔다. 지금 우성이도 잘하고 있지만 보위부가 무서워서 바른대로 말하지 못하는 부분이 있단다. 그걸 다 제대로 진술하고 반성하고 자기 죄를 깨끗이 털어버려야 대한민국에서 떳떳이 살 수 있어. 오빠가 그렇게 할 수 있게, 그 일을 가려가 해줘야 한다. 오늘부터 우리는 한 팀이다. 내 말만 잘 들으면 한국에서 오빠와 살 수 있고 나라에서 집도 주고 살 수 있는 여건도 다 마련해주니까 아무 걱정 말고."

큰삼촌은 가려에게 특별한 신뢰를 얻기 위해 여러 가지 조치를 취했다. 가려의 일상생활을 좀 더 편하게 해주고 조사 강도도 낮추어주는 등 환심을 사기 위해 만전을 기했다. 예컨대 밥을 제시간에 주고 심야 조사를 받지 않도록 하는 등, 당연한 것으로 생색을 내는 방법이었다. 큰삼촌은 항상 기다란 참대를 들고 다니면서 앞치기와 가로치기 등 대를 휘두르며 운동을 했다. 조사실 책상에 손을 짚고 팔을 굽혔다 폈다 하면서 팔운동을 하기도 했다. 그는 가려에게 자신이 특수부대 출신이며 대북공작을 많이 했다고 말했다. 그는 가려보다 북한에 대해서 더 잘 알고 있는 것처럼 보였다.

큰삼촌의 부하직원으로는 P와 Y, K, D 등의 남자 직원과 여자 직원 K와 B가 있었다. 남자 직원들은 모두 '삼촌'을 자처했고 여직원은 자신을 '언니'라고 부르라고 했다. 아줌마 수사관도 가끔 자기 아들들 이야기를 하면서 가려를 딸처럼 생각하고 있다고 했다.

"큰아들은 대학에 다니고 작은아들이 이번에 수능시험을 봤는데 성적이 잘 안 나와서 걱정이다. 아들 녀석들은 멋대가리가 없어서 가려 같은 딸이 하나 있었으면 좋겠어. 조사 잘 끝나고 한국에서 살게 되면 내가 가려를 양딸 삼고 싶은데 가려는 어때?"

가려는 돌아가신 엄마를 닮았다는 생각에 처음에는 아줌마한테 친밀감을 느꼈다. 아줌마는 가려가 죽고 싶다고 하소연하거나 힘들다고 울면 가려를 안고 달래주고 같이 울어주기도 했다. 하지만 가려가 진술을 번복하거나 자기가 원하는 대로 진술하지 않으면 딴사람처럼 변해서 가려에게 욕을 하고 물건을 집어던지거나 머리채를 잡았다. 가려는 시종일관 무섭게 느껴지는 대머리보다 부드러운 얼굴을 하다가 폭력적으로 변하는 아줌마 때문에 더 괴로웠다. 아줌마의 행동은 가려의 심리적 안정감을 무너뜨리는 일종의 고문이었다.

필요한 진술이 안 나오면 표변하는 가족들에 둘러싸여 가려는 두 달 넘게 오빠를 간첩으로 만드는 특수한 임무를 수행하고 있었다. 이상한 가족들은 가려가 말을 잘 들으면 상도 주었다. 밖으로 데리고 나가 맛있는 것을 사주고 음악을 듣게 해주거나 컴퓨터로 영화를 보게 해주었다. 가려는 국정원 직원들의 '특별한' 보호 아래 63빌딩을 구경하고, 인천 차이나타운에 놀러 가기도 했다. 친절한 가족들은 잘해주는 척하다가도 가려가 말을 듣지 않으면 '오빠와 너는 둘 다 교화 간다' '교화 가고 나서 추방된다'라는 무기를 들고 가려를 위협했다. 가려가 너무 답답해서 '오빠를 만나게 해달라'거나 '아버지와 통화하고 싶다'고 하면 '조사가 다 끝나기 전에는 안 된다'는 말만 반복했다.

큰삼촌은 스토리텔러 역할을 했다. 이야기를 만들고 진술이 앞뒤가 맞게 조정하고 필요한 진술을 요구하는 사령탑이었다. 큰삼촌은 대머리가 받아낸 진술서를 꼼꼼하게 훑어보고 다시 정리했다. 날짜별로 가려에게 질문을 하고 가려가 대답한 내용을 연필로 적었다. 그다음에는 제목을 달아주고 가려에게 다시 한 번 쓰라고 했다. 가려가 적은 내용을 큰삼촌이 다시 고치고 부하직원에게 컴퓨터로 입력하게 한 다음 프린트해서 가려에게 주었다. 가려는 그것을 보고 볼펜으로 베껴 썼다. 수많은 진술서의 작성 공식이다.

예를 들면 이런 식이다. 회령시 반탐부부장과 관련된 내용을 정리하던 큰삼촌이 말했다.

"리리야, 회령시 반탐부부장의 전화번호를 적어라."

가려는 반탐부부장과 연락한 적이 없기 때문에 전화번호를 알 리 없었다.

"모릅니다."

큰삼촌은 벌떡 일어서더니 책상 다리를 발로 걷어찼다. 친절하던 큰삼촌의 난폭한 행동에 놀란 가려는 울음을 터뜨렸다. 큰삼촌이 무서운 얼굴로 가려에게 명령했다.

"일어서!"

가려가 일어서자 P와 Y가 종이를 들이대면서 독촉했다.

"빨리 써. 빨리 써야지 그러지 않으면 혼난다."

가려는 답을 알 턱이 없는 질문 앞에 망연자실해서 울기만 했다. 이상한 가족들은 어떤 상황에서도 진술을 받아낸다. 가려가 시달리다 못해 아무 번호나 써주었다. 그 번호를 들고 어디론가 나갔다 온 P는 가려의 2012년 통화기록을 뽑아 가지고 돌아왔다.

"이 번호가 아니잖아. 자, 네 통화기록 중에서 어느 번호가 반탐부부장 번호인지 찍어."

가려는 자신의 중국 휴대전화 통화기록을 뽑아 온 것에 놀라면서 번호들을 쭉 훑어보다가 누구 번호인지 기억나지 않는 번호가 있기에 그 번호를 찍어주었다. P는 고개를 저으면서 그 번호가 아니라고 했다. 가려가 몇 번이나 다른 번호를 찍었지만 P는 다 틀렸다고 고개를 가로저었다.

큰삼촌과 부하들은 가려를 조사실에 남겨두고 다들 밖으로 나갔다. 한참 후에 큰삼촌이 가려가 생전 처음 보는 중국 휴대전화 번호의 통화기록을 들고 돌아왔다. 큰삼촌은 통화기록에서 전화번호를 가리키면서 말했다.

"리리야, 이 번호가 네 전화번호다. 그리고 이 번호가 반탐부부장의 전화번호다. 알았지? 이제 이 번호를 잘 기억해야 한다."

큰삼촌이 가르쳐준 반탐부부장의 전화번호는 139-04××-70×× 이었다. 이 번호나 가려의 전화번호라고 가르쳐준 번호는 둘 다 가려가 처음 보는 전화번호였다. 가려가 반탐부부장의 전화번호를 쉽게 외우지 못하자 큰삼촌이 말했다.

"리리야, 회령에서 나는 과일 중에서는 백살구가 유명하지? 그러니까 '139'는 '백살구'라고 기억하면 쉽지 않겠니?"

가려는 큰삼촌이 회령에서 백살구가 유명하다는 사실을 어떻게 아는지 신기했다. 백살구는 회령의 특산물로 자두만큼 크고 달아서 비싼 과일이었다.

"백살구를 어찌 압니까?"

"큰삼촌은 북한에 대해서 모르는 게 없단다. '139'는 백살구다, 알았지?"

가려는 고개를 끄덕거리고 그 번호를 외웠다. 중간 번호도 그런 식으로 외우기 쉬운 낱말을 붙여서 상기할 수 있도록 방법을 알려주었다. 나중에 국정원 수사관들은 전화번호 외우는 방법을 가려가 말해주었다고 주장했다. 하지만 가려는 검찰 진술서에 '139'를 '138'로 잘못 적었다. 가려가 외우는 방법을 알고 수사관들에게 말해줄 정도였다면 그런 실수를 했을까? 나중에 가려의 진술서에 적힌 가려의 전화번호와 반탐부부장의 전화번호로 변호사들이 전화를 해보았다. 둘 다 중국동포가 전화를 받았고, 회령시 반탐부부장을 모른다고 했다. 대한민국국가정보원의 정보력은 조작기술의 다른 말이라고 보면 될 것 같다.

"자, 여기 통화기록에 보면 2012년 7월 초순경, 중순경, 하순경에 모두 통화한 적이 있지? 7월 초, 이 날짜에 반탐부부장이 너한테 전화해서 유우성에게 자료를 받으라고 지시했고, 7월 중순 이날은 네가 오빠에게 자료를 받았다고 반탐부부장에게 보고했다. 그리고 7월 하순 이날짜에는 네가 다시 반탐부부장에게 전화해서 두만강을 건너서 몇 월며칠 몇 시에 가겠다고 약속한 거야. 알았지?"

큰삼촌은 날짜와 시간을 일일이 설명해주고 가려에게 거기에 맞추어 진술서를 작성하도록 했다. 2012년 7월경에 자료를 한 번 더 전달했다는 진술은 대머리가 조사할 때는 없었던 부분이다. 대머리가 조사해서 받아낸 진술서에는 2011년 5월에 자료를 전달하고 2012년 10월에 한국에 들어온 걸로 되어 있다. 큰삼촌은 이 부분을 읽다가 고개를 저으면서 말했다.

"2011년 5월 이후부터 2012년 10월까지 1년 반 가까이 아무 활동도 하지 않고 곧바로 한국에 들어오는 건 이상하지 않나? 2012년 7월경에도 한 번 갔다 왔지?"

큰삼촌이 이렇게 물어보면서 가려를 지그시 노려보자 가려는 고양이 앞의 쥐처럼 '네'라고 대답하는 수밖에 없었다. 가려가 '네'라고 시인하면 큰삼촌이 자기가 질문한 내용을 가려의 진술로 바꾸는 신묘한 재주를 부린다. 즉 가려가 '2012년 7월경에도 북한 회령에 가서 회령시 반탐부부장을 만나 지령을 받았습니다'라고 진술한 것이 되는 것이다. 큰삼촌이 이렇게 쓴 내용을 다른 직원이 컴퓨터로 입력해서 인쇄해오면 가려가 그것을 보고 베껴 쓴 다음 자기가 그렇게 진술했다고 서명하는 식이다. 질문이 진술로 바뀐다는 게 요점이다.

이들이 간첩을 빚어내는 솜씨는 장인의 경지에 도달한 것으로 보인다. 솜씨가 훌륭하다기보다는 능숙하다는 점에서 그렇다. 가려는 저항을 포기한 상태였다. 가려는 이미 두 달 가까이 누구의 도움도 받지 못한 채 이상한 가족들에게 둘러싸여 자백을 강요받고 있었다. 영국에서는 수사관이 범죄에 관해 조사할 때 피의자를 두 시간 이상 계속해서 심문하지 못하도록 법으로 정해놓고 있다. 고립된 상태에서 두 시간이 넘어가면 피심문자의 의지력이 약해지기 때문이라고 한다. 그런데 가려는 두 시간이 아니라 두 달 동안 고립되어 있었다는 것을 감안하면 어떤 허위자백을 했다 해도 이상할 것이 없지 않을까?

검사들은 가려의 진술이 본인이 아니면 알 수 없을 정도로 구체적인 내용이라고 주장했다. 당연하지 않은가? 본인을 압착기에 넣고 짜는데 누구의 경험이 나오겠는가. 필요하면 반탐부부장의 전화번호와 조작된 통화기록까지 제공해주고 스토리를 만드는데 구체적이지 않을 수 있을까? 국정원 수사관들은 전문가다. 북한에서 나고 자라서 한국 실정에 어두운 스물다섯 살 처녀가 무슨 수로 그들에게 맞설 수 있겠는가?

이상한 가족들은 이야기를 빈틈없이 만들기 위해서 애를 많이 썼다. 대머리와 아줌마에게 조사받을 때 한동안 간첩 행위를 지시한 사람은 평양의 국가안전보위부 부장으로 되어 있었다. 여러 사람의 사진이 편집된 서류를 가지고 와서 어떤 사람이 국가안전보위부 부장인지 찍어 보라고 시키기도 했다. 가려는 전혀 모르는 사람이기 때문에 아무나 찍어주었다. 얼마 후에 대머리와 아줌마는 회령시 반탐부부장을 등장시켰다. 평양에서 회령까지 오려면 20시간이 걸리는데 그 정도의 공작 임무를 지시하러 국가안전보위부 부장이 직접 온다는 것은 자연스럽지 못하다는 걸 뒤늦게 깨달았던 모양이다.

큰삼촌은 가려에게 생색내기와 거짓 진술을 유지해야 하는 이유, 그리고 저항해도 소용없다는 점을 반복해서 주입했다. 대머리는 가려가 진술을 잘하면 유우성이 징역을 가지 않는다고 했지만, 큰삼촌은 죄가 있기 때문에 처벌을 받지 않는 것은 불가능하고 형량을 최대한 낮추어 준다고 말을 바꿨다.

"네가 진술을 잘해야 네 오빠가 교화를 1년만 가게 된다. 너희가 둘 다 화교이기 때문에 이대로 한국에서 살지는 못한다. 원래 너희 둘 다 교화 가야 되지만 우리가 도와줘서 오빠만 짧게 교화 살고 나오게 해준다. 오빠처럼 짧게 교화 갔다 오고 반성하게 되면 나라에서 잘살 수 있게 보호해준다. 네가 진술을 잘못하면 오빠가 짧게 살고 나올 것도 길게 살고 나온다. 네 가족은 네 손에 달려 있다."

"네가 부정해도 안 되고 너희 오빠가 버텨도 안 된다. 개인이 국가를 상대로 어떻게 이기나? 증인들도 다 있기 때문에 우리가 시키는 대로 하는 수밖에 없어."

가려에게 그렇게 주입하면서 한편으로는 진술서를 정리했다. 진술서를 정리할 때 먼저 문답식으로 진술을 쭉 하고 내용을 정리해서 진술서를 만든 다음 인쇄해서 가려에게 주고 그대로 베끼도록 했다. 그것이 큰삼촌이 오고 나서 2013년 1월 3일 이후에 나온 진술서다.

"리리야, 이렇게 질문하면 이대로 대답하면 된다."

가려는 문답 형식으로 된 조서를 대본이라고 불렀다. 대본을 외워서 영상녹화도 했다. 여러 차례 문답 형식으로 질문과 대답을 반복하고 영상녹화를 하는 동안 가려는 조서의 내용을 다 외웠고 그 내용을 베껴서 자필로 진술서를 작성했다. 2013년 1월 3일 이후의 진술서에는 북한에서 사용하지 않는 용어도 등장하고, 거의 한 글자도 틀린 글자가 없을 정도로 정리가 잘되어 있다. 예를 들면 QQ메신저나 윈도 라이브 메신저로 자료를 받았다는 진술에는 '아이디'나 '비번(비밀번호)'이라는 말을 썼는데 가려는 수사관들이 설명해주기 전에는 '비번'이나 '아이디'라는 용어를 몰랐다.

2월이 되어 설이 다가왔는데 늘 보이던 남자 수사관 Y와 K가 며칠 동안 보이지 않았다. 가려가 궁금해서 그들이 왜 나오지 않느냐고 물어보았다.

"Y와 K는 증거 수집하러 중국에 갔단다. 너희 가족 살리려고 나라 돈 억수로 쓴다. 리리야, 삼촌들이 설도 집에서 못 쉬고 고생하는 거 네가 알아야 된다."

가려는 큰삼촌의 말을 듣고 국정원이나 한국 정부에 미안한 마음까지 들었다. 독방에 혼자 있을 때면 무섭고 외로워서 여전히 눈물이 나왔지만 도와준다는 말을 믿고 힘을 냈다. '국정원이 다른 기관도 아니고 나라의 큰 기관인데 나한테 거짓말하겠니? 거짓말 안 하겠지. 도와준다고 했으니 다 잘될 거야.' 가려는 스멀스멀 기어 나오는 의심과 걱정을 다스리기 위해 그렇게 자신을 타일렀다.

큰삼촌이 오고 나서 오빠가 북한 국가안전보위부에 인입된 시기가 2007년에서 2006년으로 바뀌었다. 어느 날 P가 2007년에 보위부에 가서 조사받고 보위부 일을 하기로 했다는 부분의 진술을 다시 해야 한다고 말했다.

"오빠 유우성이 보위부에 인입된 시기가 2007년이 아니고 2006년이라던데 네가 잘못 진술했지?"

가려는 대머리와 여러 차례 이야기해서 진술을 맞춘 부분이라서 처음에는 2007년이 맞다고 주장했다. P는 계속 아니라고 하면서 2006년에 들어갔다고 말했다.

"아니, 아니야. 유우성이 자백했는데 2006년에 장례식 이후에 다시 들어갔다가 보위부에 잡혀가 조사받고 그때 동생과 아버지 때문에 어쩔 수 없이 보위부의 공작원 임무를 받아들였다, 이렇게 진술했다니까."

가려의 입장에서는 2007년을 2006년으로 바꾼다고 해도 차이가 없었기 때문에 P가 불러주는 대로 2006년이라고 진술서를 다시 썼다.

2006년과 2007년의 차이가 무엇인지 가려는 나중에야 알게 됐다.

큰삼촌과 함께 만든 진술서가 완성되고 2월로 접어들 무렵, 가려는 검찰 조사를 받게 됐다. 가려는 '조사'라는 말만 들어도 몸이 떨리는데 검찰이라는 곳에서 검사가 다시 조사를 한다는 말을 듣고 기가 막혔다.

"검찰 조사 안 받으면 안 되나요? 지금까지 다 진술했는데 왜 또 조사를 받아야 됩니까?"

가려는 큰삼촌에게 저항을 해보았다.

"리리야, 이 단계는 꼭 넘어가야 된다. 지금까지 진술한 것처럼 하면 되니까 어려울 것 하나도 없어. 검사님 만나기 전에 편지 한 장 써라. 사실대로 성실하게 진술할 테니 오빠가 형을 적게 살고 나오도록 선처해 달라고 써. 검사님이 오빠의 형을 낮출 수도 있고 높일 수도 있는 분이니까 꼭 써야 한다."

가려는 할 수 없이 검사에게 편지를 썼고 큰삼촌이 시키는 대로 오빠에게도 편지를 썼다. 내가 솔직하게 다 말했으니 오빠도 지은 죄를 다 반성하고 새롭게 살아가자고 썼다.

검찰에 처음 간 날은 조서를 쓰지 않고 대화만 나눴다. 국정원의 여자 수사관 K가 가려를 데리고 갔고, 이시원 검사와 강지연 수사관 그렇게 넷이 대화를 나눴다. 가려는 검사가 묻는 말에 대답만 했다. 가려는 검사에게 오빠가 하지 않은 밀입북 사실과 간첩 행위를 인정하다 보니 조사 과정에서의 괴로움이 떠올랐다. 자기가 하고 있는 일이 오빠를 도와주는 일이라는 확신도 흔들렸다. 가려가 한참 동안 대답을 하지 않고 고개를 숙이고 있는 바람에 대화가 자주 끊겼다. 가려는 화장실에 잠깐 다녀오겠다며 검사의 방을 나왔다. 가려는 복도에 주저앉아

발버둥을 치면서 울었다. 가려를 따라 나온 여자 수사관 K가 가려를 달랬다.

"가려야, 네 마음 아픈 거 안다. 그럴수록 네가 잘해야 한다. 네가 빨리 진술을 잘해야 조사가 끝나고 오빠도 편해지고 너도 편해지는 거야. 마음 가라앉히고 검사님한테 진술 잘해야 돼."

그들이 말하는 진술 잘하라는 말은 지금까지의 거짓 진술을 잘 유지하라는 말이라는 걸 가려는 알았다. 가려가 검찰 조사를 받는 동안 국정원 수사관 서너 명이 가려를 따라갔다. 그들은 가려가 조사받기 전에 이시원 검사와 다른 방에서 한참 동안 이야기를 나누곤 했다. 이시원 검사는 가려에게 이런 말도 했다.

"국정원에서 큰 틀을 잡아주니까 우리가 수사할 수 있는 겁니다. 이런 사건은 우리 마음대로 할 수 없어요."

그들의 촌수가 어떻게 되는지 가려로서는 알 수 없었지만 가까운 사이인 것은 틀림없어 보였다.

검찰 조사를 받는 동안 가려의 진술에서 크게 바뀐 내용은 없었다. 우성의 밀입북 횟수와 보위부 인입, 가려의 정보 전달 시기와 방법 등 큰 틀은 그대로 유지되었고, 몇 가지 사소한 부분에서 진술이 바뀌었다. 예를 들면 가려가 큰삼촌의 말을 듣고 진술한 공작원의 음어와 가명, 비밀연락처 같은 부분은 삭제되었다. 공작원끼리 음어(암호)를 사용해서 정보를 주고받는다거나 가명을 쓴다거나 신분이 발각될 위험이 있을 때 비밀연락처를 통해서 연락한다거나 하는 내용이 있었다. 이시원 검사와 같이 일하는 강지연 수사관이 이 부분의 진술서를 읽어보고 나서 미심쩍은 듯이 가려에게 물었다.

"이건 사실이 아니죠? 아무래도 이건 아닌 거 같은데."

가려는 처음에는 사실이라고 했다가 강지연과 이시원이 여러 차례 되묻자 이 부분은 없애자고 하는 모양이라고 눈치 채고 '그렇다, 사실이 아니다'라고 인정했다. 검찰 조사를 받고 오면 어떤 진술을 했는지 꼬치꼬치 캐묻는 국정원 수사관들도 그 부분을 삭제한 것에 대해서 별다른 말이 없었다. 가려의 설명을 듣더니 "그래, 잘했다, 잘했어. 아닌 것은 아닌 것이고, 없는 건 없는 거지"라고 말했다. 그 말에 가려는 저도 모르게 웃음을 터뜨렸다. 온통 거짓뿐인 진술을 받아내고 나서 아닌 것은 아닌 것이고 없는 것은 없는 것이라는 말을 어떻게 할 수 있는지. 가짜 삼촌들이 가려를 멀거니 쳐다보았다. 어쨌거나 국정원과 검찰은 한 식구처럼 보였고 가려도 제법 그들과 손발이 맞는 가족이 되어가고 있는 것 같았다. 적어도 증거보전재판이 있기 전까지는 그랬다.

증거보전이란 미리 증거를 보전하지 않으면 그 증거를 사용하기 곤란한 사정이 있을 때 압수, 수색, 검증, 증인 신문 또는 감정을 청구하는 것을 말한다. 소송 당사자는 제1회 공판기일 전이라도 판사에게 압수, 수색, 검증, 증인 신문 또는 감정을 청구할 수 있다. 검찰은 가려가 재판이 시작되기 전에 출국할 가능성이 있고, 진술을 번복할 우려가 있다는 이유로 증거보전을 청구했다.

4
꽃으로 검을 베라

검찰은 공소 제기 6일 뒤인 3월 4일자로 유가려에 대한 증거보전재 판을 신청했다. 삼일절인 3월 1일이 금요일이어서 3일까지 연휴 기간이 었다. 변호인들과 피고인인 유우성이 공소 사실과 관련된 자료를 열람 할 수 있는 시간은 27일과 28일 이틀뿐이었다. 변호인들이 자료를 열 람하고 반대신문을 준비할 시간이 부족했다. 변호인단이 법원에 재판 기일을 연기해달라고 요청했으나 받아들여지지 않았다. 2013년 3월 4일, 수원지방법원 안산지원에서 유가려에 대한 증거보전재판이 열리 게 되었다.

2013년 3월 3일, 증거보전재판이 열리기 하루 전날.

"검사님, 내일 재판에 나가게 되면 오빠를 만날 수 있나요?"

"피고인이 법정에 나오기는 하는데 가려 씨는 카메라가 있는 방에서 따로 재판을 받게 돼요. 모니터를 보면서 법정에서 묻는 것을 듣고 대 답하면 됩니다."

이시원 검사가 대답했다.

"저 한국에 와서 오빠 한 번도 만나지 못했는데 이번에 한 번만 만나게 해주면 안 되나요? 오빠하고 잠깐이라도 둘이 만나서 이야기 좀 하고 싶은데."

"알았어요. 만나는 방향으로 노력해보죠."

가려는 이시원의 말을 듣고 안심이 됐다.

"내일 재판할 때 내가 알아듣기 쉽게 질문을 할 거예요. 그동안 가려 씨가 다 진술한 내용이니까 '네' '아니요'라고 대답만 하면 돼요. 알았죠?"

"네. 그런데 검사님, 오빠는 교화 가게 되면 몇 년이나 살게 됩니까?"

가려가 제일 궁금한 부분을 물어보았다.

"오빠가 자기 죄를 인정하고 반성하면 짧게 살고 나올 수 있어요. 그러니까 가려 씨가 진술을 잘해야 하는 거예요. 가려 씨한테 달려 있어요. 내가 그전에 이야기해주었죠?"

증거보전재판이 결정되고 나서 가려는 국정원 중앙합신센터에서 각별한 보살핌을 받고 있었다. 심지어 가려의 생일파티까지 열어주면서 공손하게 모셨다. 3월 4일은 가려의 음력 생일인데 국정원에서는 양력 3월 4일이 가려의 생일인 줄 알았다. 수사관들이 돌아가면서 읊은 격려문은 이렇다.

"가려야, 지금 힘들어도 이 고비를 잘 넘겨야 돼. 오빠도 나중에는 너를 고마워하게 될 거야. 자, 우리 이 산만 잘 넘어가자."

눈물겨운 친절이다.

오전 10시, 안산지원에서 증거보전재판이 시작될 때, 가려는 영상증언실에 격리되어 있었다. 가려를 데리고 온 국정원 여직원 둘이 영상증언실에 가려와 함께 앉아 있었다. 판사는 김한성, 검사는 이시원, 한정화가 출석했다. 변호인으로는 천낙붕, 장경욱, 양승봉, 김용민, 김진형, 김유정 변호사가 출석했다. 유우성은 포승줄을 감고 이중수갑을 찬 채 교도관들과 함께 들어와서 피고인석에 앉았다.

재판이 시작되기 전에 변호인 측과 검찰 측이 치열한 공방을 벌였다. 먼저 장경욱 변호사가 포문을 열었다. 장경욱은 유가려가 정신적 심리적으로 불안정해 진술을 번복할 가능성이 있어 증거보전을 청구한다고 하는데 이 정도로는 증거를 보전해야만 하는 사정이 있다고 인정할 수 없다면서 기각을 구한다는 의견을 냈다.

장경욱을 비롯한 유우성의 변호인단은 유우성이 기소되고 나서 증거보전재판이 열리기 전까지 줄곧 합신센터를 찾아가 유가려의 변호인 접견을 신청했다. 국정원 측은 처음에 유가려 본인이 접견을 원하지 않는다는 이유로, 그다음에는 유가려가 참고인 신분이라서 변호인 접견권 대상이 아니라는 이유로 접견을 허락하지 않았다. 장경욱은 이것을 두고 심각한 인권 침해라고 강하게 항의했다.

장경욱 변호사 유가려는 국정원 직원 이외에 아무도 접촉하지 못하는 상태로 4개월간 독방에서 구금 상태로 지내 심리적으로 억압된 상태인데 검찰에서는 적반하장격으로 오빠를 대면하게 되면 심리적 정신적 불안정으로 진술 번복 가능성이 있다고 합니다. 오빠를 직접 보게 되면 오히려 정상적인 심리상태를 회복할 겁니다.

이때 이시원 검사가 장경욱 변호사의 말을 끊고 끼어들었다.

이시원 검사 죄송합니다. 이 부분에 대해서 지금 의견을 말씀드리겠습니다.

장경욱은 화를 내면서 큰 소리로 이시원의 발언을 막았다.

장경욱 변호사 검사님, 잠깐만요. 일단 앉아 계세요. 제가 이야기하잖아요.

이시원은 유가려가 영상증언실에서 따로 증언해야 한다고 고집했다. 장경욱은 이시원의 주장을 다시 반박했다.

장경욱 변호사 형사소송에서 서로 같은 경험을 했다고 하는 공범 사이에 진술이 엇갈리는데 대질신문을 당연히 해야 되는 거 아닙니까? 이게 무슨 대질입니까? 증인을 앉혀놓고 표정도 보고 맞는 말인지 봐야 하는 건데 정신의 평온을 잃을 염려가 있다고 해서 비디오를 통해서 한다는 건 있을 수 없는 일입니다. 이런 증거보전재판은 부당합니다. 검사님도 아실 거라 생각합니다. 이 증언이 조작되었다는 것을 밝혀야 합니다.

장경욱은 국민참여재판을 신청했다고 지적하면서 사건이 법원에 배당된 다음, 정식으로 재판을 열고 배심원단 앞에서 증인 신문을 해야 한다고 주장했다. 발언 기회를 잡은 이시원 검사가 장경욱을 겨냥하고 공격했다.

이시원 검사 우선 공식적인 법정에서 적반하장이라는 용어를 쓰거나 혹은 검사의 의견 진술에 고성을 지르는 등 기본적인 법정 예의가 지켜지지 않은 것에 검사는 상당한 유감을 표시합니다. 변호인은 이번에 도 저희를 증거 조작하는 쪽으로 매도했지만 그 부분은 의견으로 생각하고 별다른 말씀을 드리고 싶지 않습니다. 본 건 재판은 이미 신청한 대로 영상중계방식으로 진행하도록 허락해주시기 바랍니다.

변호인과 검사의 공방이 계속되자 판사가 중재하고 나섰다.

김한성 재판장 일단 한 번 물어보죠. 유가려 씨, 이 방에 오셔서 진술하는 건 부담스럽습니까?

유가려는 재판장의 말을 잘 이해하지 못하는 것 같았다.

유가려 아니요.
김한성 재판장 할 수 있죠?
유가려 네.
김한성 재판장 여기로 오시죠, 그럼.
유가려 네?
김한성 재판장 이 방으로 데려오세요.
이시원 검사 질문을 잘 이해하지 못하고 있습니다. 다시 한 번 물어보시죠.

이시원이 사태를 수습하려고 나섰다. 그 순간 가려는 자기 앞에 앉아 있는 국정원 직원들을 쳐다보더니 표정이 굳어지면서 말을 바꿨다.

유가려 판사 선생님, 저 여기서 그냥 하면 안 됩니까?

김한성 재판장 다 같이 있는 데서 말하기는 힘들 것 같아요?

유가려 여기가 제가 진술하기 더 편안합니다.

김용민 변호사가 공판에 필요한 자료를 제대로 열람하지 못해 반대신문을 할 준비가 되지 않았다면서 기일을 연기해줄 것을 요청했다.

김한성 재판장 시간이 얼마다 더 필요합니까?

김용민 변호사 유일한 증거가 유가려의 증언입니다. 자료가 방대해서 진술조서를 다 읽으려면 2주일은 필요합니다. 그리고 차폐막이나 영상녹화시설은 성폭력 사건에나 필요하지 국가보안법 사건에서는 이런 사례가 없는 걸로 알고 있습니다.

김한성 재판장 검찰 신문 시간은 어느 정도 됩니까?

이시원 검사 140항 정도 됩니다. 간단하게 끊어서 질문할 것이니 오래 걸리지 않습니다.

김용민은 증거목록을 보면서 준비할 수 있도록 시간을 달라고 계속 요구했고, 검사 측은 준비할 시간이 충분했다면서 증거보전을 진행하게 해달라고 맞섰다.

김한성 재판장 딱 1주일만 연기할까요?

재판장이 연기하는 쪽으로 기울고 있을 때 한정화 검사가 제동을 걸고 나섰다.

한정화 검사 증거보전 신청은 공소 제기되기 전 2월 13일에 신청했습니다. 저희가 급하다고 봐서 신청한 거고요. 공소 제기 전이지만 오늘 유가려의 진술을 확인하는 데 필요한 부분은 저희가 증거보전 신청할 때 제출했고, 이미 변호인이 26일에 확인한 걸로 알고 있습니다.

재판장 김한성 판사는 10분간 휴정을 선언했고, 10분 뒤에 증거보전재판을 진행하는 것으로 결정을 내렸다. 재판장은 증거보전재판을 하되 처음에는 영상중계를 통한 신문보다 법정에서 서로 대면해서 신문하는 쪽으로 진행하려 했다.

김한성 재판장 오늘 진행하는 걸로 하겠습니다. 일단 인적사항 확인할 때는 증인을 이쪽으로 나오라고 하시죠.

재판장의 요구로 유가려가 영상증언실에서 법정으로 나왔다. 유가려는 다리가 떨려서 겨우 몸을 가누고 있었다. 잠깐 고개를 들어 오빠 쪽을 쳐다보았다.

김한성 재판장 인적사항 확인하고 제가 판단해서 정 안 되면 들어가는 걸로 하겠습니다. 유가려 씨, 자리에 앉으세요. 인적사항 확인하겠습니다.

가려는 오빠 쪽을 더는 쳐다보지도 못한 채 고개를 숙이고 증인석에 앉았다. 판사가 가려의 이름과 생년월일을 확인한 뒤에 물었다.

김한성 재판장 한국말로 대화하는 데 어려움은 없죠? 다 이해할 수 있죠?

유가려 네.

어디서 증언하겠느냐는 판사의 말을 잘 이해하지 못한 데서 알 수 있듯이 가려가 남한 사람들과 대화하는 데 어려움이 없다는 건 사실이 아니다. 판사는 자신과 친족관계인 피고인에게 불이익을 줄 진술을 거부할 권리가 있다는 형사소송법을 설명해준 다음, 증인선서를 시켰다.

이시원 검사 가려 씨, 이제 증인이라고 하고 물어볼게요. 마이크를 가까이 대고 크게 얘기해요. 지금 이렇게 오빠인 유우성 씨하고 같은 자리에서 검사나 판사님의 질문에 대답하는 것이 마음이 불편합니까?

이번에도 가려는 검사가 하는 말을 정확하게 이해하지 못했다. 이시원은 어떻게든 가려를 영상증언실로 들여보내려고 했다.

유가려 아니요.

이시원 검사 아까 그 옆방으로 가서 마이크 대고 하고 싶어요? 아니면 이 자리에서 그대로 하고 싶어요?

유가려 아까 갔던 방에서 하겠습니다.

이시원 검사 아까 저쪽 방에서?

유가려 네.

이시원 검사 거기서 하고 싶은 이유는 뭐예요?

영상증언실에서 따로 증언하고 싶은 이유를 묻는 검사의 질문에 가려는 한동안 대답을 하지 못하고 머뭇거렸다.

유가려 다른 건 아니고 그냥 이런 장소에서는 마음이 떨려서……

재판장은 일단 신문을 진행해보고 결정하자고 했다.

김한성 재판장 하다 보면 마음이 좀 편해질 테니까 해보고 정 안 되겠으면 저한테 말씀을 해주세요. 일단 진행을 해보겠습니다.

이시원은 가려가 작성한 진술서 7개, 국정원 수사관들이 작성한 진술조서 4개와 검사가 작성한 진술조서 8개, 가려의 진술 장면을 담은 영상녹화물 CD 4개를 가려에게 갖다주고 확인하게 했다.

이시원 검사 먼저 이 내용을 읽어보고 본인이 진술한 것이 맞는지, 직접 서명하고 손도장 찍은 것이 맞는지 확인할 거예요.

유가려는 손이 떨려서 진술서를 제대로 넘겨보지 못했다. 유우성은 손을 와들와들 떨면서 진술서를 넘기는 가려를 더는 지켜볼 수가 없어서 고개를 숙였다. 우성의 눈에서 눈물이 흘러내렸다. 숨 막히는 침묵 속에 10분이 흘러갔다. 가려는 진술서를 읽지 못하고 고개를 숙인 채 흐느끼기 시작했다. 가려는 이시원과 눈이 마주치자 흠칫 놀라면서 얼른 고개를 숙이고 진술서를 넘겼다. 가려의 어깨가 흐느낌으로 계속 떨렸다. 재판장의 얼굴에 딱하다는 표정이 떠올랐다. 이때를 놓치지 않고 이시원이 말했다.

이시원 검사 재판장님, 눈만 마주쳐도 이렇게 불안해하는데 신문이 될 수가 없습니다.

김한성 재판장 일단 옆방으로 가라고 하세요.

이시원 검사 이런 상황을 우려해서 저희가 영상중계 신청한 겁니다.

김한성 재판장 일단 읽는 것은 옆방 가서 읽고 다시 오든지 하죠.

가려는 결국 영상증언실로 돌아갔다.

장경욱 변호사 가려 씨, 힘내시고 읽고 돌아와서 진실을 이야기하세요.

가려가 영상증언실로 들어가고 약 1시간이 지났다. 재판장이 검사에게 다시 한 번 가려의 의사를 물어보라고 했다. 이시원은 가려가 나오지 않겠다는 답변을 하도록 유도하는 질문을 했다.

이시원 검사 가려 씨, 증인이라고 부를게요. 아까 법정에서 대면하고 막 울어서 마음이 진정이 안 되는데 다시 오면 또 그런 상황이 되지 않겠어요?

유가려 저 여기서 하겠습니다.

이시원 검사 거기서 하고 싶어요?

유가려 네.

이시원 검사 알겠습니다.

우성이 답답함을 참지 못하고 가려에게 직접 말하려고 나섰다.

유우성 여기 나와서 얘기하면 좋겠어. 여기는 판사님이 계시기 때문에.

오빠의 목소리를 들은 가려가 반가움을 드러내며 반문했다.

유가려 오빠, 뭐라고?

유우성 여기는 판사님과 변호사님들이 계시기 때문에 무서워하지 말고 사실대로 이야기하면 돼. 네가 여기 나와서 침착하게 진술을 했으면 좋겠다.

김한성 재판장 의견을 최종적으로 말씀해보세요. 원하시는 대로 해드릴 테니까. 증인 한 번 말씀해보세요.

이시원 검사 가려 씨가 원하는 것을 판사님께 말씀드려 보세요.

가려는 오빠의 간곡한 말에 마음이 흔들린 듯 잠시 망설였다.

유우성 무서워하지 말고 내 말 들어. 무서워하지 마.

김한성 재판장 제가 물어볼게요. 증인 거기서 진술하시겠습니까? 여기 나와서 진술하시겠습니까?

가려는 오빠의 말을 들어줄 수 없는 자신의 처지가 안타까워서 울기만 하고 얼른 대답을 하지 못했다. 가려는 오빠의 면전에서 오빠가 간첩이라는 말을 차마 할 수가 없었다.

김한성 재판장 그냥 거기서 하시겠어요?

가려는 울음을 삼키면서 말했다.

유가려 네. 여기서 하겠습니다.

김한성 재판장 일단 진행하시죠.

이시원 검사 여기 신문 사항에는 안 나와 있지만 하나 먼저 물어보고 진행하겠습니다. 증인, 힘들겠지만 마이크 가까이 대고 좀 또렷하게 얘기해줘요. 증인이 모든 것을 사실대로 말한 이유는 이제 가족 모두가 보위부 손아귀에서 벗어나기를 원하기 때문이죠?

가려는 계속 울면서 작은 목소리로 대답했다.

유가려 네.

이시원 검사 오빠도 이제는 모두 사실대로 이야기하고 책임질 것이 있으면 책임지고 보위부의 손아귀에서 벗어났으면 좋겠지요?

유가려 네.

이시원은 계속해서 검찰의 공소장에 나와 있는 사실들을 가려에게 물어보았고, 가려는 계속 울면서 검사의 질문에 모두 '네'라고 대답했다. 이를테면 다음과 같은 식이다.

이시원 검사 증인은 수사기관에서, 증인의 오빠가 2006년 5월 하순경에서 6월 초순경 사이에 두 차례, 2011년 6월 하순경에서 7월 초순경 사이에도 한 차례 회령에 들어왔었고, 2012년 1월경에도 회령에 잠깐 갔다 온 사실이 있다고 진술했는데 사실인가요?

유가려 네.

검찰은 공소장에서 유우성이 2006년 5월 23일에 어머니 장례식 때문에 중국에서 통행증을 발급받아서 회령에 들어갔다가 5월 27일 나왔으며, 며칠 뒤 두만강을 도강해서 회령 집으로 되돌아갔다고 했다. 그리고 이때 보위부 지도원들에게 발각되어 가족 모두 보위부에 끌려가 조사받고 유우성이 보위부 공작원이 되었다고 했다. 이날 증거보전 재판에서도 유가려에게 이런 일이 있었다는 진술을 받아냈다.

> **이시원 검사** 회령에 온 오빠 유우성은 어머니 장례를 마치고 2006년 5월 27일 중국 친척들과 함께 중국으로 돌아갔지요?
> **유가려** 네.
> **이시원 검사** 그런데 증인의 오빠 유우성은 중국으로 나간 지 며칠 만에 두만강을 넘어 회령 집에 되돌아온 사실이 있지요?
> **유가려** 네.
> **이시원 검사** 집에 온 오빠 유우성과 아버지에게 들은 바에 따르면, 유우성은 가족과 집이 걱정되어 회령 집에 돌아왔다고 하던가요?
> **유가려** 네.
> **이시원 검사** 증인의 오빠 유우성이 회령 집으로 돌아온 지 이틀쯤 지났을 때 보위부 지도원들이 증인의 집으로 찾아와 가택수색을 하고, 증인 가족 모두를 보위부에 끌고 간 사실이 있지요?
> **유가려** 네.

유가려는 검사가 공소장에서 제기한 유우성의 국가보안법 위반 혐의를 묻는 질문에 모두 '예'라고 대답했다. 유가려는 시종 눈물 속에서 대답했다.

다음은 이날 증거보전에서 검찰이 제시하고 유가려가 인정한 유우성의 구체적인 범죄 사실이다.

1. 특수잠입, 2006년 5월에서 6월

유우성은 반국가단체의 구성원인 회령시 보위부 반탐과장 김광수(가명, 이후에 반탐부부장으로 승진) 등으로부터 한국 침투 후 탈북자 신원자료 수집 등의 지령을 받고 대한민국에 잠입했다.

2. 편의제공, 2006년 8월

유우성은 외당숙 공성철(가명)을 통해서 노트북 컴퓨터 한 대와 데스크탑 컴퓨터 두 대를 회령시 보위부에 전달했다.

3. 탈출, 2007년 8월

유우성은 2007년 3월에 연세대학교와 베이징사범대학 간 교환학생 연수 신청을 하고 선발되어 2007년 7월 27일에 중국에 입국해, 2007년 8월 중순경 북한 함북 회령시 소재 뱀골초소 인근 건너편 두만강을 도강하여 북한으로 탈출했다.

4. 국가기밀인 탈북자 신원정보의 탐지·수집·전달 및 회합·통신, 2011년 2월

유우성은 탈북자와의 다양한 교류와 행사 등을 통해 탈북자들의 신원정보를 체계적으로 탐지·수집하여 회령시 보위부에 보고했고, 회령시 보위부 반탐부부장은 2011년 2월 하순경 유우성의 여동생 유가려에게 중국으로 들어가 오빠가 주는 자료를 받아 오라고 지시했다. 유가려는 중국으로 가서 유우성에게 QQ메신저를 통해서 탈북자 50명의 신원정보가 담긴 명단 파일을 전송받아 USB에 저장한 다음 북한으로 들어가 이 자료를 회령시 반탐부부장에게 전달했다.

5. 국가기밀인 탈북자 신원정보의 탐지·수집·전달 및 회합·통신, 2011년 5월

유우성은 2011년 5월 중순에도 외당숙 공성철의 집에 나와 있는 유가려에게 QQ메신저를 통해서 탈북자 70명 내지 90명의 신원정보가 담긴 파일을 전송하고 회령시 보위부 반탐부부장에게 전달하도록 지시했다. 유가려는 USB에 파일을 저장해 회령시 보위부 반탐부부장에게 전달했다.

6. 특수탈출 및 회합, 2011년 7월

유우성은 2011년 6월 19일부터 독일 베를린을 방문하는 '통일 프로젝트' 프로그램에 참가해 베를린 등을 견학하고 6월 27일에 베이징에 도착했다. 회령으로 오라는 아버지의 연락을 받고 연길로 가서 2011년 7월 초순경 두만강을 도강하여 북한으로 탈출하였고, 회령시 반탐부부장을 만나 그동안의 사업 성과에 대해 보고하고 격려를 받았다.

7. 특수탈출 및 회합, 편의제공, 2012년 1월

유우성은 2012년 1월 21일에 중국으로 출국해 아버지에게 '회령으로 들어갈 예정이니 회령 집에서 기다리라'고 전화 연락한 다음, 연길에 있는 아버지와 가려가 사는 집으로 갔다. 가려에게 입북 계획을 말하고 보위부에서 부탁한 중국 휴대전화 등을 준비해왔다고 말했으며 1월 22일 저녁 늦게 북한 지역으로 탈출했다. 밀입북한 후에는 회령시 반탐부부장과 만나 탈북자 신원정보 수집 등의 추가 지령을 받고, 표창을 받은 다음 휴대전화와 카메라 등을 전달한 후 2012년 1월 24일에 중국으로 나와서 유가려를 만나고 그다음 날인 1월 25일에 한국으로 돌아왔다.

8. 국가기밀인 탈북자 신원정보의 탐지·수집·전달 및 회합·통신, 2012년 7월

유우성은 영 한우리와 통일한마당 등에서 활동하면서 탈북자들의 신상정보자료를 수집하여 보관하고, 서울시청 계약직 공무원으로 근무하면서도 직책을 이용해서 탈북자 정보를 수집했다. 2012년 7월에 유가려에게 전화하여 연길시 소재 PC방에서 '윈도 라이브 메신저'에 접속하도록 하고, 미리 준비해둔 50명 내지 60명의 탈북자 신원정보를 파일로 전송해 유가려가 USB에 저장하게 했다. 유가려는 그다음 날 밤 두만강을 도강하여 북한으로 건너가 회령시 반탐부부장에게 탈북자 신원정보가 담긴 USB를 전달했다.

9. 특수잠입 및 회합, 편의제공, 2012년 10월

유우성은 2012년 7월경 회령시 보위부 반탐부부장과 여동생 유가려를 한국으로 입국시켜 활용하는 방안을 협의하였고, 유가려는 반탐부부장으로부터 국내 침투 후 유우성의 공작임무를 함께 수행할 것을 지시받았다. 유우성은 2012년 10월 24일에 중국에 가서 10월 30일에 유가려와 함께 제주공항에 도착해 대한민국에 잠입했다.

이상이 검찰에서 주장하는 2006년부터 2012년 사이에 유우성과 유가려가 북한 보위부 공작원으로 활동했다는 내용이다. 공소장에 따르면 유우성이 유가려를 통해서 북한에 전달했다는 탈북자 정보는 170명에서 200명 정도다. 언론에서 보도한 탈북자 1만 명의 신원정보는 공소장에서 사라졌다. 유우성이 보위부공작원 임무를 부여받은 것은 2006년이라 했고 유우성이 탈북자 명단을 처음 북한에 제공했다는 시점은 2011년이다. 5년 동안 유우성이 수집했다는 탈북자 정보는 50건이다. 어지간히 게으른 공작원이 아닌가? 그런데도 유가려의 진술에 따르면 유우성은 회령시 보위부의 표창까지 받았다고 한다. 회령시 보위부에서 국가정보원과 검찰을 명예훼손으로 고소해야 마땅한 일이다.

이시원 검사의 신문이 끝나고 재판장이 휴정을 선언하려고 할 때 장경욱이 다시 한 번 영상중계방식의 신문에 이의를 제기했다.

장경욱 변호사 반대신문 때도 이런 식으로 한다면 변호인들은 전부 퇴정하겠습니다. 이것은 의미 없는 신문입니다. 증인이 이야기하는 '예'라는 것은 미리 연습한 각본대로 '예'라고 대답하는 겁니다. 그렇지 않으면 합신센터에 돌아가서 어떤 일이 벌어질지 모르는 상황에서 전혀 진실을 이야기하지 않는 울음 섞인 '예'입니다. 재판의 권위를 위해서라도 재판장님 보는 앞에서 당당히 진술하고 오빠가 보는 앞에서 진실이 무엇인지를 당당히 밝힐 수 있어야 증인 신문이 의미가 있습니다.

장경욱의 말이 채 끝나기도 전에 유우성이 참지 못하고 끼어들었다.

유우성 판사님, 검찰 측에서는 동생이 오빠의 진실을 말하는 게 괴로워 울고 있다고 하는데 동생은 자기가 거짓말한 부분이 너무 많기 때문에 지금 와서 이걸 어떻게 해야 할지 몰라 괴로워서 울고 있습니다. 지금도 동생 옆에는 국정원 직원이 앉아 있고 동생은 재판 끝나면 국정원에 돌아가야 합니다. 동생도 사람입니다. 어떻게 대한민국 사회에서, 북한도 아니고, 이렇게 감금해놓고 조사를 할 수가 있습니까?

우성은 울음 섞인 목소리로 판사를 향해서 외쳤다. 오빠의 목소리를 들은 가려의 울음소리가 점점 커졌다.

유우성 가려야, 울지 말고 두려워하지 말고 사실을……

이시원이 끼어들었다.

이시원 검사 형사소송법에 정신적 평온을 잃을 수 있는 경우에는 이런 방식으로 하게 되어 있고 그런 요건을 충족한다면 그것은 적법절차에 전혀 위배되는 것이 아니라고 판단됩니다.
유우성 검사님, 동생이 변호사를 선임할 자격은 있잖아요? 없습니까? 가려야!

가려는 울면서도 오빠의 물음에 대답했다.

유가려 응?
유우성 변호인을 선임하겠다고 해. 네가 한국 법을 몰라서 그래. 국정원에서 억지로 이야기하라고 했겠지만 사실은 밝혀지게 돼 있고 대한민국에서는 법이 지켜주는 거야. 재판장님이 너를 지켜주고……

오빠의 목소리를 듣고 가려의 울음소리는 점점 더 격렬해졌다. 우성은 울음을 삼키며 다시 한 번 항변했다.

유우성 동생이 너무 무서워하고 있습니다. 저도 그 심정 잘 압니다. 저 어린 여자애를 독방에 가둬놓고…… 하루도 아니고 11월, 12월, 1월,

2월까지 조사하는 게 말이 됩니까, 이게. 아무리 여자애라도 그렇지. 변호인을 보냈으면 변호인을 한 번 정도는 만나보게 하는 게 법치국가 아닙니까?

변호인을 만나지 못하고 혼자서 조사를 받던 열흘 동안 우성은 하루에도 열두 번씩 그들이 요구하는 대로 거짓 진술을 하고 싶은 유혹을 느꼈다. 국정원 수사는 두 번 다시 생각하기 싫은 악몽이었다. 합신 센터에 갇혀서 아무도 만나지 못하고 넉 달을 보낸 동생이 지금 제정신이라면 그게 오히려 이상한 일이다. 재판장은 우성의 항변에 대해서는 대답하지 않은 채 점심을 먹기 위해서 휴정을 선언했다.

김한성 재판장 잠시 휴정하겠습니다. 2시 30분에 다시 개정하겠습니다.

가려는 국정원 직원들과 함께 점심을 먹으러 법원 근처의 식당으로 갔다. 가려는 시켜준 갈비탕에는 손도 대지 않고 계속 울기만 했다. 밥 먹으라고 채근하는 말에는 대답하지 않고 큰 소리로 따졌다.

"우리 오빠가 머저리 아닌데 왜 저렇게 완강하게 나옵니까? 우리 가족이 잘되는 일이라고 했는데 똑똑한 오빠가 왜 이해하지 못하고 모두 사실이 아니라고 하는지 이해 안 됩니다."

P가 말했다.

"오빠가 앞날을 생각하지 못하는 거야. 지금 당장 죄를 인정하는 게 무서워서 거짓말하고 있더라. 그럴수록 네가 잘해야 해. 꽃으로 검을 베어야 하는 거야? 내 말 알아듣지?"

가려는 P의 말을 수긍할 수 없었다. 가려는 오빠가 자기처럼 한국에서 용서받고 잘살기 위해서 없는 죄를 다 인정할 줄 알았다. 점심을 한 숟가락도 안 먹고 가려가 계속 울기만 하자 P는 전화를 걸어 큰삼촌을 바꿔주었다. 큰삼촌은 부드러운 목소리로 가려를 달랬다. 하지만 결국 하는 얘기는 자기들이 시킨 대로 진술 잘하라는 것이었다.

"리리야, 너 마음 아픈 것 다 이해한다. 얼마나 마음 아프겠니? 그렇지만 네가 잘해야 된다. 오빠는 네 손에 달렸으니까 계속 진술 잘해야 한다."

가려의 마음속에서 의심이 무럭무럭 자라났다. 이게 맞나?

5
조작하려니 힘드시죠?

오후 2시 30분, 다시 재판이 열렸다. 변호인이 반대신문을 할 차례였다. 유가려가 영상증언실에서 증언할 것인지 법정에 나와서 증언할 것인지를 두고 검찰 측과 변호인 측의 실랑이가 다시 시작됐다. 판사는 유우성 앞에서는 가려가 증언하기를 더 어려워하니까 피고인을 잠깐 나가 있게 하고 변호인 반대신문을 하라고 했다. 그때 가려가 절박한 목소리로 "잠깐만요"라고 말했다. 가려는 증언하기가 괴로웠지만 오빠 얼굴을 보고 싶기도 했다. 우성이 영상증언실에 있는 가려에게 물었다.

유우성 가려야, 오빠가 무서워?

가려는 울면서 조그맣게 "아니"라고 대답했다. 가려가 울음을 그치지 않자 판사가 "여기 오면 울음이 나와서 진술 못할 것 같습니까? 거기 있는 게 좋겠어요?"라고 묻자 가려가 결심한 듯 "나가겠습니다"라고 대답했다. 가려가 흐느껴 울면서 법정으로 나왔다. 그러나 양승봉 변호사와 장경욱 변호사가 질문을 시작하자 다시 울기만 하고 대답하지 않았다. 판사는 진행이 안 된다면서 가려를 영상증언실로 돌려보내려고 하고 우성과 변호인들은 이를 말리느라고 한동안 옥신각신했다. 이시원은 가려를 영상증언실로 보내야 한다고 주장했다.

이시원 검사 증인이 미안해하면서 눈물을 흘리고 있는데 더 이상 이렇게 두는 것은 인도적(?) 입장에서 옳지 않다고 판단됩니다.

장경욱 변호사 검사님, 예행연습까지 시켜놓고 무슨 그런 얘기를 자꾸 합니까?

이시원 검사 예행연습이라고 하신 겁니까?

장경욱 변호사 제가 검사님 신문할 때 끼어들었습니까? 변호인 접견도 못 했는데.

김한성 재판장 지금 자꾸 싸우시면 증인이 위축되어 더 말을 못합니다.

장경욱 변호사 가려 씨, 위축되지 마시고요.

유가려 죄송한데요. 저 들어가면 안 될까요?

이시원 검사 분명히 들어가고 싶다고 의견을 밝힌 것 같은데요.

김한성 재판장 저 안에 들어가고 싶어요?

유가려 네.

김한성 재판장 들어가세요. 피고인 때문에 진행이 안 되는 것 같아요. 제 생각에는 피고인이 자꾸 말 시키고 그러니까 진행이 안 되는 것 같아요.

유우성 무서워하지 마.

장경욱 변호사 합신센터에 다시 간다고 해서 무서워하지 말고 용기를 내세요.

김한성 재판장 진술할 수 있겠습니까?

장경욱 변호사 여기서 할 수 있죠? 무서워하지 말고요.

이시원 검사 본인이 원하는 답변이 안 나온다고 강압적으로 이야기하면서 무서워하지 말라고 하는 건 안 맞는 것 같습니다.

김한성 재판장 일단 데리고 들어가세요. 진행이 안 될 거 같습니다. 앞으로는 저 안에서 진행하겠습니다.

유우성은 울면서 판사에게 항변했다.

유우성 동생이 지금 저렇게 무서워하는데 무슨 진술이 나오겠습니까. 저는 법을 잘 모르지만 이건 말이 안 된다고 생각합니다. 본인이 무섭다고 저와 변호사님한테 머리를 끄덕끄덕하면서 구원을 요청했는데……

우성의 말을 듣고 가려는 더 크게 흐느낀다. 가려는 결국 영상증언실로 들어가고 양승봉 변호사가 용기를 가지고 사실대로 진술하라고 가려를 달랬다. 우성이 직접 가려에게 반대신문을 하겠다고 나섰다.

유우성 가려야, 오빠가 두 가지만 물어볼게.

유가려 응.

유우성 2012년 10월 30일 제주공항에 들어올 때, 너의 진술에 의하면 연길에서 아버지가 보위부에 당할까 봐 무서워서 아버지를 먼저 청도에 보내놓고 동생과 오빠 둘이서 비행기를 타고 루산(盧山)에 있는 고모 집에 가서 있다가 한국으로 들어왔다고 진술했지?

유가려 응.

유우성 여기 증거가 있는데요. 증거 사진 동생이 볼 수 있어요? 2012년 10월 23일부터 오빠랑 아버지랑 셋이 같이 이동하면서 찍은 이 사진은 무슨 사진이야?

우성의 추궁에 가려는 대답하지 못하고 울기만 했다. 우성도 울음을 참느라고 목소리를 떨면서 계속 물었다.

유우성 아버지 허리가 안 좋기 때문에 루산에 있는 아버지 여자친구 만나서 안정시키고 그랬잖아. 아버지가 그분 만나니까 앞으로 네가 혼자 살게 되기 때문에 내가 너를 데리고 온 건데 그런 거짓말을 왜 하니?

가려의 울음소리는 점점 높아졌다.

유우성 거짓말한다고 너를 원망하지도 미워하지도 않아. 국정원에서 어떤 회유가 있었는지 모르지만 법정에는 판사님이 계시고 변호사님이 계시니까 무서워하지 마.

김한성재판장 사진은 어떤 의미가 있는 거죠?

유우성 동생이 2012년 10월에 보위부의 지령을 받고 오빠와 함께 남한으로 오는데, 남한에 오는 일이 실패하게 되면 아버지가 연길에서 보위부에게 위협을 당할까 봐 며칠 전에 먼저 청도에 대피시켜놓고 우리 남매가 둘이서만 만나서 청도로 갔다고 동생이 진술했습니다. 청도에 있으면서 남한에 들어가는 문제를 토론하고 둘이서만 상하이

2012년 10월 27일경 유우성(맨 오른쪽)과 유가려 남매 그리고 아버지 유진룡이
연길에서 비행기를 타고 고모 환갑잔치에 참석하기 위해 이동 중 찍은 사진.
검찰은 이때 아버지 유진룡이 북한 보위부를 피해 청도에 혼자 있었다고 주장했다.

를 통해서 들어왔다고 하는데, 이 사진은 그때 셋이 같이 청도에서
상하이로 움직이면서 동생과 아버지가 비행기를 처음 타봤다고 해
서 기념으로 찍어준 겁니다. (위 사진 참조)

김한성 재판장 다음 질문해보세요.

장경욱 변호사 답을 들어야죠.

김한성 재판장 지금 물어본 것에 대해서 아는 사실을 이야기해보세요.

유우성 울지 말고 사실대로 이야기하면 재판장님이나 여기 사람들이
보호해주니까.

김한성 재판장 증인이 수사기관에서 거짓말했는지 사실대로 이야기했는
지 답변해주세요.

가려는 울기만 하고 말을 안 한다.

장경욱 변호사 여기서 증언하나 저기서 증언하나 똑같은데 왜 이런 식으로 하는지 모르겠습니다.

장경욱이 다시 영상중계방식에 이의를 제기하고 우성은 참지 못하고 다시 가려에게 무서운지 물어본다.

유우성 가려야, 무섭지?
이시원 검사 이런 식으로 질문이 나오는 건 곤란합니다.
장경욱 변호사 무서워하는 거 안 보이세요?
이시원 검사 저는 무서워한다고 생각지 않습니다. 오히려 변호인들을 무서워하는 것 같은데요.
유우성 제가 물어볼까요? 오빠와 변호인이 무서운지? 네 마음이 무겁다는 거 나도 알아. 조사 끝나면 합신센터에 돌아가야 되니까.

가려는 울면서 조그맣게 "미안해"라고 말하고 나서 더 크게 울기 시작했다. 우성도 따라 울면서 다시 질문하기 시작했다.

유우성 오빠가 한국에 나온 뒤 8년 동안 가족들하고 설을 한 번도 못 쇠서 2012년에 처음 아버지하고 너하고 설 쇠러 갔잖아. 9년 만에 가족사진도 집 근처에서 찍었는데, 그 사진은 누구 사진이야? 그 사진에 나오는 사람은 누구냐고? (114쪽 사진 참조)

2012년 1월 22일 9년 만에 가족이 모여 중국 연길 집에서 설을 함께 쇠고 찍은 사진.
검찰은 2012년 1월 22일에서 24일까지 아버지 유진룡과 유우성이 두만강을 넘어 북한에 잠입해
북한 국가안전보위부로부터 표창과 훈장을 받았다고 주장했다.

가려의 울음소리가 점점 높아졌다.

유우성 사진 찍고 들어갈 때 내가 네 선물 못 사왔다고 하니까, 이화가
백화점에 가서 나 대신 선물로 노스페이스 옷 사준 일도 있잖아. 9년
만에 가족사진 찍은 것 잊었어? 그 사진은 뭐야? 그 사진은 귀신이
찍은 거야?

가려와 우성 남매는 영상증언실과 법정에서 서로의 목소리를 들으
면서 함께 엉엉 울었다. 양승봉 변호사가 이 상황을 정리해서 설명했다.

양승봉 변호사 2012년 1월 22일, 구정의 일입니다. 증인의 진술서에는 아

버지는 북한에 가 있고 오빠가 9년 만에 설 쇠러 왔는데 셋이서 설을 쇤 것이 아니고 오빠가 두만강으로 도강해서 아버지를 만나서 설 쇠고 왔다고 진술했습니다. 그런데 설에 찍은 가족사진이 있습니다. 그 사진에 대해서 물어보는 것이고 유가려 씨는 대답을 못하고 울고 있는 겁니다.

김한성 재판장 물어볼 때 울면서 물어보니까, 울지 말고 또박또박 물어보셔야지.

재판장은 자신이 이런 상황에 처했다면 울지 않고 또박또박 물어볼 수 있다고 생각하고 저런 소리를 하는 걸까? 피고인 유우성 때문에 신문이 잘 진행되지 않는다는 말을 한다는 게 말이 되는가? 유가려가 왜 그렇게 시종일관 울고 있는지 재판장은 정말 모르는 걸까?

유우성 한 가지만 더 물어볼게. 2006년 5월 21일 어머니 돌아가셨을 때, 어머니는 한국에 있는 나하고 통화하다가 보위부 개새끼들한테 목숨을 잃었는데 네가 어떻게 그런 개새끼들한테 개 노릇을 한다고 이야기를 해? 너는 어머니가 두렵지 않냐?

가려는 우성의 질문에 대답하지 못하고 울기만 했고 우성도 같이 울었다. 양승봉 변호사가 다시 나서서 가려를 설득했다.

양승봉 변호사 가려 씨, 사실을 밝히기 위해서 가려 씨의 말을 들어야 됩니다. 사실대로 말씀해줄 수 있겠어요?

이때 유가려는 간절한 목소리로 오빠를 따로 만나게 해달라고 요청했다.

유가려 미안하고 죄송하지만 여기 한국 들어와서 오빠를 이때까지 내한 번도 못 만났습니다. 그래서 단독으로 한 5분가량 만날 수 없습니까? 죄송한 부탁이지만.

우성은 판사가 지켜보는 데서 가려를 잠깐만 보겠다고 애원했다.

유우성 판사님이 옆에 서 있고, 제가 한 5미터 밖에서 동생을 만나겠습니다. 진술에 대해서 이야기하려는 게 아니고 지금 동생을 보세요. 볼에 4개월 동안 울었던 흔적이 있어요.

증거보전재판에 나오기 전에 가려는 이시원에게 같은 부탁을 했었다. 그때는 그렇게 해줄 것처럼 말하던 이시원이 두 사람이 만나는 것을 반대하고 나섰다.

이시원 검사 검찰 의견을 말씀드리면 주요 범죄 사실을 입증할 증인을 피고인과 미리 대면하게 한다는 것은 형사소송법이 정하는 유형과 좀다른 거 같습니다. 양승봉 변호사님처럼 차분하게 질문하면 충분히답변할 수 있습니다.
유우성 동생이 자꾸 울고 괴로워하는 걸 보는데 어떻게 차분하게 질문합니까?
장경욱 변호사 나오라고 해서 양 변호사가 질문하면 되겠습니다.

김한성 재판장 피고인이 자꾸 질문하면 안 되겠어요. (가려에게) 무서워서 그래요? 가슴 아파서 그래요?

유가려 가슴 아프고 슬픕니다. 가슴 아픕니다.

양승봉 변호사 2시 반부터 변호인 반대신문 하고 있는데, 한 시간 반째 이러고 있습니다.

김한성 재판장 안정되게 진행하려면 이 방법밖에 없을 거 같아서, 그대로 진행하겠습니다. 변호사님이 물어보시던 거 계속 물어보시죠.

유우성 더 질문 안 하겠습니다. 아까 세 가지 질문했는데 여기 나와서 제가 질문한 것에 대해서 이야기하면 되지 않습니까? 동생이 하나도 대답 안 했습니다.

장경욱 변호사 피고인이 들어간 상태에서 증인이 나와서 세 가지 질문에 답변하는 걸로 하죠.

김한성 재판장 네, 그렇게 하시죠.

재판장의 결정으로 유우성은 영상증언실로 들어가고 가려가 법정으로 나왔다. 이시원 검사는 우성과 가려가 서로 만나지 못하게 계속 방해했다. 가려가 법정으로 나오면 우성은 영상실로 들어가고 가려가 영상실로 들어가면 우성은 법정으로 나왔다. 둘은 하루 종일 비디오 중계장치를 통해서 모니터로만 서로의 얼굴을 확인하며 눈물을 흘려야 했다.

김한성 재판장 오빠는 밖으로 나가게 했거든요. 증인이 말하는 걸 못 들으니까 나중에 전달해줄 테니 마음 편하게 먹고 하고 싶은 이야기 하세요.

양승봉 변호사 오빠가 물은 것부터 확인할 게요. 오빠도 쫓겨난 게 아니고 오빠 스스로 나가 있는 거예요. 가려 씨가 편하게 진술하라고 비켜 준 거예요. 오빠하고 아버지하고 셋이 비행기 타고 이동한 거 기억나 시죠? 판사님이 지켜보고 계시니까 편하게 말씀하세요. 휴대전화 사진에 다 있어요. 있는데 그냥 확인하는 겁니다. 아버지하고 오빠하고 비행기 타고 고모 집으로 간 사실 있죠?

유가려 잘 기억 안 납니다.

양승봉 변호사 잘 기억이 안 난다고요? 사진을 제시해야 할 것 같은데. 피의자한테 사진을 받아다 보여줘도 되겠습니까?

양승봉 변호사가 우성의 휴대전화를 받으러 갔다.

이시원 검사 지금 저 휴대전화가 피고인 소유인가요?

장경욱 변호사 피고인 소유예요.

이시원 검사 그럼 디지털 사진이니까 원본 진정성을 위해서 오늘 재판부에 제출하시면 기록에 첨부되어 나중에 본안 가서 검증도 할 수 있으니 지금 재판부에 제출하는 게 맞는 거 같습니다.

장경욱 변호사 저희가 처음 봤고 더 검토해야 할 내용이 있습니다.

이시원 검사 그럼 지금 보여주시면 안 되죠. 원본 진정성이 없는 증거인데, 디지털 증거이고 증인의 증언 신빙성을 다투는 중요한 증거이기 때문에, 이것이 믿을 만한 것이라는 걸 먼저 입증해야 합니다.

김한성 재판장 피고인이 제출하는 증거는 증거 능력을 요구하지 않습니다.

이시원 검사 그렇다고 어떤 것이든 마음대로 제출해도 된다는 건 아니지 않습니까?

김용민 변호사 그건 재판부에서 판단하시죠. 증거 능력 유무까지 사정해 주십니다.

이시원 검사 그럼 그 이후에 원본에 대해서 변고가 없었다, 이런 부분을 확인하기 위해서라도 가장 깔끔한 방법은 오늘 휴대전화를 제출해 주시면 되는데 그걸 안 하실 이유가 없을 거 같은데요.

장경욱 변호사 다 안 하는 이유가 있어요.

이시원 검사 어떤 이유가 있어요? 재판부에 제출되어서 나중에 다 알건데.

장경욱 변호사 우리도 포렌식(디지털 정보 분석 프로그램)으로 다 해드릴게요.

이시원 검사 포렌식으로요?

장경욱 변호사 조작했으면 조작했다고 나중에 다 나오니까요.

이시원은 유가려의 진술 내용을 뒤집을 증거가 나오자 휴대전화를 증거로 제출하라고 물고 늘어졌다. 변호인들은 휴대전화에 다른 증거들이 있는지 확인한 후에 제출하겠다고 했는데 이시원은 변호인이 제출을 거부했다는 식으로 이야기하며 꼬투리를 만들고자 했다.

이시원 검사 그럼 오늘은 제출을 거부하시는 것으로 알겠습니다.

장경욱 변호사가 이시원 검사를 향해 참았던 한 마디를 쏘아붙였다.

장경욱 변호사 사건 조작하려니 힘드시죠?

이시원은 헛웃음을 웃으면서 "법정에서는 예의를 좀 지켜주시죠"라고 응수했다. 양승봉 변호사는 우성이 비행기에서 찍은 아버지와 가려, 우성의 사진을 가려에게 보여주었다.

양승봉 변호사 가려 씨, 맞지요? 아버지하고 오빠하고 같이 찍은 사진······ 2012년 10월경 고모 회갑잔치에 가려고 함께 이동하면서 찍은 사진 맞죠?

사진을 본 가려는 더는 버티지 못하고 기어들어가는 목소리로 사실을 인정했다.

유가려 네.
양승봉 변호사 맞죠?
유가려 네.
양승봉 변호사 그때 가려 씨와 오빠가 남한으로 들어오는 데 실패할까 봐 아버지를 먼저 피신시켰다, 이 말은 사실이 아니죠?

이때를 놓치지 않고 양승봉은 가려의 진술이 사실이 아님을 캐물었지만 가려는 여전히 대답을 하지 않았다.

양승봉 변호사 있는 그대로 말하는 것이 가려 씨가 편해지는 방법이에요. 오늘 오빠 보고 놀라셨잖아요, 그렇죠? 국정원 조사 받고 검찰 조사 받고 지금 구치소에 갇혀 있습니다. 그런데도 오빠가 있는 사실을 그대로 당당하게 말하잖아요. 가려 씨도 있는 그대로 말씀하시면 됩니다. 두려워할 필요 없습니다.

가려는 양승봉 변호사의 말에 놀란 듯했다.

유가려 갇혀 있다고요?

장경욱 변호사 1월 10일부터 국정원에 체포되어 지금까지 구속되어 있어요.

양승봉 변호사 몰랐어요? 오빠 갇혀 있는 거? 오빠도 1월 10일부터 지금까지 두 달 넘게 갇혀 있습니다. 갇혀서 조사받고 있어요. 우리와 접견하면서 오빠 나름대로 진실을 밝히려고 하고 있는 겁니다. 오빠가 갇혀 있는 걸 모르고 계셨습니까?

유가려 오빠가 조사받는 건 알았는데 갇혀 있는 건 몰랐댔습니다.

양승봉 변호사 오빠 지금 갇혀 있고 우리가 자주 가서 만나고 있습니다. 다시 한 번 물을게요. 2012년 10월경에 오빠, 가려 씨, 아버지 세 분이 같이 고모 회갑잔치에 가기 위해 움직였죠?

유가려 네.

양승봉 변호사 맞죠?

유가려 네.

양승봉 변호사 그런데 왜 진술서에는 남한에 들어가는 데 실패할 것을 염려하여 아버지가 먼저 피신했다고 진술했나요?

양승봉 변호사가 계속 추궁하자 가려는 대답 대신 방청석 쪽을 힐끔 돌아보았다. 혹시 국정원 직원들이 앉아 있는지 살펴보는 것이다.

양승봉 변호사 가려 씨, 지금 뭘 보는데요? 볼 필요 없어요. 아무도 없습니다.

장경욱 변호사 국정원 직원 없어요.

양승봉 변호사 편하게 말씀하세요. 오늘 이 시간부터 가려 씨는 더 보호받을 수 있습니다. 4개월 동안 혼자 외롭게 수사 받았지만 오늘 이 시간부터 변호사들이 돕겠습니다. 오빠 보세요. 갇힌 지 두 달이 넘었습니다. 그래도 있는 그대로 말할 수 있는 이유가 뭐겠습니까?

유가려 교도소라는 게 구리장입니까?

양승봉 변호사 비슷합니다. 왜 사실과 다른 진술을 했습니까? 왜 10월 24일과 25일경 아버지가 대피한 것처럼 얘기했습니까? 가려 씨가 처음부터 그렇게 말을 했나요?

가려는 끝내 이 질문에 대답하지 못했다. 이어서 양승봉과 김용민이 번갈아가면서 2012년 설날, 아버지와 유우성이 회령에 간 것이 아니라 세 식구가 함께 연길에서 설을 쉰 것이 사실이 아니냐고 따져 묻자 가려는 긍정과 부정 사이를 왔다 갔다 하면서 제대로 대답하지 못했다. 어머니가 보위부의 손전화 단속에 걸려서 돌아가셨는데 어떻게 보위부의 개가 되느냐는 오빠의 말이 사실이 아니냐, 보위부 일 한 적 없는 것 아니냐는 추궁에도 대답하지 못하고 울기만 했다. 이어서 2006년 5월, 어머니 장례식을 치르러 북한에 들어왔던 유우성이 친척들과 같이 중국으로 나갔다가 다시 회령으로 돌아왔다는 사실에 대해서 양승봉 변호사의 날카로운 추궁이 이어졌다. 양승봉은 베이징에 있는 우성의 옛날 여자친구 양주희(가명), 가려의 외삼촌 조보국과 통화한 내용을 가지고 가려의 진술이 사실이 아님을 밝혔다.

양승봉 변호사 양주희는 누구인가요?

유가려 오빠의 여자친구입니다.

양승봉 변호사 피고인이 어머니 장례를 치르고 나가서 양주희를 만난 이야기를 하던가요?

유가려 네.

양승봉 변호사 가려 씨는 그 당시에 양주희와 통화도 했지요?

유가려 네.

양승봉 변호사 피고인이 장례 끝나고 중국에 나간 뒤 장춘의 친척집에서 머물고 있을 때 수두에 걸려서 양주희가 간호를 해줬고 가려 씨가 고맙다고 전화한 것이지요?

유가려 네.

양승봉 변호사 변호인이 외삼촌 조보국과 전화통화를 해 이야기를 들어보니, 베이징에서 간호사로 일하던 양주희가 일주일 휴가를 내어 장춘에 와서 오빠를 베이징으로 데리고 갔고, 다른 삼촌이 두 사람의 비행기 표를 끊어주었다고 합니다. 5월 말에서 6월 15일경까지 피고인은 북한에 들어올 시간이 없었어요. 장춘에서 수두를 앓고 있었고, 양주희를 만나서 베이징으로 갔다가 거기서 일주일 정도 지내고 병원에서 치료도 받았습니다. 양주희와 통화해서 확인한 내용입니다. 피고인은 어머니 장례를 치르고 나가서 다시 북한에 들어온 사실이 없지요?

앞뒤가 맞는 양승봉의 추궁에 가려는 한참 동안 대답을 하지 못했다. 양승봉 변호사가 재차 추궁했다.

양승봉 변호사 오빠, 안 들어왔죠?

궁지에 몰린 가려는 있는 힘을 다 짜내어 "들어왔습니다"라고 대답했다. 양승봉은 다시 한 번 물었다.

양승봉 변호사 외삼촌 조보국 씨와도 통화하고 양주희 씨와도 통화했습니다. 아니라고 했습니다. 그분들이 거짓말하는 건가요? 안 들어왔죠?
유가려 들어왔습니다.

가려는 다시 한 번 "들어왔습니다"라고 대답했지만 자신 없는 목소리였다. 이시원 검사가 끼어들었다.

이시원 검사 분명히 지금 증인이 다시 들어왔다고 대답했습니다.

양승봉 변호사가 어이없다는 듯이 웃으며 "설명 안 해주셔도 됩니다"라고 말했다. 이시원 검사는 멋쩍은 듯이 "환기해드리려고"라고 말했다. 김용민 변호사가 거들고 나섰다.

김용민 변호사 질문을 조금 바꿔볼게요. 오빠 어떻게 들어왔어요? 두 번째 들어올 때.

가려는 한동안 대답을 하지 못하다가 떨리는 목소리로 급하게 대답했다.

유가려 도강으로 들어왔슴다.
김용민 변호사 도강?

유가려 네.

김용민 변호사 시간대는요? 언제 들어왔어요?

계속되는 추궁에 가려는 한숨을 쉬면서 입속말로 주문을 외었다. '거짓말! 하! 거짓말!' 가려의 입속말은 녹음파일에는 분명하게 기록되었지만 재판장을 비롯한 누구에게도 들리지 않았다. 당연히 공판조서에도 기록되지 않았다. 가려에게 이런 잔인한 거짓말을 시킨 사람들은 이 목소리를 들으면 무슨 생각을 할까?

(증거보전절차재판 녹취파일 3번, 2시간 35분 40초경, 거짓말을 괴로워하는 생생한 목소리가 담겨 있다.)

김용민 변호사 강을 어떻게 건넜다고 하던가요?

다시 한 번 가려는 대답 대신 주문을 외듯이 "거짓말, 거짓말"이라고 중얼거렸다.

김용민 변호사 어떻게 건넜다고 하던가요? 수영으로 건넜나요, 걸어서 건넜나요?

가려는 자신 없는 목소리로 대답했다.

유가려 두만강은 너무 깊은 축은 아니니까 걸어 들어왔겠죠.

어머니 장례식 때 우성이 두 번째로 회령에 들어온 이야기를 하면서 가려는 내내 울고 있었다.

김용민 변호사 가려 씨가 법정에서 많이 울고 있는데 왜 우는 건가요? 피고인이 두 번째 들어왔을 때의 경위를 물었을 때 더 많이 울었는데 특별한 이유가 있나요?
유가려 마음 아파서 그렇습니다.

김용민은 가려가 컴퓨터나 인터넷을 잘 사용하지 못한다는 점을 파고들었다.

김용민 변호사 증인은 피고인에게 파일을 받았다고 진술했는데 받은 파일 이름이 뭔가요?
유가려 이름은 잘 모르겠습니다.
김용민 변호사 이름이 영어였나요, 한국말이었나요?
유가려 이름 잘 모르겠습니다.
김용민 변호사 증인이 파일을 받아서 열어보았을 때 파일 화면을 볼 수 있었다고 진술했는데 파일이 워드 파일이었나요, 한글 파일이었나요, 중국에서 사용하는 소프트웨어인가요?
유가려 한글입니다.
김용민 변호사 가려 씨, 워드 파일이 무엇인지 알고 있나요?
유가려 구체적인 것은 잘 모르겠지만 한글로 된 것입니다.

가려는 소프트웨어라는 말도 워드 파일이니 한글 파일이니 하는 말도 이해하지 못했다.

김용민 변호사 가려 씨는 파일을 받아서 USB에 저장하는 방법은 원래 알고 있었나요?

유가려 네.

김용민 변호사 저장하는 방법은 어디서 배웠나요?

유가려 북에 있을 때 집에서 배웠습니다.

김용민 변호사 북에 인터넷이 되나요?

유가려 인터넷 없습니다.

김용민 변호사 가려 씨가 피고인이 메신저로 보낸 파일을 컴퓨터에 다운받고 다시 USB에 다운을 받았다고 진술했는데, 이렇게 다 하는 데 시간은 얼마나 걸렸나요?

유가려 오래 걸리지는 않았고 15분이나 10분 걸렸습니다.

김용민 변호사 세 번 정도 했다고 진술했는데 세 번 다 10분 정도 걸렸나요?

유가려 각각 달랐습니다.

가려가 다운 받았다는 파일은 50명에서 90명 정도의 이름이 적힌 한글 파일이라고 주장했는데 이런 파일을 다운 받는 데는 시간이 전혀 걸리지 않는다. 아무리 컴퓨터가 느리다고 해도 1분도 걸리지 않아 끝날 일이다. 말하자면 순식간에 할 수 있는 일이고, 세 번 다운 받았다는 파일의 용량이 다 마찬가지인데 다운 받을 때마다 걸리는 시간이 각각 달랐다는 말도 맞지 않는다. 여기서 드러나는 것은 유가려는 인터넷으로 자료를 다운 받아본 적이 없다는 사실이다.

오후 6시가 넘어서 재판장은 다시 휴정을 선언하고 저녁식사 후에 변호인의 반대신문을 계속하기로 했다. 가려는 식당에 가지 않겠다고 했다. 가려를 달래던 국정원 직원들은 할 수 없이 자기들끼리 식당에 다녀왔고 그동안 가려는 차 안에 들어가서 울기만 했다. 저녁을 먹고 온 P가 빵과 우유를 사다 주면서 먹으라고 했지만 가려는 한 입도 먹지 못했다.

"오빠가 왜 저렇게 완강하게 나옵니까? 오빠가 인정한 줄 알았는데 하나도 인정 안 하고 다 안 했다고 하는데 이해 안 됩니다."

가려가 P에게 따져 물었다.

"지금은 오빠가 교화 가기 싫어서 그러는 거야. 가려야, 내 말 잘 들어. 우리가 너희 집 일이 잘되게 도와주고 있다는 거 잊으면 안 돼. 지금은 일일이 다 말해줄 수 없지만 나중에 재판 끝나면 다 알게 돼. 우리가 너희를 도와주고 있다는 걸 그때는 다 이해할 수 있을 거야."

그래도 가려는 울음을 그치지 않고 발버둥을 치면서 엉엉 울었다.

"가려야, 네가 이러면 너희 집은 끝장이야. 이럴수록 정신 차리고 검사님하고 한 것처럼 계속하면 돼. 이 고비를 잘 넘겨야 된다. 오빠가 아무리 울고 완강하게 아니라고 해도 네가 절대 마음이 흔들리면 안 돼, 알았지?"

P는 가려를 달래면서 앞으로도 원래 했던 대로 진술하라고 타일렀다. 가려가 울음을 그치지 않자 큰삼촌에게 전화를 걸어 가려를 바꿔주었다.

"왜 우리 오빠 구리장 갔다고 알려주지 않았습니까? 오빠 갇혀서 조사받고 있는 거 왜 말 안 했습니까?"

가려가 울면서 항의하자 큰삼촌이 가려를 달랬다.

"그건 법이 그렇기 때문에 우리도 할 수 없었다. 재판 끝날 때 내가 갈 테니까 진정하고 남은 시간에도 진술 잘해라. 리리야, 잊으면 안 된다. 네 가족은 다 네 손에 달려 있다는 거. 오빠가 앞으로 잘되고 못되고는 다 너한테 달려 있어. 진술 잘해라.”

가려는 전화기를 내팽개치고 계속 큰 소리로 울었다. 가려가 계속 울고 히스테리를 부리자 달래다가 지친 P가 화를 냈다.

“네가 이럴수록 너나 너희 오빠는 더 곤란해지니까 네가 알아서 해.”

그렇게 말하고 P는 차 안에 가려를 혼자 남겨두고 밖으로 나가버렸다. 가려는 정신을 잃을 정도로 울다가 지쳐서 눈을 감은 채 차 안에 앉아 있었다. 극도의 혼란이 찾아왔다. 자신이 지금 무슨 일을 하고 있는지 이해할 수 없었다. 다만 뭔가 잘못된 것 같다는 의심만 점차 커지고 있었다.

저녁 7시에 신문이 다시 시작되었다. 가려는 다시 영상증언실로 들어갔다. 변호인들은 지금까지와는 달리 가려가 영상증언실에서 증언하는 것에 반대하지 않았다. 유우성이 장경욱에게 자신이 영상중계실에 들어가 보니 아무도 보는 사람이 없어서 오히려 마음이 편하고 진술을 잘할 수 있을 것 같다고 귀띔해주었다. 가려가 법정에 나오면 검사 때문에 더 겁을 먹는 것 같다는 이야기도 했다. 변호인들은 그 말도 일리가 있다고 생각했다. 양승봉 변호사가 가려의 마음을 풀어주기 위해서 부드럽게 물었다.

양승봉 변호사 가려 씨, 저녁 뭐 먹었어요? 뭘 사주던가요?

유가려 먹지 않았습니다.

양승봉 변호사 아무것도 안 먹었어요? 왜요?

유가려 먹고 싶지 않아서 안 먹었습니다.

양승봉 변호사 배고프지 않아요? 안 먹고 할 수 있겠어요?

유가려 배고프지 않습니다.

실제로 가려는 배고픔은커녕 누가 칼로 심장을 도려낸다 해도 아픔을 느낄 수 없을 것 같았다. 가려는 아무 감각도 느끼지 못할 만큼 지치고 슬펐다. 이제는 뭘 말하고 말하지 말아야 하는지 생각할 힘도 거의 없었다.

양승봉 변호사 증인은 4월에 할아버지, 할머니 묘 갈아서 화장해서 뿌리고 어머니 묘는 수습하고, 2011년 5월에 비자 신청하고, 2011년 5월부터 우경희(가명)한테 집 팔아서 돈까지 받고 2011년 7월에 우경희한테 집을 완전히 넘겨주고 나왔지요?

유가려 네.

양승봉 변호사 2011년 3, 4월경에 가려 씨는 이미 중국으로 나올 계획을 세웠지요?

유가려 네.

양승봉 변호사 가려 씨가 조금 전에 '네'라고 확인해준 사실은 2011년 7월경에 중국으로 나가기 싫었는데 반탐부부장의 지시로 억지로 나갔다는 진술서 내용과 다른데 어떻게 생각해요?

양승봉 변호사가 가려의 진술서 내용과 사실을 교묘하게 섞어서 물어보는 바람에 가려는 무심코 '네'라고 대답했는데 자기가 생각해도 모순되는 사실이라 대답할 말이 없었다.

양승봉 변호사 지금 가려 씨의 집이 회령에 있나요?

가려는 이 질문에도 대답하지 못했다.

양승봉 변호사 2012년 2월경에는 북한에 집도 없고 어머니 산소도 없기 때문에 오빠가 구정을 쇠러 북한으로 들어갈 필요가 없지요?

이것도 이치에 맞는 말이라서 뭐라고 반박할 말이 없었다. 장경욱 변호사가 유우성이 보위부에 인입된 시기에 대해서 물을 때도 할 말이 없었다.

장경욱 변호사 오빠가 보위부에 처음 인입된 시기를 2007년이라고 했다가 2006년으로 번복한 이유가 뭔가요? 합동신문센터에서 조사받을 때 보위부 일 한 것이 탄로 나면 2007년으로 하라고 오빠가 미리 알려 줬다고 진술했는데 사실인가요?

가려는 답변하지 못하고 울기만 했다.

장경욱 변호사 가려 씨가 합동신문센터에서 그런 사실을 말하게 될 거라는 걸 오빠가 어떻게 압니까? 말이 안 되잖아요. 오빠가 신도 아니고 그걸 어떻게 압니까?

가려는 그저 울기만 했다.

장경욱 변호사 국정원 수사관들이 가려 씨가 진술만 잘하면 오빠도 가려 씨도 금방 나와서 한국에서 살 수 있다고 이야기하고 있지 않나요?

유가려 오빠가 죄를 다 씻고 처벌 받고 나오면 오빠와 살 수 있다고 들었습니다.

천낙붕 변호사 가려 씨가 얼마 안 있으면 피고인과 함께 중국으로 돌아가야 한다, 추방된다, 결코 한국에서 살 수 없다는 말은 들어보지 못했나요?

유가려 자기 죄를 다 진술해서 깨끗이 털어버리면 오빠와 같이 살 수 있다고 했습니다.

김용민 변호사 한국에서 살 수 있다고 하던가요, 아니면 중국에서 살 수 있다고 하던가요?

유가려 한국에서 살 수 있다고 했습니다.

천낙붕 변호사 그거 거짓말인 거 아세요?

이시원 검사 아, 그 부분은 이의를 제기할 수밖에 없습니다.

장경욱 변호사 그게 왜 거짓말이 아닙니까?

천낙붕 변호사 가려 씨, 한국 법에 의하면 가려 씨와 오빠는 한국에서 살 수 없고 추방되어야 한다……

이시원 검사 그것도 역시 사실과 다른……

천낙붕 변호사 그런 말 들어본 적 없어요?

유가려 처음에는 추방된다고 들었습니다.

천낙붕 변호사 아까와 다르잖아요?

유우성 처음에는 추방된다고 얘기했다가 나중에는 조사하는 과정에서 사실대로 이야기를 하면 오빠와 동생이 같이 한국에서 살 수 있다고 했다는 거지?

유가려 자기 죄를 다 반성하면 오빠와 같이 살 수 있다고……

유우성 울지 마. 자꾸 울면 법정에서 너한테 질문 못 하게 한다.

유가려 안 울게.

유우성 옆에 물 있으니까 물 좀 마셔. 울지 말고.

장경욱 변호사는 며칠 전부터 심한 감기에 걸려서 재판 준비를 충분히 하지 못했다. 증거보전기일을 연기해보려고 최선을 다했으나 그것도 뜻대로 되지 않았다. 재판 중에는 장 변호사의 목소리가 커서 유가려가 무서워한다는 동료들의 의견을 받아들여 스스로 뒷줄에 앉기로 했다. 장경욱은 다른 건 몰라도 유가려가 합신센터에 돌아가서 변호인의 접견을 거절하지 않도록 쐐기를 박는 일만은 꼭 해놓고 싶었다. 장경욱은 이시원 검사의 타박을 들은 체도 하지 않고 유가려에게 열 번쯤 확인했다.

장경욱 변호사 변호인이 합신센터로 가려 씨를 만나러 가면 만나줄 거죠?

유가려 네.

증거보전재판이 끝나고 나서 장경욱은 유가려를 만나려고 매일 합신센터를 찾아갔으나 번번이 거절만 당했다. 유가려는 변호사들이 자신을 찾아온다고 하고 약속을 지키지 않았다고 생각했다. 실은 합신센터 측에서 변호사들이 찾아왔다는 사실을 유가려에게 알려주지 않은 것이다.

이시원 검사는 중국으로 추방된다는 것이 사실이 아니라는 변명을 하고 나섰다.

이시원 검사 이 사건에서 피고인이나 증인이 이런 내용을 이야기하고 중국으로 가면 생명을 보존할 수 있을지 이것은 누구나 물어보면 다 아는 사항입니다. 대한민국 정부가 이런 부분에서 보호조치를 강구하지 않을 수 있겠습니까? 보호조치를 강구하는 과정에서 당연귀화 내지 당연영주권, 당연체류자격 이것이 아니기 때문에 그런 불투명성 때문에 지금 증거보전이 필요하다고 말씀드렸고……

이 대목에서 재판장이 이시원의 장광설을 막고 변호인 반대신문을 계속하라고 했다. 우성이 재판장의 허락을 받고 다시 한 번 가려에게 질문할 기회를 얻었다. 오빠의 목소리를 듣자 가려는 잠시 그쳤던 울음이 또 터져 나왔다. 우성은 가려를 달래면서 다시 물었다.

유우성 회령에 우리 집이 있어, 없어?
유가려 없어.
유우성 아버지가 50년 넘게 살면서 두만강을 단 한 번이라도 넘은 적이 있어, 없어?
유가려 아버지가 움직이기 힘들어 하셔.
유우성 북한에 있는 집도 다 팔고 우경희 집도 다 반환하고, 어머니 묘도 없고 아무것도 없는데 허리도 쓰지 못하는 아버지가 두만강을 넘었다는 게 상식적으로 말이 돼?
유가려 ……
유우성 아버지가 두만강을 쉽게 넘나들 수 있을 정도로 튼튼한가?
유가려 아니.
유우성 가려는 수영을 할 줄 알아, 몰라?
유가려 몰라.

유우성 너는 태어날 때부터 어디가 안 좋아?

유가려 심장.

유우성 어머니 돌아가셨을 때 너 몇 번이나 기절했어?

유가려 두 번.

유우성 그런 심장을 가지고 있는 네가 어떻게 두만강을 넘어? 아버지가 너를 아끼셔, 안 아끼셔?

유가려 아끼셔.

유우성 우리 집에 딸이 몇이야?

유가려 하나.

유우성 아버지가 그런 너한테 두만강을 넘어갔다 오라고 시켰다고? 날래 갔다 오라, 이러면서 두만강을 넘으라고 했다는 거야?

가려는 울음으로 대답을 대신했다. 유우성의 질문은 날카로웠다. 누가 들어봐도 진실이 어느 쪽에 있는지 쉽게 알 수 있도록 명쾌하게 핵심을 찔렀다. 유우성은 비디오 중계장치에 의한 신문 방식을 적절히 활용해 가려에게서 그가 원하는 답변을 이끌어냈다. 우성의 질문은 증거보전재판의 대미를 장식하는 통쾌한 신문이었다.

재판장이 재판을 마치겠다고 하자 가려가 다시 입을 열었다.

유가려 부탁 하나 있습니다. 오빠 단독으로 5분가량 만날 수 없습니까?

김용민 변호사 이미 다 끝났는데 판사님 계시는 앞에서 잠깐 만나게 해주시죠. 인도적 차원에서.

이시원 검사 저는 적절하지 않다고 판단됩니다.

유우성 제발 좀 보게 해주세요.

천낙붕 변호사 가족인데 면회 한 번 시켜줍시다.

이시원 검사 저는 적절하지 않다고 생각합니다.

유가려 오빠, 한 번만 만나게 해주시오.

김한성 재판장 증거보전절차에서 할 건 아닌 것 같습니다.

유우성 오빠를 만나고 싶다는데 5분만 좀 볼 수 없습니까?

김한성 재판장 오늘은 돌아가시고요.

유가려 변호사 선생님, 부탁이 있는데요. 오빠 5분만 좀 만나게 해주시오. 저 이때까지 한국에 들어와서 오늘 처음 오빠 만났는데 어쩌겠습니까? 부탁 한 번 들어주십시오.

장경욱 변호사 만나게 해줍시다.

이시원 검사 동생을 더 괴롭게 한 것이 누구인지 의문입니다. 증인이 합신센터에 수용 중인 상황에서 피고인을 접촉해도 되는지는 제가 결정할 일은 아니라고 판단됩니다.

이날 증거보전재판에서 유가려는 네 번이나 오빠와 만나게 해달라고 애원했다. 김한성 판사는 일단 재판이 끝났음을 선언하고 나서 잠시 생각해보다가 결정을 내렸다.

"그럼 유가려 씨가 잠깐 법정에 들어와서 모두가 보는 앞에서 만나게 해주죠. 유가려 씨 들어오라고 하세요."

이시원 검사가 말했다.

"그럼 이것도 증인신문이니까 계속 녹취해야 합니다."

"그건 아니죠. 그냥 다 보는 앞에서 남매가 잠시 만나보는 거니까 그럴 필요까지는 없습니다."

재판장 김한성이 말했다.

영상증언실에서 나온 가려는 울면서 달려와 오빠의 팔에 매달렸다.

"오빠! 엄마 돌아가시고 나는 오빠를 엄마처럼 생각하고 살았잖아. 나는 오빠가 구리장에 들어간 줄 몰랐어. 어떡해, 오빠?"

"가려야, 합신센터에 돌아가더라도 겁먹지 말고 건강 잘 챙겨야 한다. 아프면 병원에 가자고 해. 너 심장은 괜찮은 거야?"

"오빠, 나 아파. 많이 아팠어."

우성은 가려의 눈 밑 피부가 벗어져서 꺼멓게 죽어 있는 것을 보고 가슴이 터질 것 같았다. 얼마나 많이 울었으면 피부가 벗어졌을까? 넉 달 전 한국에 올 때의 발랄한 가려는 온데간데없고 잔뜩 주눅 든 동생의 모습에 기가 막혔다.

"가려야, 변호사님들 믿고 꼭 접견해야 한다. 네가 거짓 진술하게 되면 오빠와 한국에서 같이 살 수 있다는 말은 사실이 아니니까 속지 말고 겁먹지 마. 진실은 밝혀지니까."

이때다 하고 이시원이 나섰다.

"판사님, 이건 부적절한 이야기인 것 같습니다. 피고인이 증인으로 하여금 진술을 번복하게 해서 증거를 인멸하려는 시도로 보입니다."

"피고인은 이야기하지 마시고 증인이 할 얘기 있으면 하세요."

김한성 판사가 말했다.

가려는 오빠에게 할 이야기가 많았지만 무엇부터 말해야 좋을지 몰랐다. 가려는 발을 구르면서 눈물만 흘렸다. 5분도 채 안 되어 남매의 넉 달 만의 만남이 끝났다. 교도관들이 와서 우성에게 포승줄과 수갑을 채우고 양쪽에서 에워쌌다. 가려는 교도관들에게 이끌려 법정을 나가는 우성을 따라가며 "오빠, 오빠" 하고 외쳤다. 법정의 여성 경위 두 사람이 다가와서 가려의 양팔을 잡았다. 변호인들은 국가기관에 의해서 남매가 각각 다른 곳으로 끌려가는 모습을 안타깝게 지켜보았다.

친동생의 기막힌 증언을 듣고 구치소로 돌아간 유우성은 그날 밤 한숨도 자지 못했다. 밤새도록 가슴이 터지는 것 같고 숨을 제대로 쉴 수 없었다. 새벽녘이 되어 우성은 몇 번이나 구토를 하고 호흡곤란 증세가 심해지면서 정신을 잃었다. 증거보전재판 다음 날인 2013년 3월 5일 아침, 우성은 평촌 한림대병원 응급실로 실려 갔다. 하루 종일 검사를 받았고 의사는 협심증이라는 진단을 내렸다. '절대 안정이 필요하다'는 의사의 말을 들으면서 우성은 한숨이 나왔다. '절대로' 안정을 취할 수 없는 상황에 처한 사람에게 때로는 저렇게 공허한 소리를 할 수밖에 없는 것이 의사다. 우성은 지금도 가끔 의사의 입장에 서곤 하는 자기 자신을 깨닫고 쓴웃음을 지었다. 영양실조로 인한 질병에 시달리는 환자들을 진찰하면서 충분한 영양섭취가 필요하다는 처방을 내지 못하는 북한의 의사들이 생각났다.

6
내가 점쟁이입니까 신입니까

유가려는 증거보전재판이 끝나고 나서 합신센터로 돌아갔다. 재판은 저녁 10시가 넘어서 끝났다. 가려는 하루 종일 굶은 채로 열두 시간 동안 재판을 받았다. 차 안에서는 큰삼촌이 가려를 기다리고 있었다. 큰삼촌은 아직도 눈물이 멈추지 않아 흐느끼고 있는 가려의 등을 두드리며 말했다.

"리리야, 오늘 수고 많았다. 얼마나 힘들었는지 다 알아. 얼마나 마음 아팠겠니? 이게 다 오빠를 위한 거고, 리리가 오빠하고 한국에서 살기 위해서 겪어야 할 일인데 어쩌겠니?"

가려의 항의가 시작되었다.

"왜 오빠가 죄수복을 입고 족쇄를 차고 있습니까? 우리 오빠가 무슨 죽을죄를 지었다고 그렇게 합니까? 오빠가 집에서 다니면서 조사받고 있다고 하지 않았습니까?"

"리리야, 그건 우리도 어쩔 수가 없었다. 법 규정이 그렇기 때문에 도와줄 수 없는 부분도 있단다. 나중에 재판 다 끝나고 나면 이해할 수 있을 거다. 우리도 안 되는 게 있으니까."

"우리 오빠 구리장에 갇혀 있어서 씻지도 못합니까? 거기는 샤워도 못하나요? 머리도 못 감고 씻지도 못하고 왜 그렇게 하고 다닙니까?"

"그건 아니다. 거기도 샤워도 할 수 있고 불편하지 않게 지낼 수 있는 시설이야. 변호사들이 시켜서 일부러 그렇게 하고 나온 거야. 불쌍하게 보여서 네 마음 흔들어놓으려고 그런 거란다. 네 마음을 약하게 만들어서 자기들 마음대로 진술하게 하려고 그런 거야."

"그래도 이해 안 갑니다. 오빠가 자기 죄를 인정하고 몇 가지만 부인한다고 하지 않았습니까? 오늘 보니까 오빠는 전부 다 아니라고 하는데 왜 그럽니까? 이해 안 됩니다."

가려가 계속 따지고 들자 큰삼촌이 엄격한 표정을 지었다.

"변호사들이 그렇게 시키고 있다니까. 오늘 나온 변호사들은 나쁜 사람들이야. 내가 전에도 얘기했지만 그 사람들이 변호하면 교화 1년만 가도 될 사람도 7년, 8년 가게 돼. 너희 오빠가 몰라서 그러는 거야."

"그래도 이해 안 됩니다. 우리 오빠 똑똑한 사람인데 왜 모릅니까? 자기 죄를 인정하고 반성하게 되면 한국에서 나하고 같이 살 수 있다는 거 왜 이해 못합니까?"

가려가 자꾸 이해할 수 없다고 주장하자 큰삼촌이 화난 어조로 말했다.

"너희 오빠는 머저리다. 변호사들한테 속고 있어. 우리가 자기를 도와주려고 하는데 다 인정하고 짧게 살고 나오면 되는데 왜 그걸 몰라. 너희 오빠는 바보야. 우성이는 이기적인 놈이야. 네 생각도 안 하고 저 혼자만 생각하는 거야. 너희 오빠랑 너희 가족 전부 잘살게 해주려고 얼마나 숱한 사람들이 도와주고 있는지도 모르고."

국정원 수사관들은 재판 중에 나온 이야기를 이미 다 알고 있었다. 검사가 신문할 때 영상증언실에 있던 두 명의 국정원 여자 직원은 우성의 항의로 오후 재판에는 들어오지 못했다. P와 Y도 비공개재판이기 때문에 법정에 들어오지 않았다. 그런데도 변호인 측에서 휴대전화 사진을 증거로 제시한 것까지 다 알고 있었다.

가려는 연이틀 밥을 먹지 않고 울기만 했다. 가려는 급속히 힘이 빠지고 초췌해졌다. 수사관 한 사람이 가려의 방으로 와서 큰삼촌의 편지를 전해주었다.

'리리야, 지금처럼 어려운 때일수록 더 힘과 용기를 내고 어려움을 극복해 나가야 한다. 네가 그렇게 울고 마음 아파하면 이곳 삼촌들도 다 마음이 아프다. 우리는 모두 네 편이다.'

큰삼촌은 그런 말로 가려를 위로하려고 했다. P는 심지어 생일 카드까지 만들어주었다. 생일 카드에 적혀 있는 글도 큰삼촌의 편지 내용과 비슷했다.

'가려야, 마음을 굳게 먹고 신념을 강하게 하고 고난을 뚫고 나가야 더 좋은 앞날이 오는 법이다.'

저녁이 되자 여자 직원 K가 가려에게 왔다.

"가려야, 이렇게 방 안에만 있으면 기분이 가라앉으니까 나가서 바람이나 쐬자."

K는 가려를 데리고 나가 운동장을 걸으면서 가려를 위로해주었다. 국정원 수사관들의 친절은 아마도 유가려가 평생 잊지 못할 것이다.

"가려가 지금 힘든 거 아는데 한국에서 오빠하고 살기 위해서는 어쩔 수 없어. 이번 고비만 잘 넘기면 돼. 힘내라, 가려야."

3월 6일에는 가려가 언니라고 부르는 여직원 K와 B가 가려를 데리러 왔다.

"가려야, 재판하느라고 수고했다고 큰삼촌이 소갈비 사주신단다. 얼른 가자."

증거보전재판 할 때 같이 갔던 국정원 직원들이 모두 한 차에 타고 외출했다. 그들은 소풍이라도 가는 것처럼 기분이 좋아 보였다.

"가려 덕분에 비싼 소갈비를 다 먹는구나."

P가 그렇게 떠들자 "원님 덕분에 나팔 부는 거지, 고맙다, 가려야" 하고 한마디씩 거들었다. 자동차는 널찍한 정원이 있는 음식점에 도착했다.

"돌아가신 박정희 대통령이 즐겨 다니시던 곳이야. 음식 맛이 기가 막히지."

큰삼촌이 가려에게 생색내듯이 설명해주었다. 그러나 가려는 소갈비 맛도 느끼지 못했다. 이것저것 잔뜩 차려 내놓은 밥상을 보자 오빠 생각이 나서 또 눈물이 났다. 큰삼촌이 손수건을 꺼내어 가려에게 주면서 말했다.

"리리야, 마음 아파도 이 고비를 넘겨야 돼. 너희 오빠가 이번 일을 이해를 못해서 이렇게 어렵게 된 거야. 그럴수록 네가 잘해야지."

합신센터의 수사관들이 유가려를 불면 날아갈세라 어르고 달래면서 사흘이 지났다. 다시 조사가 시작되었다. 조사실에 들어가자 가려의 온몸이 오그라들었다. P와 Y는 지난 며칠과는 달리 험악하게 인상을 쓰며 '작업'을 시작했다.

"우리는 너한테 실망이 크다. 왜 작년에 한국 들어오기 전에 아버지와 오빠와 청도에 놀러 가서 사진 찍은 사실을 말 안 했어? 우리가 구체적으로 다 진술하라고 했는데 그런 중요한 사실을 빼놓으면 어떡해?"

그들은 우성의 휴대전화에서 증거 사진이 나온 것이 가려의 잘못인 것처럼 몰아세웠다. 가려는 자신의 표현에 따르면 이때 '악이 났다.'

"내가 이미 조사받으면서 청도에 놀러 가서 사진 찍은 사실을 다 이야기하지 않았습니까? 내가 아무리 구체적으로 진술해도 내 말을 자꾸 거부하고 삼촌들 맘대로 다 만들지 않았습니까? 삼촌들이 한 일을 내가 하나하나 다 어찌 압니까? 삼촌들이 나한테 미리 왜 이렇게 하는지 알려주었댔습니까? 변호사들이 뭘 물어볼지 어케 대답해야 옳은지 내가 다 안단 말입니까? 내가 신입니까, 점쟁이입니까? 내가 물어보면 뭐 하나 제대로 알려주는 게 있었습니까? 오빠 만나게 해달라는데 만나게 해주지도 않고 아버지하고 통화하고 싶다고 해도 못하게 하고."

가려는 울면서 대들었다. 조사실에서 그렇게 악을 써본 것은 처음이었다. 증거보전재판에 다녀온 후 가려는 자기가 속고 있다는 것을 어렴풋이 깨닫고 있었다. 가려가 울면서 대들자 P와 Y가 조금 당황하면서 가려를 달랬다.

"자, 울지 말고. 그러니까 이제부터 구체적인 사실을 틀리지 않게 맞춰서 진술을 잘해야 한다는 뜻이야. 가려를 나무라자는 게 아니라."

진술서를 또 써야 한다는 사실에 가려는 더 화가 났다.

"여기서 여태껏 만들어진 진술 가운데서 진짜가 몇 개이고 거짓 진술이 몇 개란 말입니까? 삼촌들이 나보다 더 잘 알지 않습니까?"

지난 넉 달 동안 작성했던 수많은 진술서들이 가려의 머릿속에서 사전 넘기듯이 펄럭펄럭 넘어갔다. 하도 많은 진술서를 썼기 때문에 이제는 어떤 것이 먼저고 나중인지 헷갈리고 자기가 언제 무슨 말을 했는지 잘 생각나지 않았다.

오후에 큰삼촌이 나왔고 가려는 다시 고양이 앞의 쥐처럼 조그맣게

움츠러들었다. 큰삼촌은 언제나 친절한 척했지만 가려는 본능적으로 그가 이 모든 일을 지휘하고 모든 사람을 쥐었다 놨다 한다는 것을 알았다. 큰삼촌이 말없이 30초만 노려보면 가려는 무슨 말이든 다 원하는 대로 해줘야 할 것 같은 초조감을 느꼈다. 큰삼촌은 엄격한 얼굴로 가려에게 물었다.

"2011년 7월에 북한 갔을 때 어디서 머물렀나?"

"역전동 집에서요."

"사실대로 말하라. 어디서 머물렀어?"

"역전동 집."

큰삼촌은 무서운 얼굴로 가려를 노려보더니 종이를 내밀었다.

"자, 여기다가 2011년에 집을 판 이야기부터 회령에 다시 들어갔을 때 어디서 어떻게 지냈는지 다 적으라."

가려는 종이를 집어 들고 '사실대로' 적기 시작했다.

'2011년 7월에 우경희에게 집을 팔았고 오빠는 집값을 다 받았다. 북한에서는 집을 마음대로 사고팔지 못하기 때문에 교환하는 방식으로 팔았지만 실제로는 집을 내주고 돈을 받은 것이다. 역전동 집은 교환한 것처럼 꾸미기 위해서 잠깐 살았던 것이다. 중국으로 들어오고 난 후에는 회령에 집도 없고 갈 필요도 없어서 한 번도 가지 않았다.'

가려의 진술서를 읽은 큰삼촌은 굳은 얼굴로 말했다.

"이게 아니잖아. 회령에 들어가면 어디서 머물렀는지 제대로 답변을 해야지 네가 답변 안 하면 조사가 안 끝나. 자, 다시 묻는다. 2011년 7월에 회령에 갔을 때 어디서 잤나?"

가려의 머릿속이 수많은 파리 떼가 들어온 것처럼 윙윙거리기 시작했다. 조사, 조사, 조사, 조사…… 한도 끝도 없는 조사. 가려는 조사가 안 끝난다는 말이 무서웠다. 조사가 끝나게 하려면 반드시 큰삼촌이 원하는 답을 말해야 한다. 이제는 그걸 안다. 그런데 가려는 지금 어떤 것이 그가 원하는 답인지 알 수가 없었다. 가려는 애매하게 대답했다.

"역전동 집에 간 것 같기도 하고, 성천동 집에 간 것 같기도 하고 까리 까리합니다."

큰삼촌은 썩 만족한 것 같지는 않았지만 일단 불호령은 내리지 않았다. 다시 종이 한 장을 주면서 말했다.

"여기다가 성천동 집, 역전동 집 약도, 외부구조와 내부구조도 상세하게 다 그려라."

가려는 생각나는 대로 성의껏 양쪽 집의 구조를 그렸다. 큰삼촌은 가려가 그린 그림을 한참 보더니 다시 말했다.

"우경희한테 집을 팔 때 조건부 계약 아니었나? 리리네 가족들이 중국에서 회령으로 다니러 가면 옛날 집에서 지낼 수 있게 집을 비워준다는 조건으로 집을 팔았지?"

가려는 큰삼촌이 원하는 답이 그것이라는 것을 얼른 알아차렸다.

"네."

"회령에 갔을 때 너와 아버지, 오빠가 쓸 수 있는 집은 잠깐 살던 역전동 집이 아니라 원래 살던 성천동 집이지?"

"네."

가려는 얼른 큰삼촌이 알려준 정답을 받아들이고 큰삼촌이 원하는 대로 진술서를 작성해주었다. 이번에는 오래 시달리지 않고 빨리 조사가 끝난 것이 기뻤다. 국정원 수사관들은 증거보전재판 때 유우성과 변호인들의 반대신문으로 허물어진 가려의 진술을 땜질하고 기우느라고 바빴다. 가려는 증거보전재판에서 오빠를 보고 잠시 마음이 흔들렸지만 조사실에서 다시 진술서를 작성하는 동안 넉 달간 세뇌당한 증인 유가려로 돌아갔다. 가려는 자기가 하는 일이 오빠를 도와주는 일이라고 믿었다. 그들이 그렇게 말했다. '자기 죄를 털고 새롭게 살아야 한다.' 그들이 늘 주입하는 그 말이 가려의 모든 행위를 정당화해주었다.

2013년 4월 9일, 이시원 검사는 유가려를 소환했다. 증거보전절차에서 나온 그동안의 진술과 어긋난 사실들을 확인하기 위해서였다.

"유가려 씨, 나한테 사실을 말해봐요. 그동안 국정원과 검찰에서 한 가려 씨의 진술은 다 사실인가요?"

가려는 국정원 삼촌들이 주입한 대로 '다 사실이다'라고 대답했다. 이시원이 다시 한 번 물었다.

"국정원에는 이야기하지 않을 테니까 진짜 사실을 이야기해봐요. 유가려 씨가 그동안 진술한 게 다 사실인가요?"

유가려는 검사가 정말 '사실'을 말하는지도 모른다는 생각이 들었다.

"오빠가 엄마 장례식 때 말고 회령에 온 적도 없고 보위부에 USB 전달한 사실도 없습니다."

가려는 검사가 사실을 사실로 받아들여주기를 간절히 바랐다. 이시원 검사와 강지연 수사관이 서로 눈빛을 교환하더니 강지연 수사관이 밖으로 나갔다. 이시원은 가려를 쳐다보면서 낮은 목소리로 말했다.

"가려 씨, 그렇게 얘기하면 안 돼요. 그럼 우리가 가려 씨나 오빠를 도와줄 수 없어요. 다시는 그런 말 하지 말아요. 알았죠?"

검사의 말에 가려의 희망은 물거품이 되었다.

7
179일 만의 자유

2013년 4월 24일, 유우성을 담당하고 있다는 50대의 수사관이 합신센터에 왔다. 그는 가려에게 문서 하나를 보여주었다. 북한이탈주민보호법상 비보호결정이라는 말이 적혀 있었다. 그 결정은 유가려가 화교라는 사실이 밝혀진 2012년 11월 5일에 내려졌어야 옳다. 가려가 북한이탈주민이 아니라는 사실이 드러났는데도 국정원은 6개월 가까이 가려를 합신센터에 가둬두고 있었다.

"가려는 북한이탈주민이 아니고 중국인이라서 중국으로 돌아가야 한다는 결정이 내려졌어. 지금 우리하고 출입국관리사무소에 가서 한국에 더 머물 수 있게 허락해달라고 신청하러 가야 돼. 앞으로 한 달 뒤인 5월 23일까지 한국에서 지낼 수 있게."

가려는 국정원 직원들과 함께 출입국관리사무소에 가서 그들이 시키는 대로 체류 연장 신청서를 냈다. 한국에서의 거주지는 합신센터로 적었다.

국정원에서는 5월 23일 이후에도 체류기간을 연장해서 가려를 한국에서 살게 해줄 것처럼 말했다. 가려는 4월 23일부터 감시카메라가 없는 방으로 옮겼다. 안에서 문을 열 수 없는 것은 마찬가지였으나 카메라가 없는 것만 해도 숨통이 조금 트였다. 그동안 가려는 화장실에서 샤워를 할 때도 좌변기 뒤에 쪼그리고 앉아서 씻었다. 화장실에서 똑바로 서 있으면 상반신이 카메라에 찍힐 것 같아서였다. 24시간 카메라가 지켜보는 곳에서 생활한다는 것은 보통 괴로운 일이 아니다. 가려는 이제 조사도 끝났으니 밖에 나가도 되지 않느냐고 물었지만 국정원에서는 밖에 나가면 '우리가 너를 보호해줄 수 없기 때문에' 안 된다고 했다.

체류기간 연장신청을 하고 난 다음 날인 4월 25일에 50대 수사관이 가려에게 말했다.

"너희 오빠 증인 만드느라고 돈 많이 썼다. 돈 싫어하는 사람 있는 줄 알아?"

가려는 그게 무슨 말인가 싶어서 눈을 크게 떴을 뿐이다. 그는 잠시 후에 가려에게 내일 재판이 있으니 나가야 된다고 말했다. 가려는 증거보전재판이 생각나서 펄쩍 뛰었다.

"재판은 한 번만 나가면 된다고 했는데 왜 또 나갑니까? 재판 나가기 싫습니다."

"이번 재판은 변호사들이 신청한 거라서 꼭 나가야 돼. 싫다고 해도 소용없어."

P가 그렇게 말했다.

"변호사들이 왜 재판을 신청합니까?"

가려가 물었더니 P는 그 말에는 대답하지 않고 연필꽂이를 가리켰다.

"가려야, 잘 봐라. 이렇게 아래쪽은 하얗고 위쪽은 검은 연필도 있고 통째로 빨갛거나 파란 연필도 있고 여러 가지 연필이 많이 있잖아. 우리는 통째로 하얗고 변호사들은 위쪽은 하얗게 보이지만 뽑아보면 까만 것이 나오는 사람들이야. 처음에는 좋아 보이지만 나중에는 나쁜 사람들이야. 변호사들 말 들으면 안 돼."

P는 그런 식으로 비유해서 말하기를 좋아했다. 가려의 심금을 울리는 이야기는 별로 없었지만.

2013년 4월 26일 오후 3시, 서울지방법원 408호에서 유가려에 대한 인신구제청구재판이 열렸다. 유우성의 요청으로 천주교 인권위원회가 위촉한 공익변호사그룹 '공감' 소속의 황필규, 염형국 변호사가 4월 12일에 청구한 것이다. 국정원 중앙합동신문센터가 유가려를 6개월간 변호인 접견 없이 장기 구금 상태에서 강제수사를 한 점과 화교를 탈북자 신문 시설인 합신센터에서 조사한 점 등을 들어 '유가려를 위법하게 수용하고 있는 만큼 즉시 수용을 해제해야 한다'면서 소송을 제기한 것이다.

인신보호법 제3조에는 피수용자에 대한 수용이 위법하게 개시되거나 적법하게 수용된 후 그 사유가 소멸되었음에도 불구하고 계속 수용되어 있는 때에는 피수용자, 그 법정대리인·후견인·배우자·직계혈족·형제자매·동거인·고용주는 이 법으로 정하는 바에 따라 법원에 구제를 청구할 수 있다고 되어 있다. 유가려에 대한 인신구제청구는 김용민 변호사가 생각해냈다. 인신구제청구는 대개 정신병원이나 기도원 등에 수용된 사람들을 대상으로 하는 것이라서 유가려에게 이 법을 적용할 수 있을지 알 수 없었다. 유우성과 변호인단은 할 수 있는 것은 다 해본다는 생각으로 인신구제청구를 밀어붙였다.

가려는 국정원 직원들과 함께 재판정에 들어섰다. 가려는 자기가 왜 재판을 받는지 모르고 있었다.

재판장 유가려 씨는 2012년 10월 30일부터 현재까지 국정원 중앙합동신문센터에 본인의 자유의사로 머물고 있었나요? 강제로 구금된 상태였나요?
유가려 제 의사대로 머물고 있었습니다.

가려는 재판이 끝나면 합신센터로 돌아가야 한다고 생각했기 때문에 자유의사로 합신센터에 있었다고 진술했다. 황필규 변호사가 국정원에서 오빠 유우성을 미끼로 강제구금하고 있었다는 사실을 부각하려고 했다.

황필규 변호사 만약 오빠에 대한 조사가 아니고 다른 사람에 대한 참고인 조사를 한다고 해도 계속 합신센터에 있을 건가요?
유가려 아닙니다. 오빠 때문에 합신센터에 있는 겁니다.
황필규 변호사 합신센터에 있으면서 앞으로 조사 끝나면 중국으로 가게 된다고 했나요, 아니면 한국에서 산다고 했나요?
유가려 자신의 죄를 다 인정하고 반성하게 되면 앞으로 오빠와 같이 한국에서 계속 살 수 있다고 했습니다.

변호인 측에서는 강제구금 사실을 부각해 인권보호 차원에서 이 사건을 접근하려 했다. 국정원은 유가려의 합신센터 체류기한인 6개월을 3일 앞둔 2013년 4월 24일 유가려에 대해 '비보호' 결정을 내렸고, 출국 시한을 5월 23일로 정했다고 재판부에 보고했다.

변호인단은 중국인 신분인 유가려를 외국인 보호시설로 보낸다는 결정이 날 것으로 예상했다. 그렇게 되면 변호인 접견이 가능하기 때문에 유가려를 만나 진실을 들어보려고 했다. 반면 국정원 측은 외국인 보호시설이 아닌 합신센터나 국정원 산하의 시설에서 유가려를 보호할 작정이었다. 그렇게 되면 변호인 접견을 막으면서 유가려의 진술을 유지해 재판에서 유리한 상황을 만들 수 있다고 본 것이다.

가려는 유우성을 담당하고 있다는 남자 수사관 두 명과 여자 수사관 K와 Y를 따라서 법정에 나갔다. 가려는 그때까지도 오빠를 지켜주기 위해서는 국정원에서 시키는 대로 진술을 유지해야 한다고 생각했다. 법정에서 만난 우성은 그동안 얼굴이 더 수척해졌다. 가려는 마음이 아파서 우성에게 몇 번이나 말했다. "오빠, 내가 오빠를 지켜줄게"라고. 우성은 애타는 목소리로 "가려야, 정신 차려. 겁먹지 말고 사실대로 말해"라고 외쳤다.

재판부는 인신보호구제심판청구를 각하한다고 결정했다. 유가려에 대한 비보호 결정이 내려졌고 유가려는 자유의사로 출국명령기간까지 어느 거소지에든 자유롭게 머물 수 있으므로 더 이상 중앙합동신문센터에 수용된 것으로 볼 수 없어 그 수용의 위법성 여부에 대한 법원의 재판을 구할 이유가 없다고 판단한 것이다. 판사는 유가려에게 '본인 의사대로 어디든 가도 된다'고 말했다. 예상치 못한 판결에 변호인 측과 국정원 측 양쪽 다 당황했다.

변호인단은 유가려가 변호인단과 함께 가야 한다고 주장했고, 국정원 측은 그럴 수 없다고 맞섰다. 판사가 퇴정한 법정에서 변호인단과 국정원 직원들은 1시간 반 가까이 유가려를 두고 실랑이를 벌였다.

양승봉 변호사가 증거보전재판이 끝나고 난 뒤에 우성이 심장 쇼크를 일으켜서 응급실에 실려 갔었다고 말했을 때 가려는 가슴이 내려앉았다. 장경욱 변호사가 연결해줘서 처음으로 전화통화를 하게 된 아버지와 외삼촌은 가려를 나무랐다.

"너 왜 그런 거짓말을 했니? 네가 거짓말해서 오빠가 잡혀 들어갔지 않느냐."

가려는 점점 혼란스러워졌다. 국정원에서는 오빠와 만나게 해달라, 아버지와 통화하게 해달라고 해도 한 번도 가려의 말을 들어주지 않았다. 반면에 국정원에서 나쁜 사람들이라고 했던 변호사들은 맨 먼저 가족과 통화하게 해주었다.

가려는 자기가 진술을 번복하면 국정원 직원들이 보복할까 봐 무서웠다. 만에 하나 오빠가 무죄로 풀려나도 국정원 직원들이 다시 와서 우성과 자기를 잡아갈 것 같았다. 가려의 입장에서 국정원과의 약속을 어긴다는 것은 너무 위험한 일이었다. 변호사들은 계속해서 자기들과 같이 가자고 했다. 가려는 마음이 흔들렸다. 아버지와 더 이야기해보고 싶고 오빠와도 이야기하고 싶었다. 이화도 만나고 싶었다. 그들과 이야기를 해보면 자기가 모르고 있는 뭔가를 알 수 있을 것 같았다. 국정원 수사관들과 변호사들은 양쪽에서 서로 가려를 데려가려고 설득을 계속했다. 가려는 어디로 갈 것인지 정하지 못하고 고민했다.

국정원 여자 수사관 K와 Y가 가려를 설득하기 위해 여자 화장실로 데리고 들어갔다. 변호사들은 남자들뿐이라 따라 들어갈 수가 없어서 화장실 앞에서 기다렸다. 양승봉 변호사와 장경욱 변호사는 서로 얼굴을 쳐다보며 바싹 마른 입술을 축였다. 어찌나 초조한지 끊었던 담배를 다시 피우게 될 것 같다는 농담을 하면서 가려를 기다렸다.

"이거 너무 불공평한 거 아니에요? 여자 화장실이라니!"

김용민 변호사가 말했다. 불공평하다고 불평하던 김용민이 여기자 한 사람을 데려왔다. 인신구제청구재판을 취재하러 온 〈워싱턴포스트〉의 한국인 기자 서윤정이다.

"기꺼이 우리의 정보원이 되어주겠답니다."

김용민의 이야기에 양승봉과 장경욱이 동시에 외쳤다.

"오, 구세주다. 고마워요!"

그녀는 천사 같은 미소를 지으면서—변호사들 눈에는 그 순간 서 기자가 천사처럼 보였다—여자 화장실로 들어갔다 나온 뒤 변호사들에게 안에서 본 것을 이야기해주었다. 가려는 마음을 정하지 못하고 갈팡질팡하고 여자 수사관들은 합신센터로 돌아가야 한다고 달래고 있다고 했다.

"오빠가 나 때문에 응급실에 실려 갔다고 하고 아버지도 왜 거짓말했느냐고 막 야단을 치는데 나는 어떻게 했으면 좋을지 모르겠어요."

가려가 화장실 바닥에 쪼그리고 앉아서 울면서 말했다. K가 가려 앞에 같이 쪼그리고 앉아서 등을 두드려주면서 말했다.

"가려야, 어차피 네가 넘어야 할 고비야. 힘들어도 오늘 하루만 참자. 응?"

"내 오늘 하루만 변호사님들 따라갔다가 내일 오겠습니다. 하루만."

가려가 그렇게 말하자 K가 전화를 걸어 큰삼촌을 바꿔주었다.

"큰삼촌, 내 오늘 하루만 변호사님들 따라가겠습니다. 승인해주시라요."

가려는 합신센터에 있으면서 무슨 일이든지 큰삼촌한테 허락을 받아야 한다고 생각했다.

"안 돼, 가지 마, 네가 오늘 변호사들 따라가면 일이 더 커지고 복잡해져. 일단 들어와. 들어와서 나하고 얘기하자. 빨리 들어와."

큰삼촌은 절대 안 된다고 반복해서 말하며 빨리 들어오라고 했다.

"잘 생각해서 해. 오늘 변호사들 따라가면 국정원에 다시 못 들어와. 이제 큰삼촌도 그렇고 우리하고는 끝이야. 오늘 가면 우리가 못 도와줘."

K가 그렇게 말하며 가려의 팔을 잡았다.

"가지 마, 가지 마, 가려야."

그래도 가려는 하루만 변호사들을 따라가기로 마음먹었다. 모르는 일이 많고 확인해야 할 일이 많았다. 무엇보다도 오빠의 이야기를 직접 들어보고 싶었다. 화장실에서 나온 가려가 변호사들에게 말했다.

"오늘 하루만 변호사님들 따라가겠습니다. 내일은 센터로 돌아갈 거예요."

국정원 여직원 둘이 여전히 가려의 팔을 양쪽에서 붙들고 있었다.

"가지 마, 오늘 가면 다시 못 돌아와. 가려야, 큰삼촌이 빨리 돌아오라고 하셨잖아."

가려는 그들의 팔을 뿌리치고 변호사들 앞으로 왔다. 국정원 합신센터에 갇혀 지낸 지 179일 만의 해방이었다. 가려의 결심은 김용민 변호사의 표현대로 기적 같은 선물이었다. 가려는 변호사들과 함께 민변 사무실로 갔다. 사무실에는 기자들도 몇 명 대기하고 있었다. 가려는 아직 변호사들과 기자들을 믿을 수가 없었고 국정원에서 잡으러 올까 봐 신경이 곤두서 있었다. 가려는 묻는 말에 대답하지 않았고 인터뷰 요청도 거절했다. 그때까지 가려는 변호사들을 오해하고 있었다. 증거보전재판이 끝나고 나서 변호사들이 매일 합신센터에 와서 접견하려고 했다는 것을 모르고 자신에게 거짓말했다고 생각했다. 북한에는 변호사가 있어도 모두 국가에 속한 공무원이었고 검사와 별로 다르지 않았기 때문에 가려는 변호사의 역할을 이해하지 못했다. 사실을 털어놓아도 소용없었던 이시원 검사와 비슷한 사람들이 아닐까 짐작하고 있었다.

가려는 아버지와 외삼촌에게 전화했다. 법원에서는 길게 전화할 수 없어서 자기 입장을 잘 전달하지 못했다. 외삼촌에게 중국말로 '국정원에서 오빠와 같이 살게 해주겠다고 했다. 오빠가 짧게 살고 나오면 나와 같이 한국에서 살 수 있게 해주고 집도 주고 나라에서 살게끔 돌봐준다고 했다. 그래서 내가 시키는 대로 거짓 진술했다'고 자세히 설명했다. 외삼촌은 가려의 말을 듣고 혀를 차면서 말했다.

"가려야, 꿈에서 깨라. 그건 환상이야. 세상에 공짜로 떨어지는 꿀 덩어리가 어디 있니? 네가 그런 어리석은 생각으로 거짓말해서 오빠가 얼마나 억울하게 됐는지 아나? 제발 꿈 깨라. 사실대로 말해라."

아버지는 가려에게 "무조건 변호사님들을 믿어라. 국정원에서 어떻게 조사받았고 어떻게 해서 거짓 진술이 나왔는지 다 이야기해라. 변호사님들은 다 좋은 분들이다"라고 말했다. 그래도 가려는 마음을 열지 못했다. 국정원에 대한 두려움과 기대가 아직 가려의 마음에 남아 있었다. 나라의 큰 기관인 국정원이 설마 나한테 거짓말을 하겠나, 또 한편으로는 나라를 상대로 해서 이길 수 없다는 말이 귓가에 맴돌았다.

가려는 민변 사무실에서 인터넷으로 유우성 사건 기사를 찾아보았다. 서울시 공무원 간첩 활동, 탈북자 1만 명 명단 북에 전달, 이런 이야기들이 기사마다 나와 있었다. 국정원에서 큰삼촌에게 기사가 나왔는지 물어보았을 때 '변호사들이 기사를 터뜨렸다'는 말만 들었다. 기사에는 오빠가 굉장히 나쁜 짓을 한 간첩이라고 되어 있었다. 가려는 뭐가 뭔지 알 수 없어서 혼란스러웠다. 가려는 저녁을 먹지 않겠다고 했지만 변호사들이 죽을 시켜주었다. 가려가 억지로 죽을 몇 숟갈 뜨고 있는데 밖에서 누군가 싸우는 것 같은 시끄러운 소리가 들렸다. 가려는 깜짝 놀라며 숟갈을 놓았다.

"국정원 사람들이 나 잡으러 온 거 아닙니까?"

김용민 변호사가 가려를 안심시키기 위해서 웃어 보였다.

"아니에요. 가려 씨, 걱정 마세요. 여기는 아무도 함부로 들어와서 누굴 잡아가고 하지 못해요. 우리가 다 법을 다루는 사람들이잖아요. 안심해도 돼요."

그때까지만 해도 가려는 다음 날 중앙합동신문센터로 돌아가야 한다고 생각하고 있었다. 저녁 늦게 직장에서 퇴근한 이화가 10시가 다 되어 민변 사무실로 왔다. 가려는 복도로 나가 엘리베이터에서 내리는 이화를 만났다. 가려는 이화를 보자 봇물이 터진 것처럼 통곡했다. 이화와 가려는 서로 부둥켜안은 채 한동안 울기만 했다. 이화가 가려의 머리를 쓰다듬고 손수건을 꺼내 눈물을 닦아주면서 말했다.

"리리야, 왜 그랬어? 네가 거짓말한 것 때문에 오빠가 잡혀갔잖아. 오빠 잡혀가던 날 내가 그 자리에 있었는데 국정원 사람들이 갑자기 아파트에 들이닥쳐서 얼마나 놀랐는지 아니? 도대체 왜 그런 거짓말을 했어?"

가려는 오빠가 집에서 갑자기 잡혀갔다는 말을 듣고 다시 한 번 놀랐다.

"그날이 언제야, 제제(언니)?"

"1월 10일인데 오빠가 그날 아버지 만나러 중국 가려다가 붙잡혀 갔단 말이다."

　가려가 조사받을 때 대머리와 아줌마는 11월부터 오빠가 직장에 다니면서 조사받고 있다고 했고 간첩 행위를 인정했다고 했다. 12월 초에 오빠를 만나고 왔다면서 오빠의 진술서를 가지고 와서 가려에게 보여주었던 국정원 수사관들도 있었다. 이화의 말을 들어보면 그때는 아직 오빠가 아무것도 모르고 있었던 것이다.

　"오빠가 어머니 장례식 때 들어간 것 말고 북한에 안 들어간 거 네가 누구보다 잘 알잖아. 그때 북에 갔다 온 것 때문에 우성 씨가 국정원에서 조사도 다 받고 했잖아."

　"제제, 내가 처음부터 오빠가 북한에 안 갔다고 답변했는데 수사관들이 자꾸 증인을 내세우면서 '그렇게 했다'고 하니까……"

　"그래도 아닌 건 아니라고 해야지."

　"내가 그렇게 진술하면 오빠가 1년만 교화 가고 한국에서 살게 해준다고 해서……"

　"그건 다 사실 아니다. 가려 네가 이번에 사실 다 밝혀야 오빠가 풀려난다. 여기 있는 변호사님들은 믿어도 돼."

　그때 비로소 가려는 진실을 다 이야기하기로 마음을 굳혔다. 간첩죄가 성립되면 법정형이 7년 이상이라는 이야기도 들었다. 정상참작으로 형이 줄어들거나 늘어날 수 있지만 최소 3년 6개월 이상의 형을 받게 된다고 했다. 국정원에서는 1년에서 2년 정도만 짧게 살고 나오면 된다고 말했지만 국정원에서는 우성의 형량을 그렇게 해줄 권한이 없다는 것도 알게 됐다.

　가려는 변호사들과 기자들 앞에서 입을 열었다. 합동신문센터에서 무슨 일이 있었는지 어떻게 해서 허위자백을 하게 되었는지 이야기했다. 가려의 이야기는 충격적이었다. 변호사들과 기자들은 숨을 죽이고 가려의 입만 쳐다보았다. 가려의 이야기가 끝나고 나서 장경욱은 다음 날 바로 기자회견을 해야 한다고 주장했다. 변호인단 안에서도 서로 다른 의견들이 나와서 조율이 쉽지 않았다. 장경욱은 반대를 무릅쓰고 기자회견을 추진했다. 장경욱은 민변의 장연희 간사의 도움을 받아 이 날 밤 11시에 보도자료를 내놓았다. 장경욱은 아내를 불러 이화와 가려를 돌봐달라고 부탁하고 혼자 집으로 돌아갔다. 장경욱은 밤새 잠을 이루지 못했다.

인신구제청구재판 다음 날인 2013년 4월 27일 오전 9시에 민변 회의실에서 '국가정보원 탈북 화교 남매 간첩 조작 사건' 여동생 긴급기자회견이 열렸다. 장경욱, 김용민, 양승봉 변호사가 유가려와 함께 기자회견에 참석했다. 사회를 맡은 장경욱 변호사가 먼저 입을 열었다.

"국정원이 진정 법치주의를 존중한다면 페어플레이를 해주기 바랍니다. 이제 그만 여동생을 놓아주기를 부탁드립니다."

장경욱 변호사의 표정은 착잡해 보였고 목소리가 떨려 나왔다. 장경욱 변호사가 자리에 앉으면서 가려에게 격려의 미소를 보냈다. 양승봉 변호사와 김용민 변호사도 가려를 바라보며 용기를 내라는 뜻으로 고개를 끄덕거렸다. 유가려는 깊은 한숨을 쉰 다음 입을 열었다.

"제가 국정원에서 진술한 것은 사실이 아니고 다 거짓말입니다."

증거보전재판이나 인신구제청구재판 때, 울기만 하고 검찰의 공소사실을 부정한 적이 없었던 유가려가 처음으로 자신의 자백이 허위였음을 폭로했다.

"조사받으면서 수사관들이 오빠가 간첩이라고 하고 내가 아니라고 계속 부인했는데 오빠의 진술서를 보여주면서 오빠가 다 이야기했다,

오빠는 간첩이다, 우리가 시키는 대로 진술하면 마지막에 좋게 해주겠다, 오빠와 같이 한국에서 살게 해주겠다고 해서 거짓으로 진술하게 됐습니다. 오빠한테 미안하고 가족들이나 친척들한테도 미안합니다. 합신센터에 있으면서 이것저것 챙겨주고 잘해줄 때도 있어서 그 선생님들을 믿은 적도 있습니다. 아버지와 친척들, 외삼촌과 통화하면서 사실을 명백하게 알게 됐습니다. 내가 잘못했습니다."

가려는 고개를 숙이고 눈물을 흘렸다. 기자들의 질문이 쏟아졌고 가려는 비교적 분명하게 답변을 내놓았다. 한 기자가 왜 화교가 아닌 탈북자라고 하고 한국에 들어왔는지 물었다. 김용민 변호사가 그동안 우성을 만나면서 들은 내용을 토대로 설명해주었다.

"이분들(유우성과 유가려)은 북한에서 태어나 생활했던 분들입니다. 물론 부모님은 한족인데 고향이 북한이니까 자신들을 북한 사람이라고 생각하고 살았습니다. 화교이지만 북한 사람이란 생각이 강했고 남한에서 살고 싶어 했습니다. 실제로 이런 재북화교들 중에도 탈북자로 인정받아 살고 있는 사람이 남한에 있는 걸로 알고 있습니다."

가려가 뒤를 이어서 자기 생각을 이야기했다.

"저는 엄마가 돌아가시고 나서는 오빠를 의지해서 살아왔습니다. 오빠는 엄마 없어서 불쌍하다고 저를 잘 챙겨주었습니다. 오빠를 의지해서 지금까지 그렇게 살아왔고 오빠랑 같이 살고 싶었습니다. 남한에 들어와서 오빠랑 같이 살고 싶어서 탈북자로 신고하고 들어왔습니다."

이날은 토요일이고 이른 시간인데도 방송 3사와 일간지, 주간지, 외신 기자들까지 많은 기자들이 참석해서 큰 관심을 보여주었다. 이때부터 일부 언론들은 이 사건을 '서울시 공무원 간첩 조작 사건'이나 '탈북 화교 남매 간첩 조작 사건'이라고 불렀다. 유우성이 북한에 탈북자 1만 명의 정보를 넘겼다고 대서특필한 〈동아일보〉는 여전히 국정원과 검찰 편이었지만 이날 유가려의 기자회견은 이 사건의 첫 번째 반전이었다.

그날부터 장경욱 변호사는 가려와 이화를 보호하느라고 진땀을 뺐다. 가려는 물론이고 이화까지 국정원이 무섭다면서 집에 들어가지 않으려고 했다. 이화는 직장에 갔다가 가려가 있는 곳으로 와서 같이 지냈다. 가려와 이화는 둘이 함께 구윤회 목사 집으로 갔다. 2013년 5월 3일 오전 11시경에 이화가 다급한 목소리로 장경욱 변호사에게 전화했다.

"변호사님, 국정원 직원들이 직장으로 찾아와서 같이 가자고 해요. 어떡하죠?"

장경욱 변호사의 머릿속에 빨간 불이 켜졌다. 그들은 가려의 행방을 찾고 있는 것이다. 이화와 함께 있다는 것을 눈치 챈 것 같았다.

"절대 같이 가면 안 돼요."

"내가 할 말 없다고 했는데도 안 가고 점심시간에 보자면서 기다리고 있어요."

"알았어요. 내가 갈 테니까 이화 씨는 아무 걱정 말아요."

장경욱 변호사는 이화의 직장으로 달려갔다. 이화는 강남의 대형 할인마트에서 일하고 있었다. 점심시간이 되자 이화는 국정원 직원들이 기다리는 서문 앞으로 갔다. 장경욱이 이화를 따라갔다. 국정원 직원 세 사람이 이화를 기다리고 있었다. 두 사람이 이화의 팔을 양쪽에서 잡았다. 이화가 그들의 손을 뿌리쳤다.

"왜 이래요? 나 할 말 없다고 했잖아요. 이거 놔요!"

이화가 말했다.

"이거 봐요! 왜 싫다는 사람을 억지로 데려갑니까? 당신들 누구요?"

160

장경욱이 외쳤다.

"야. 이 ××놈아! 네가 뭔데 나서서 지랄이야?"

국정원 직원 한 사람이 열에 받친 듯 상소리를 내뱉었다.

"야, 이 개××야! 너 이름 뭐야? 이름 말해."

한 성깔 하는 장 변호사도 질세라 같은 레벨로 응수했다. 그들이 모자라긴 하지만 이런 상황에서 이름을 댈 정도로 멍청하지는 않다. 대한민국 최고 정보기관의 공무원들은 몇 마디 욕설을 더 남긴 채 급히 자동차를 타고 사라져버렸다. 이화가 그때 벌어진 상황을 휴대전화로 녹취했다. 국정원 사람들과 용감하게 맞서긴 했지만 이화는 불안감을 떨쳐버리지 못했다. 장경욱은 이화의 직장에서 부인과 번갈아가며 이화를 지키고, 자신들이 볼일이 있을 때는 친척과 지인들을 동원해 보초를 세웠다.

그날 저녁, 장경욱의 휴대전화로 한 남자가 전화를 했다.

"장경욱 변호사님이시죠? 저는 서울출입국관리사무소 사범과장 양○○이라고 합니다. 신문 보도를 보니 장 변호사님이 유가려 씨가 어디 있는지 아실 것 같아서 전화드렸습니다. 유가려 씨는 출국명령서에 국정원 중앙합동신문센터가 거소지로 되어 있는데 그것이 변경되었기 때문에 본인이 그 이유를 소명해야 됩니다. 유가려 씨에게 이런 내용을 전달해주세요."

"인신구제심사 청구기일에서 판사가 유가려 씨의 자유의사에 따라 5월 23일까지 자기가 머물 곳을 선택할 수 있다고 판결했습니다. 제가 유가려 씨의 대리인으로서 이 판결에 따라 자유의사로 거소지를 선택했음을 고지하는 것으로 갈음하겠습니다. 더 자세한 것은 인신구제심사청구를 대리한 변호사에게 문의하세요."

장경욱은 이렇게 말하고 전화를 끊었다. 전화를 끊고 나서 가만히 생각해보니 국정원에서 자신의 휴대전화 번호를 알려주었을 거라는 생각이 들었다. 장경욱은 전화했던 사내에게 다시 전화했다.

"장경욱입니다. 제 휴대전화 번호를 어떻게 알았죠?"

"언론 보도를 보니 장 변호사님이 유가려 씨를……"

"언론 보도에 내 개인 전화번호가 나오는 건 아니잖아요. 국정원이 죠? 국정원에서 가르쳐줬죠?"

장경욱의 추궁에 사내는 적당히 대꾸할 말을 찾지 못하고 우물쭈물 했다.

"국정원에서 나한테 전화하라고 하던가요?"

"저희들 입장도 생각해주셔야……"

사내는 쩔쩔매다가 전화를 끊었다.

다음 날인 5월 4일에는 국정원 수사관이 직접 전화했다. 유가려가 거소지를 이탈했으니 출입국관리소에 신고하라고 말했다. 장경욱은 '왜 출입국관리소에서 할 일을 국정원에서 관여하느냐'고 혼을 냈다. 국 정원과 출입국관리소에서 가려를 '보호유치'라는 명목으로 납치하려 는 게 아닌지 걱정됐다. 국정원 수사관의 전화를 받고 불안해진 장경 욱은 이날 저녁에 가려와 이화를 자신의 아파트로 데려왔다. 장경욱은 국정원과 출입국관리사무소에서 가려를 데려가려고 했다는 것을 언 론에 알리기 위해 보도자료를 냈다. 변호인단은 2013년 5월 5일에 중 국대사관에 유가려에 대한 영사보호신청을 팩스로 접수했다. 이날은 일요일이었는데도 〈연합뉴스〉의 한지훈 기자가 이 뉴스를 적극적으로 보도해주었다. 〈한겨레〉의 허재현 기자와 〈시사IN〉의 김은지 기자도 장경욱의 집에 와서 유가려를 취재했다.

국정원은 6개월간 유가려를 독방에 가둬놓고 세뇌해 거짓 진술을 받아냈다. 장경욱은 가려를 볼 때마다 안쓰러웠다. 가려의 상태를 보면 당장 병원에 입원해서 심리치료부터 받고 마음의 안정을 찾아야 했다. 그런 가려가 재판에 증인으로 나서서 아줌마와 대머리, 큰삼촌이 무슨 짓을 했는지 이야기한다는 것은 스스로를 또 한 번 고문하는 것과 다름없었다. 가려의 의식과 무의식은 하루빨리 그 고통스러운 기억을 묻어버리고 싶어 했다. 당연한 일이다. 그래도 가려는 오빠를 구하기 위해서 그 일을 하겠다고 했다.

가려는 남한 말을 알아듣는 데 어려움이 있었지만 똑똑하고 매력적인 처녀였다. 감수성이 풍부하고 예술적 재능이 있었다. 가려는 기타를 치면서 노래를 부를 때 행복해 보였다. 큰삼촌이라는 수사관이 가려에게 노래를 부르게 하고 따라 불렀다는 이야기를 들었을 때 장경욱은 인간의 이중성에 치를 떨었다. 큰삼촌 팀의 다른 수사관은 자기 아들의 기타를 갖다주기도 했다는 것이다. 장경욱은 가려의 노래를 들으며 생각했다. 이런 노래를 들으면서 한편으로는 가려에게 제 오빠를 간첩으로 고발하는 거짓말을 하도록 만들다니 인간 망종들이다. 나치 독일의 비밀경찰과 장교들이 낮에는 유대인들을 붙잡아서 죽음의 수용소로 보내고 밤마다 파티를 열면서 피아노를 치고 노래를 불렀다더니 그놈들보다 더한 놈들이 아닌가? 그들은 자기네끼리 노래를 불렀지만 합신센터의 망종들은 희생자한테 노래를 시켰으니까.

3부

1
왜 나한테 거짓말했습니까?

2013년 5월 6일 오전 10시. 서울중앙지방법원 502호에서 유우성의 국가보안법 위반 등의 혐의에 관한 공판준비기일이 열렸다. 장경욱 변호사는 기자들을 민변 사무실로 불렀다. 가려는 아직도 국정원이 자기를 잡으러 올까 봐 걱정하고 있었다. 변호인단도 그런 근심을 완전히 떨쳐버리지 못했다. 기자들을 부른 것은 가려가 법정에 가려고 나설 때 국정원에서 가려를 데려가려고 한다면 그 과정을 취재해야 하기 때문이다. 유가려와 변호인단은 민변 사무실에서 기자들과 잠시 이야기를 나누고 나서 법원으로 갔다. 가려를 가운데 세우고 기자들과 변호인단이 다 함께 걸어갔다. 웃고 농담을 하며 걸어갔지만 법원까지 걸어가는 10여 분 동안 팽팽한 긴장감이 감돌았다.

유우성의 변호인단은 재판부에 국민참여재판 신청을 취소한다고 밝혔다.

"모든 탈북자를 잠재적 간첩으로 낙인찍는 공안 여론 조성에 대한 국민적 심판이 필요하다는 뜻에서 변호인단은 지난 3월 7일 국민참여재판을 신청했습니다. 그러나 유우성의 핵심 증인인 유가려가 진술을 번복한 이상 국민참여재판이 무의미해졌기에 신청을 철회합니다."

1시간 30분가량 진행된 공판준비기일은 변호인이 신청한 유가려의 법정 증인 채택을 둘러싸고 두 차례의 휴정과 한 차례의 비공개 변론으로 진행되는 등 검사와 변호인단이 치열한 공방을 벌였다. 검찰과 국정원은 유가려가 구금 상태에서 풀려나면 진술을 번복할 것을 예상하고 있었던 것으로 보인다. 그래서 서둘러 증거보전을 해서 유죄를 입증할 증거로 영상녹취록을 확보해놓고, 유가려를 5월 23일까지 합신센터에 잡아두었다가 중국으로 보낸 뒤 재판을 진행하려는 속셈이었던 것이다. 이시원 검사는 유가려의 증인 채택을 반대했다.

"4월 26일에 법원의 인신보호구제청구 결정 이후에 유가려가 그동안의 진술을 번복하는 기자회견을 하는 등 일련의 과정을 볼 때 증인으로서 진실을 말할지 의문이 듭니다. 유가려는 중앙합동신문센터에서 회유와 협박을 당했다고 주장하지만 수사 검사의 입장에서 봤을 때 이는 전혀 사실과 다릅니다."

이시원 검사는 이와 같은 발언으로 변호인 측을 압박했다. 이시원 검사의 발언에 방청석에 앉아 있던 유가려가 큰 소리로 항의했다.

"사람을 속여도 분수가 있지 어떻게 그럴 수가 있습니까?"

그래도 이시원은 변호인단에 대한 공격을 멈추지 않았다.

"유가려 씨가 하루만 변호인들과 있고 다음 날 합신센터로 오겠다고 했는데 왜 아직도 못 오고 있습니까? 여기 변호인 중에는 간첩단 왕재산 사건과 관련해서 증인 채택 전에 증인을 찾아가 회유한 사람도 있습니다."

장경욱 변호사가 맞받아쳤다.

"검사의 말은 그대로 주어만 바꾸면 됩니다. 지난 공안사건에서 협박과 회유를 한 쪽은 변호인이 아니라 검사였습니다. 왕재산 사건도, 이경애 사건도 결국 재판 결과가 말해줄 것입니다. 검사가 이번 사건과 관련 없는 왕재산 사건을 들고 나온 것은 재판부를 겁주기 위한 것이라고밖에 할 수 없습니다."

검사 측과 변호인 측의 날 선 공방에 재판부는 '이 사건과 관련 없는 얘기는 자제해달라'며 경고하기도 했다. 그런데도 변호인 측과 검사 측에서 서로 큰 소리로 비난하고 다투자 재판장이 휴정을 선언했다. 유가려는 휴정을 선언하는 말을 듣고 이시원 검사 쪽으로 달려가려고 했다.

"내 할 말 있습니다. 검사님한테 따질 말이 있습니다."

방청석에 있던 지인들이 가려의 팔을 붙잡고 진정시키려고 애를 썼다. 이시원이 법정을 나가는 모습을 지켜보던 가려는 "너무 억울합니다. 억울합니다"라고 외치고 몸부림치며 울었다.

재판부는 4월 27일에 민변 사무실에서 열린 기자회견과 관련해서 변호인 측에 자제를 당부했다.

"재판이 열리기 전에 증인이 기자회견을 하고 의견을 밝혀서 재판에 영향을 주려는 것은 매우 부적절한 일이므로 앞으로 이런 일은 자제해주시기 바랍니다."

변호인 측은 기자회견을 하게 된 이유를 설명했다.

"그 당시는 국정원에서 다음 날이라도 유가려를 데려가려고 할 것 같은 상황이었습니다. 인신구제청구재판에서 판시한 대로 유가려가 자유롭게 거소지를 옮겼으니 가려를 데려가려 하지 말라고 알리고, 그동안 유가려에게 행해진 국가폭력을 국민들에게 알리기 위해 기자회견을 한 것입니다."

재판부는 변호인단이 요청한 유가려에 대한 증인 신청을 받아들였다. 그리고 2013년 5월 9일 오후 2시로 첫 공판기일을 잡았다. 재판부는 유가려가 이번 사건의 핵심 증인이므로 대질신문 등 여러 차례의 증인 신문이 필요할 것으로 보고 13일 오전과 오후를 공판 시간으로 배정했다.

2013년 5월 9일 오후 2시. 서울중앙지방법원 502호 법정에서 유우성의 국가보안법 위반 등에 대한 첫 공판이 열렸다. 판사 이범균이 재판장이었고, 판사 이보형과 오대석, 검사 이시원과 이문성, 변호인은 장경욱, 천낙봉, 양승봉, 김용민이 출석했다. 검찰 측은 유가려의 증인 신문 절차를 비공개로 진행하게 해달라고 요청했고, 변호인들은 이의를 제기했다.

검찰 측이 주장한 비공개 필요의 주요 사유는 '본 사건이 공개로 진행될 경우 국가의 안전보장을 해할 우려가 있고, 특히 언론 등에 보도될 경우 본 사건이 북한의 대남선전에 악용될 가능성이 있다'는 것이었다. 재판부는 국가의 안녕질서를 해칠 염려가 있다는 이유로 비공개재판을 결정했다.

변호인 측은 '재판의 공개는 소송의 심리와 판결을 공개함으로써 여론의 감시 하에 재판의 공정성을 확보하고, 소송 당사자의 인권을 보장하며, 나아가 재판에 대한 국민의 신뢰를 확보하려는 데 그 제도적 의의가 있다'고 주장했다. 비공개 사유로 규정되어 있는 '국가의 안녕질서를 방해할 염려가 있을 때'라는 말은 매우 엄격하게 해석되어야 할 것이라고 지적했다. 변호인 측은 헌법과 법원조직법에 모두 보장되어 있는 공개재판을 받을 권리를 보장하라고 요구했다.

모든 국민은 신속한 재판을 받을 권리를 가진다. 형사피고인은 상당한 이유가 없는 한 지체 없이 공개재판을 받을 권리를 가진다.

- 헌법 27조 3항

재판의 심리와 판결은 공개한다. 다만, 심리는 국가의 안전보장 또는 안녕질서를 방해하거나 선량한 풍속을 해할 염려가 있을 때에는 법원의 결정으로 공개하지 아니할 수 있다.

- 헌법 109조

재판의 심리와 판결은 공개한다. 다만, 심리는 국가의 안전보장·안녕질서 또는 선량한 풍속을 해할 우려가 있는 때에는 법원의 결정으로 이를 공개하지 아니할 수 있다. 제1항 단서의 결정은 이유를 개시하여 선고한다.

-법원조직법 57조 1, 2항

재판부는 변호인의 이의를 기각하고 유가려의 증인 신문 절차를 비공개로 진행했다.

이시원 검사가 먼저 증인 신문을 시작했다.

이시원 검사 증인은 한국 가수 중에서 백지영을 좋아한다고 했지요?

유가려 네, 그런 이야기를 했습니다. 조사하면서 내 마음을 풀어주느라고 노래를 틀어주고 하지 않았습니까?

이시원 검사 조사 과정에서 검사와 여러 차례 식사도 같이 했지요?

유가려 국정원에서 조사받으면서 내가 오빠 때문에 마음 아파서 힘들어 하니까 내 마음을 달래주면서 '일이 잘되게 하려고 하는 거니까 스트레스 풀어주겠다'면서 같이 나가서 밥도 먹고 맛있는 것도 사주고 그런 적 많았습니다.

이시원 검사 그런데 왜 지금은 검사에게 적대적인 태도, 즉 나 저 사람이 싫다는 태도를 가지게 됐지요? 그때는 안 그랬잖아요.

이시원 검사의 질문에 가려가 흥분하기 시작했다. 가려는 얼굴을 붉히면서 이시원에게 큰 소리로 왜 거짓말했느냐고 따져 물었다.

유가려 나한테 왜 거짓말했습니까, 전부 왜 거짓말했습니까?

이시원 검사 어떤 부분을 거짓말이라고 생각하고 있나요?

유가려 2013년 3월 4일에 오빠 재판 끝난 다음에 (4월에) 검찰에서 오라고 해서 갔는데 그때 내가 말하지 않았습니까? 사실대로 말하라고 해서 사실은 오빠가 설에 온 사실도 없고 집 문제도 경희 언니에게 다 팔고 2011년 7월 9일에 다 넘어왔다, 그 후에 북한에 들어간 적도 없고 USB를 전달한 적 없고 간첩 행위 한 것도 없다고 다 이야기했습니다. 그랬는데도 이시원 검사는 네가 이렇게 말하게 되면 도와줄 수 없다. 이렇게 말하면 안 된다고 얘기했습니다.

이시원 검사 증인은 지난 2013년 3월 4일, 수원지방법원 안산지원에서 열린 증인 신문 당시 '거짓 진술을 강요받거나 폭행, 협박을 당한 사실이 없다'고 진술한 사실이 있지요?

유가려 처음부터 그렇게 다 시켰습니다.

이시원 검사 본 검사가 그렇게 시켰나요?

유가려 국정원에서 시켰습니다.

이시원 검사 오빠가 간첩이라고 얘기한 사람이 증인이잖아요. 증인이 오빠가 간첩이라고 해서 상황이 이렇게 진행되었고, 증인이 오빠가 간첩이라고 얘기했기 때문에 오빠가 처벌받는다는 것은 증인 역시 예전부터 알고 있었던 것인데, 증인이 얘기한 것 때문에 오빠가 처벌받는다는 것을 몰랐나요?

유가려 김현희 사건 이야기를 하면서, 우리나라에서 자기 죄를 반성하면 여기서 살게 해주고 보호해주고 집도 주고 많은 걸 지원해준다는 식으로 말하면서 진술을 유도했고 오빠가 1년만 살고 나와서 같이 살게 해주고 아니면 추방하겠다, 이 고비만 넘게 되면 오빠와 같이 살게 되니까 얼마나 좋은가, 라고 얘기했습니다.

이시원 검사 그런데 그게 아니었나요?

유가려 후에 알게 됐습니다.

이시원 검사 아무 결론도 안 난 상황인데 그게 아니라는 것을 어떻게 알게 됐나요? 누가 지금 오빠를 죽여야 한다는 사람도 없고 당장 나가라고 하는 사람도 없는데, 북한을 도와서 간첩 행위를 한 사람들도 응분의 책임만 지면 우리나라에서 잘살고 있는데 지금 이 사건은 재판 결과가 나온 것도 없는데 왜 그런 것이 다 거짓말이라고 생각하게 된 건가요?

유가려 조사 당시에는 '간첩질하는 게 아무것도 아니다, 큰 죄가 아니다, 나라에서 일반적인 상황이다'라고 얘기했는데 나와서 보니까 그게 아니고 큰 사건이었습니다.

이시원 검사 큰 사건이라는 것은 누가 얘기해준 것인가요.

유가려 누가 이야기를 해준 것이 아니라 내가 듣고 사건이 이렇게 됐구나 생각한 것입니다.

이시원 검사 북한에서 반혁명죄나 간첩죄로 잡히면 어떻게 되나요?

유가려 죽지요.

이시원은 북한에서 간첩죄가 사형에 처해지는 중죄인 것을 아는 유가려가 오빠의 간첩 행위를 거짓으로 진술할 수 있었겠느냐는 뜻으로 이와 같은 질문을 했을 것이다. 하지만 한국 법을 전혀 모르는 가려에게 김현희나 황장엽의 예를 들면서 한국에서는 북한과 달리 간첩죄가 큰 죄가 아니라고 했다는 가려의 진술은 설득력이 있다.

유가려 국정원에서는 간첩죄가 큰 죄가 아니고 반성하게 되면 국가에서 수없이 도와준다, 마지막까지 도와준다는 이야기를 많이 했습니다. 그런 사람이 수두룩하다고 했는데 나와서 법에 대한 책을 보니까 간첩죄는 징역 7년 이상으로 되어 있습니다. 국정원 사람들이 그렇게 거짓말을 하겠나 생각했는데 사람이 어떻게 그렇게 뻔뻔스러울 수가 있습니까? 진짜 괘씸합니다.

이시원 검사 1년 교화소에 가면 이렇게 얘기해도 되고 그 이상 가면 그렇게 얘기하면 안 되는 것인가요?

유가려 그 이상 가게 되면 내가 미쳤다고 그렇게 이야기를 합니까?

이시원 검사 그럼 죄 없는 오빠를 1년 동안 감옥 가게 하는 건 괜찮은가요?

유가려 내 가슴 아픕니다. 가슴 터집니다. 하지만 그렇게 하지 않으면 오빠와 여기에서 못 산다, 지금은 힘들어도 이렇게 해야 된다고 하고 내가 진술을 번복한 죄가 간첩죄보다 더 큰 죄라고 해서 내가 할 수 없이 간첩이라고 인정했습니다. 아니면 내가 왜 인정하겠습니까.

이시원 검사 기자회견을 하기 전에 "검사에게 기자회견을 하려고 하는데 해도 되는지, 검사의 의견은 어떠한지 등을 한 번 물어봐라"는 얘기를 들어본 적이 있나요?

유가려 내가 왜 물어봅니까. 내가 속은 것도 괘씸한데.

이시원 검사 증인은 2013년 4월 26일, 변호인들을 따라갈 때 하루 있다가 돌아가겠다고 말한 사실이 있지요?

유가려 네.

이시원 검사 그런데 왜 하루 있다가 안 돌아갔나요?

유가려 국정원이 나한테 거짓말하겠나, 나라의 큰 기관인데 무슨 거짓말을 하겠나 하고 국정원을 믿었는데 나와서 사실을 알게 되니까 내가 악용당한 게 정말 괘씸하고 진짜 이가 갈립니다.

이시원 검사 변호사들의 말을 들어보니까 내가 속은 것을 알았다, 그래서 배신감을 느껴서 안 갔다는 것인가요?

유가려 네. 그게 사실이지 않습니까.

이시원 검사 증인이 검찰에서 조사를 받은 후 합동신문센터로 돌아갔을 때, 오늘 검사와 무슨 얘기했는지 물어보았나요?

유가려 처음부터 어떤 조사받고 어떻게 했는지 다 물어봤습니다. 이시원 검사는 처음 진술할 때부터 거짓 진술한 것 다 알고 있지 않았습니까? 처음 조사받을 무렵에 국정원에서 기초를 다 만들어주고 본바탕을 만들어주니까 우리가 수사하는 거지 아니면 못하지, 그런 얘기까지 한 적이 있지 않습니까? 생각납니까?

이시원 검사 증인의 질문에 답변해야 할 의무는 없지만 나는 그런 얘기를 한 적이 없습니다.

유가려 왜 없습니까? 그렇게 이야기했지 않습니까?

계속되는 검사의 신문에 유가려는 자신이 그동안 진술한 내용을 거의 다 부인했다. '그렇게 진술했지만 사실과 다릅니다'라는 답변이 계속 이어졌다. 2006년에 유우성이 어머니 장례식에 왔다 가고 나서 다시 회령으로 돌아왔고 이때 보위부에 인입되었다는 사실에 대해서 전혀 그런 일이 없다고 부인했다.

이시원 검사 피고인으로부터 '온 가족을 교화소에 보내겠다는 보위부의 위협에 보위부 사업을 하기로 승낙했고, 그러자 풀어주었다'는 말을 들었지요?

유가려 그렇게 진술했지만 사실과 다릅니다.

이시원 검사 당시 피고인이 '아버지 말을 안 듣고 들어왔다가 이렇게 되었다면서 주먹으로 가슴을 치며 통곡하였다'고 진술한 사실이 있지요?

유가려 그렇게 진술한 사실은 있지만 국정원에서 만들어낸 진술입니다.

이시원 검사 가슴을 치며 통곡했다는 얘기도 만든 것인가요?

유가려 큰삼촌이 그렇게 진술하라고 말해줍디다.

유가려는 두만강을 건너서 북한에서 중국으로 왔다 갔다 했다는 사실도 모두 부인했다.

이시원 검사 보위부 지도원의 안내에 따라 두만강을 건넌 증인은 중국 쪽에 기다리고 있던 택시를 타고 연길에 있는 외당숙 공성철의 집에 도착했지요.

유가려 네, 그렇게 진술했지만 사실과 다릅니다.

재판장이 두만강을 건넌 사실이 있는지 다시 한 번 확인했다.

이범균 재판장 증인은 2011년 2월경 두만강을 건너 연길에 가서 외당숙 공성철의 집에 다녀온 사실 자체는 있나요?

유가려 없습니다.

이시원 검사 도강했다는 이야기를 하면서 검사가 '겨울인데 차가운 강물을 어떻게 건널 수 있었느냐'고 물었더니 '두만강은 겨울에 업니다'라고 해서 검사가 민망해한 적도 있었지요?

유가려 네, 그렇게 진술했지만 사실과 다릅니다.

이시원 검사 안산지원에서 있었던 증인 신문에서도 변호인에게 동일한 질문을 받고 같은 답변을 한 사실이 있지요.

유가려 네, 그렇게 진술했지만 사실과 다릅니다.

재판장이 다시 한 번 도강 사실에 대해서 질문했다.

이범균 재판장 두만강이 어는 것은 맞는데 얼어 있는 두만강을 걸어서 건너본 적은 없다는 것인가요?

유가려 도강을 한 번도 해본 적이 없습니다.

이시원 검사 증인이 안산지원에서 증언을 하기 전에는 검찰에 와서 집을 바꾼 적이 있다는 얘기를 하지 않았는데, 이에 대해 진술하지 않은 이유는 무엇인가요?

유가려 국정원에서 유도한 대로만 진술해야 한다고 해서 검찰에서도 그렇게 한 것이고, 검찰에서도 내가 거짓 진술한 것 이미 다 알고 있지 않았습니까?

이시원 검사의 이날 증인 신문에서는 중요한 사진 한 장이 등장한다. 유우성과 유가려 남매가 아버지와 셋이서 2012년 1월 22일에 연길에서 찍은 가족사진이다. 이 사진은 변호인들이 중국 연길에 사는 아버지 유진룡 씨를 만나서 받아왔다. 증거보전재판이 열리기 전에 검찰은 2012년 1월 22일에 유우성이 회령에 가서 미리 회령에 가 있던 아버지를 만나고 보위부에 들어갔다고 공소장에 기재했다. 유우성은 변호인들에게 이날 가족사진을 찍은 사실을 이야기하고 연길 집에 사진이 있다고 말해주었다. 변호인 측은 이 사진을 증거로 제출했다. (114쪽 사진 참조)

이시원 검사 증인, 가족사진을 찍은 것은 맞나요?

유가려 네.

이시원 검사 날짜는 언제입니까?

유가려 1월 22일 오전입니다.

이시원 검사 그것을 정확하게 기억하는 이유는 무엇인가요?

유가려 2004년에 어머니 살아 계실 때 식구들이 넷이 같이 설을 쇠고, 오빠가 남한에 들어오고 어머니가 돌아가시고 난 다음에는 식구들이 모여서 설을 쉰 적이 없었습니다. 2012년 1월에 설이 돌아왔을 때 9년 만에 처음으로 가족이 모여서 설을 같이 지내게 되니 너무 좋았습니다. 그래서 오빠가 기념사진 찍자고 해서 찍은 것입니다.

어머니를 잃고 오빠는 남한으로 가고 아버지와 둘이 살던 가려에게 오빠가 연길에 와서 처음으로 설을 같이 보낸 2012년 1월의 일은 소중한 추억이었다. 그것은 우성이나 남매의 아버지 유진룡 씨도 마찬가지였다. 한 가족이 모처럼 만나서 명절을 같이 보낸 애틋한 추억을 담은 사진이 간첩 혐의를 다투는 법정에서 증거물로 등장하게 된 것이다.

이날 법정에서는 또 다른 사진들이 등장한다. 우성이 1월 22일에 회령에 가서 집에 있던 가족 앨범을 보고 아이폰으로 찍어온 사진이라면서 국정원에서 증거로 제출한 사진이다. (179쪽 사진 참조)

이시원 검사 2012년 1월 24일 저녁, 오빠가 회령에서 돌아왔고, 이때 오빠의 아이폰 전화기에 저장된 사진을 보고 회령 가서 사진 찍어왔네, 이렇게 이야기했다고 진술한 사실이 있나요?

유가려 그렇게 진술했지만 사실과 다릅니다.

이시원 검사 이 사진들이 당시 증인이 오빠 유우성의 휴대전화에서 보았던 사진이라고 진술한 사실이 있지요?

유가려 그렇게 진술한 적이 있지만 국정원에서 조사받을 때 이때 만나지 않았는가, 이때 가지 않았는가, 하고 유도해서 그렇게 진술했습니다. 사실과는 다릅니다.

이시원 검사 이 사진들이 어디에 있던 사진인가요?

유가려 중국 연길 집에 있던 사진입니다.

국정원에서는 유우성이 2012년 1월 21일부터 1월 24일까지 연길 집에 머물면서 집에 있는 앨범에서 아이폰으로 찍은 사진들 중 한 장을 흑백으로 인쇄해서 회령에 가서 찍어온 사진이라며 증거로 제출했다. 변호인들이 유우성의 아이폰에 있는 사진들을 복원해서 포렌식(디지털 정보 분석 프로그램)으로 분석해본 결과 아이폰 위치 정보에 회령이 아니라 중국 연길에서 찍은 것으로 나타났다. 디지털 시대에 정보를 다

유우성이 2012년 1월 22일 중국 연길 집에 설을 쇠러 갔다가 가족 앨범을 보고 아이폰으로 찍은 사진. 검찰은 북한 회령 집에 가서 찍은 사진이라고 주장했지만 아이폰 위치 추적 결과 지도에서 보듯 중국 연길에서 찍은 사진임이 드러났다.

루는 국가정보원이 증거 조작하는 솜씨치고는 실망스러운 수준이다. 이 휴대전화 사진에는 유우성이 설날인 1월 23일에 연길에 있었다는 것을 증명할 노래방 사진 등도 있었으나 국정원과 검찰은 피고인에게 유리한 그 증거를 보고도 제출하지 않고 불리한 증거만 조작해서 제출했다.

1심 1회 공판에서부터 검찰의 공소 사실은 많은 허점을 드러냈다. 유가려는 시종일관 '검사도 자신의 거짓 진술을 알고 있었다'고 주장했다.

이시원 검사 증인이 오빠의 범죄 사실을 구체적으로 얘기하자 검사가 왜 그러느냐고 물었더니 증인은 조사 과정에서 사실대로 얘기했다가 후회하고 그런 사실이 없다고 말을 바꾸기도 했지만 결국 사실대로 말하는 것이 보위부의 손아귀를 벗어나 자유를 찾는 방법이라고 생각하고 사실대로 진술한다, 오빠를 선처해달라, 이렇게 울면서 진술한 사실이 있지요?

유가려 그렇게 진술한 것은 맞지만 사실이 아닙니다. 그것이 모두 거짓 진술이라는 것을 이시원 검사님도 다 알고 있었지 않습니까?

2
남매

    변호인단은 유우성이 집에서 지내면서 재판 받을 수 있도록 해달라고 보석을 신청했으나 재판부는 받아들이지 않았다. 우성은 여전히 서울구치소 독방에 갇혀 있었다. 우성은 서울구치소에서 유명인사가 되어 있었다. '탈북자'에 '공무원'에 '간첩'까지 흥미로운 요소를 두루 갖춘 수감자인데다가 접견 오는 사람도 많고 돈이 많거나 권력이 있는 소위 '범털'이 아닌데도 변호사 접견도 잦았기 때문이다. 게다가 우성은 수감 초기부터 매일같이 큰 소리로 억울함을 호소하며 이목을 끌어서 교도관들도 모르는 사람이 없었다. 유우성은 자주 방을 옮겨 다니는 것으로도 유명했다. 재판이 시작되었을 무렵 우성은 다섯 번째로 방을 옮겼다.

    1회 공판에서 가려가 증언하는 것을 들으면서 우성은 계속 울고 있었다. 마른하늘에서 떨어진 날벼락을 맞은 남매는 정신적으로나 육체적으로나 정상이 아니었다. 우성은 수시로 공황장애 발작으로 고통 받았고 가려는 자주 어지럼증과 구토 증세를 호소했다. 병원 진료 결과

가려는 B형간염에 걸려 있었고, 폐에 결절이 생긴데다가 심장기능도 저하되어 있었다. 무엇보다도 심각한 '외상 후 스트레스 증후군'에 시달리고 있었다.

2013년 5월 13일 오전 10시에 2회 공판이 열렸다. 변호인단이 계속 이의를 신청했지만 유가려의 증인 신문은 이날도 비공개로 이루어졌다. 재판장의 명령에 따라 방청객은 모두 퇴정했고 증인의 의료 지원을 위한 간호사 한 사람만이 방청석에 남아 있었다.

김용민 변호사 증인은 피고인이 2004년경에 탈북해 남한에 들어간 경위를 어떻게 알게 되었나요?

유가려 제가 함경북도 경성에 있는 경성의학전문학교 1학년 겨울방학 때 회령 집으로 돌아왔는데 그때까지는 오빠가 중국에 들어간 것으로 알고 있었습니다. 그때 어머니에게 오빠가 보고 싶다고 했더니 사실은 오빠가 남한에 들어가 있어서 보기 어렵다고 해서 처음 알게 되었습니다.

우성은 가려의 이야기를 들으면서 2004년 북한을 탈출하던 때의 일들을 떠올렸다. 우성은 대학을 졸업하고 회령시에서 제일 큰 회령1병원에 의사로 근무하면서 사회생활을 시작했다. 우성이 보기에 북한 사회는 숨 쉴 틈이 없는 꽉 막힌 사회였다. 국가의 최고 권력이 김일성에서 김정일로 세습되는 것처럼 당원이나 공무원의 자녀들은 대부분 출셋길이 보장되었고, 노동자나 농민 등 서민은 가난을 세습하면서 배고픔에서 벗어나지 못했다.

우성이 회령시 제1병원에서 준의사로 근무할 때 수술 도중 전기가 나간 적이 있었다. 우성은 집도의가 수술을 마치는 2시간 동안 손전등을 들고 수술 부위를 비춰주었다. 아무리 뛰어난 외과의라도 희미한 손전등 불빛 아래서 제대로 봉합한다는 건 불가능했다. 환자는 염증이 나서 재수술을 받아야 했다. 환자가 마취 상태에 있을 때 일어난 일이라 아무것도 모르는 환자는 재수술 비용까지 감당해야 했다. 이 일이 있은 후에 우성은 탈북을 결심했다. 외삼촌이 중국에서 일하고 있었지만 우성은 중국에 정착하기는 싫었다. 중국은 북한보다 경제적인 사정이 나았지만 사회주의 체제였다. 우성은 한국의 의료 수준이 세계 10위권이라는 말을 듣고 한국에 가서 의학 공부를 하고 싶었다. 당시 한국은 김대중 정부와 노무현 정부가 이어지면서 남북관계가 유연해져 있었다. 우성의 꿈은 남한의 선진 의학을 배워서 10년쯤 뒤에는 북한에 들어가 남북한의 의료계가 소통하고 협력할 수 있는 다리 역할을 하는 것이었다.

북한을 탈출해서 한국으로 가는 것은 위험하기도 하고 돈도 많이 들었다. 우성은 중국에 가서 먼저 탈북한 친구들과 통화하면서 정보를 수집하고 외당숙 공성철(가명)에게 도움을 요청했다. 연길에 사는 공성철은 어머니의 고모의 아들인데 경제적 여유가 있고 사업 수완이 좋았다. 그에게서 탈북 브로커들에게 줄 돈을 빌리고 중국에서 라오스 국경을 넘고 태국을 거쳐서 한국에 왔다. 북한을 탈출해서 남한에 오는 일은 운이 따라주지 않으면 목숨을 잃을 수 있을 만큼 위험한 일이었다. 유우성은 천신만고 끝에 한국에 무사히 도착했고, 국정원 합동신문센터에 탈북자라고 신고하고 3개월간 머물다가 하나원을 거쳐서 한국에 정착했다.

우성은 2004년 8월부터 하나원에서 지정해주는 대로 대전에서 살게 됐다. 우성은 전국에 있는 8개 대학에 원서를 접수하고 의과대학에 들어가려고 했으나 영어 시험 때문에 합격하지 못했다. 2005년에 영어 시험을 보지 않는 대구 가톨릭대학 약학과에 합격했는데 한 학기를 다니지 못하고 휴학했다. 약학과는 우성의 적성에 맞지 않았기 때문이다. 공성철에게 빌린 돈을 갚기 위해서 돈도 벌어야 했다. 북한에서 의학전문대학을 나오고 의사로 일했던 경력은 남한 사회에서는 쓸모가 없었다. 믿을 것은 건강한 몸 하나밖에 없었다. 2005년에서 2006년 사이에 우성은 페인트칠을 하거나, 건축 현장에서 단열제를 붙이는 등 막노동을 하면서 돈을 벌었다. 의과대학에 진학하기 위해 어학원에서 중국어를 가르치는 아르바이트를 하면서 영어학원에 다니기도 했다.

한국에서 정착하고 대학에 가기 위해 악전고투하는 시기에 북한에 있는 어머니의 병세가 악화되었다는 소식을 들었다. 어머니는 선천성 심장 기형으로 젊어서부터 몸이 약했다. 우성은 중국에 가서 어머니를 만나 외삼촌이 있는 병원에 가서 치료를 받게 했으나 어머니의 병세는 점점 심해졌다. 결국 어머니는 베이징에 있는 병원에서 심장 수술을 받게 됐다. 다행히 수술이 잘되어 병세가 많이 좋아졌다. 2006년 4월에 중국에서 어머니를 모시고 수술 받은 병원에 가서 검사를 받았을 때만 해도 어머니는 수술 전보다 건강해 보였다. 중국에서 어머니와 헤어져 한국에 돌아오고 나서 우성은 북한에 있는 어머니와 한 달에 두세 번씩 통화했다. 우성은 당시 한국 생활이 힘들어서 어머니의 조언이 필요했다. 어머니는 명석하고 사리가 분명해서 우성에게는 더할 나위 없는 의지처였다. 장남인 우성에 대한 어머니의 사랑도 각별했다.

2006년 5월 21일 저녁에도 우성은 어머니와 통화했다. 안부만 묻고 끊으려고 했는데 막상 어머니 목소리를 들으니 이야기가 길어졌다. 그러던 중 갑자기 통화가 끊어졌고 우성이 여러 번 다시 전화했지만 전화를 받지 않았다. 우성은 중국에 있는 친척들에게 전화해서 어머니한테 무슨 일이 있는지 알아봐달라고 부탁했다.

2013년 5월 13일에 열린 2회 공판에서 가려는 당시의 정황을 이렇게 설명했다.

김용민 변호사 2006년 5월 23일경 피고인이 회령 집을 방문한 이유는 무엇인가요?

유가려 당시(5월 21일) 어머니가 창고에서 오빠와 전화를 하고 있었고, 저는 저녁을 먹고 설거지를 하고 있었습니다. 그런데 갑자기 초인종 소리가 들려서 일단 어머니가 사용하던 전화기를 치우고 아버지가 문을 열어주었는데, 당시 보위부 요원 셋이 전파탐지기를 가지고 들어와서 손전화기를 내놓으라고 했습니다. 북한에서는 손전화 사용이 금지되어 있어서 손전화기를 사용하다 적발되면 처벌을 받는데, 당시 보위부 요원들이 전화하지 않았느냐, 전화기를 내놓아라, 내놓지 않으면 가족들을 모두 교화소에 보내겠다고 위협했습니다. 어머니가 이 말을 듣고 심장 쇼크를 일으켜서 돌아가셨습니다. 당시 제가 보위부 요원들에게 '당신들 때문에 우리 어머니가 돌아가셨으니까 살려내라'고 소리를 지르며 대들었습니다.

어머니가 돌아가신 다음 날 외당숙인 공성철이 우성에게 전화로 그 사실을 알려주었다. 어머니가 돌아가신 지 이틀 뒤인 5월 23일에 회령 집에 간 우성은 전화 한 통 때문에 어이없이 돌아가신 어머니의 관을 붙들고 눈물을 쏟았다. 북한에서도 3일장이 일반적이었지만 우성이 고집해 5일장으로 치렀다. 어머니가 돌아가신 지 사흘째인 5월 23일에 들어갔기 때문에 어머니를 묻기 전에 조금이라도 어머니 곁에 있고 싶었다.

2006년 5월 27일, 어머니를 묻고 나서 우성은 외삼촌 조보국 부부와 함께 연길로 갔다. 우성은 친척들과 함께 연길 강변에서 어머니를 위해 돈을 태우면서 한 번 더 눈물을 뿌렸다. 어머니 장례를 치르는 동안 우성은 밥도 먹지 못하고 잠도 자지 못했다. 우성은 연길에 도착해서 사흘을 내리 시체처럼 잠만 잤다. 공성철 외당숙 집에서 사흘을 지내고 우성은 조보국 삼촌과 함께 장춘에 있는 이모네 집으로 갔다. 우성은 장춘에서는 쭉 이모 집에서 지냈다. 그때 베이징에서 당시 우성의 여자친구였던 양주희(가명)가 장춘으로 왔고, 우성과 함께 베이징으로 갔다. 베이징에 갔을 때 우성은 갑자기 열이 나고 온몸이 아팠다. 병원에 갔더니 수두에 걸렸다는 진단이 나왔다. 공성철 외당숙 집에 있을 때 외당숙의 어린 딸이 수두를 앓고 있었다. 어른들은 수두에 걸리는 일이 드문데 어머니를 잃고 극도의 피로감과 스트레스로 면역력이 약해진 탓에 수두에 전염된 것이다. 우성은 베이징에서 양주희의 간호를 받으면서 수두 치료를 받다가 한국으로 왔다. 2006년 5월 27일에서 6월 10일 사이, 우성이 중국에 머물며 어머니를 잃은 슬픔에 몸을 가누지 못하고 수두에 걸려 고생하던 그 시기에 국정원에서는 '재차 밀입북해서 보위부에 인입됐다'고 주장하고 있는 것이다.

2013년 5월 13일에 열린 공판에서 가려는 증거보전재판 때와는 달리 오빠가 그 당시 회령에 온 적이 없다는 사실을 정확히 진술했다.

김용민 변호사 당시 양주희(가명)와 전화통화를 한 적이 있지요?

유가려 네. 오빠가 베이징에 가서 아팠을 때 양주희가 옆에서 도와주어서 고맙다고 인사를 했습니다.

김용민 변호사 국정원 조사를 받으면서 증인은 '피고인이 어머니 장례식을 마치고 난 후 이틀 뒤 다시 북한으로 들어와 증인의 가족이 모두 보위부에 체포되어 조사를 받았다'고 진술했는데 이는 사실이 아니지요?

유가려 아닙니다.

변호인의 질문에 분명하게 대답하면서 가려는 우성을 쳐다봤다. 우성은 가려에게 잘하고 있다는 뜻으로 고개를 끄덕거려주었다. 남매는 이제 법정에서 그렇게나마 서로에게 마음을 전할 수 있었다. 어머니를 잃은 일은 유우성 남매에게는 가장 가슴 아픈 개인사다. 국정원과 검찰은 아프고 소중한 남매의 개인사를 간첩 조작 사건의 소재로 써먹은 것이다. 이날 가려는 어지럼증과 호흡곤란 증세를 호소해서 오후 2시 30분경에 공판을 마쳤다.

가려는 간염 치료와 신경정신과 치료를 받느라고 날마다 병원을 들락거려야 했다. 재판을 받고 나서 탈진해서 응급실에 실려 간 것도 여러 번이다. 식사를 잘 하지 못해 사흘이 멀다 하고 영양제 주사를 맞아야 했다. 그런 상태에서도 오빠를 구해야겠다는 일념으로 법정에 나왔다. 가려를 괴롭히는 것은 자책과 분노였다. 가려는 국정원과 검찰에 속아서 오빠를 간첩으로 고발한 자기 자신을 용서하기 힘들었다. 감정을 조절하지 못해서 걸핏하면 눈물이 나고 분노가 극에 달하면 대성통곡하는 일이 반복됐다.

가려는 이화와 함께 오빠의 아파트로 거처를 옮기고 나서도 국정원에 대한 두려움을 떨쳐버리지 못했다. 밖에 나왔다가 집에 들어갈 때면 항상 주위를 살피고 현관 안에 먼저 들어가지 못하고 다른 사람 뒤를 따라 들어갔다. 집 안에 들어가면 구석구석을 기웃거리고 옷장 안까지 확인하는 버릇이 생겼다. 특수부대 출신의 국정원 요원이 밧줄을 타고 창문으로 들어와 자신을 납치하지 않을까 하는 공포 때문에 창문을 열지 못했다. 베란다 쪽 거실 유리문에 붙어 서서 수시로 아파트 화단이나 놀이터 쪽을 살펴보기도 했다. 누군가 한 자리에 오래 서 있으면 자기 집을 쳐다보는 거라고 생각했다. 가려는 그런 강박과 싸우며 재판에 나가고 있었다.

가려는 호흡곤란과 구토, 탈진 등의 증상이 자주 일어났다. 재판장은 휴정을 선언하고 가려는 법원 의무실에서 휴식을 취했다. 가려가 회복되면 재판을 속개하고 계속 상태가 좋지 않으면 다음 기일로 넘어가는 일이 반복되었다. 변호인들은 출국 날짜가 지정된 상태에서의 무리한 재판 강행과 고문 피해자인 유가려를 배려하지 않는 검사 신문에 대해서 항의하고 시정을 촉구했지만 받아들여지지 않았다. 가려를 괴롭히는 이런 재판 과정은 고문 피해자에게 2차 피해를 주는 것이다.

처음 공판이 열렸을 때 국정원 직원들 6~7명이 법정 밖 복도에 배치되었다. 변호인들이 강하게 항의했더니 다 사라졌다가 며칠 뒤에는 다시 한 명이 나타났다. 장경욱은 그에게 다가가서 '내 눈에 띄지 말라'고 경고했다. 국정원도 속이 타는 모양이었다. 가려의 증인 신문은 6월까지 계속될 예정이었다. 가려는 5월 20일에 서울출입국관리사무소에 가서 6월 13일까지 국내 체류를 연장했다. 신경정신과 치료와 트라우마 심리상담 치료를 위한 일정까지 제시해서 체류를 더 연장할 계획도 세워두었다.

3
누가 배우인가?

검찰이 간첩 사건을 쉽게 수사할 수 있도록 '큰 틀을 잡아준' 국정원 수사관들에 대한 검찰의 배려는 눈물겨웠다. 검찰은 '국정원 직원들의 법정 증언에 따른 보안 대책 관련 의견'을 재판부에 제출했다. 재판을 비공개로 해줄 것을 요청하고 익명 처리와 차폐막 설치, 다른 증인이나 기자 등과 마주치지 않게 별도의 국정원 직원 대기실을 제공해줄 것 등을 요청했다. 재판부는 검찰의 요구를 대부분 들어주었지만 변호인단의 강력한 항의에 부딪쳐 차폐막 설치는 하지 않았다.

2013년 6월 3일, 6회 공판이 열렸다. 오전에는 유가려의 증인 신문이 있었고 오후에는 국정원 수사관들의 증인 신문이 있었다.

이날도 유가려는 '검사가 거짓 진술인 줄 알면서도 국정원과 짜고 진술을 받아냈다'고 주장하며 이시원 검사와 입씨름을 벌였다.

이시원 검사 지난 기일의 검사 신문에서 증인이 증거보전절차 이후 본 검사에게 피고인이 간첩이 아니고 밀입북도 사실이 아니라고 했던 점에 관해 물어보았지요?

유가려 네.

이시원 검사 증인은 그렇게 이야기하다가 다시 피고인이 공작원인 것이 맞고 심지어는 2007년 여름에도 들어왔다고 다시 이야기했고, 그렇게 부인했던 시간은 1분도 안 되었던 것 같은데 기억이 나나요?

유가려 1분도 안 되었던 것이 아니고 내게 왜 이렇게 거짓 진술을 했느냐고 물어서 내가 울면서 나를 위해서가 아니라 우리 가족을 위해서 도와주겠다고 하니까 내가 마음고생하면서 진술에 협조했다고 이야기하지 않았습니까?

이시원 검사 그런 말은 들은 적이 없는데.

유가려 부인하지 마십시오. 사람이 어떻게 그럴 수가 있습니까?

이시원 검사 알았습니다.

결국 이시원은 가려가 검사에게 허위자백임을 이야기했다는 사실을 인정한 셈이다. 이시원이, 유가려가 유우성의 밀입북이나 간첩 행위를 부인했던 시간이 '1분도 안 되었던 것 같다'고 말하는 것으로 보아 그렇게 말한 것은 사실이라는 뜻이다.

유가려는 변호인의 신문에서 검찰에서의 조사 과정은 국정원의 초기 수사처럼 폭행이나 위협이 있었던 것은 아니지만 유가려의 진술을 받아들이지 않는 짜 맞추기식 수사였다고 말했다.

양승봉 변호사 이시원 검사가 2012년 설에 어떻게 보냈느냐고 물었을 때 증인은 피고인, 아버지와 함께 연길에서 설을 보낸 내용을 사실대로 진술했지요?

유가려 네.

양승봉 변호사 그런데 검사는 오히려 설 무렵에 피고인을 북한에서 봤다는 사람이 있다고 하면서 그 사람이 쓴 진술서를 보여주었지요?

유가려 네.

양승봉 변호사 검사는 그 진술서를 쓴 사람이 아버지와 환전까지 했고 피고인을 보았다면서 장소까지 약도로 그렸다고 그 약도를 증인에게 보여주었지요?

유가려 네.

양승봉 변호사 결국 증인이 저항해봤자 소용이 없었지요?

유가려 네. 검찰에서 조사받을 때 강지연 수사관과 이시원 검사가 증인들이 다 있다면서 조서를 보여주고, 누가 이렇게 진술했다, 증인이 다 있다, 그렇게 말하는 상황에서 조사를 받았습니다.

이날 변호인 신문에서 유가려는 대머리 수사관에 대해서 다음과 같이 증언했다.

양승봉 변호사 증인이 중국에 있을 때인 2012년 10월 27일 반탐부부장이 증인과 피고인을 불러 지시를 내린 내용도 진술서에 기재되어 있지요?

유가려 네.

양승봉 변호사 그때는 증인과 아버지가 중국 연길에서 살고 있었고, 피고인과 증인과 아버지가 2012년 10월 27일경에 고모 회갑잔치 때문에 함께 이동하고 있었지요?

유가려 네.

양승봉 변호사 이와 같이 진술서에 기재된 내용은 도저히 성립할 수가 없는데 왜 2012년 11월 21일경에 허위진술서가 작성되었나요?

유가려 당시 조사받을 때는 밤에 제대로 재우지도 않고 새벽까지 조사하고, 뭐 물어봐서 자기네가 원하는 대답이 안 나오면 때리고 위협 주고 공포 주고 욕하고, 원하는 답이 나올 때까지 조사하고, 안 나오면 마지막까지 어떤 수단과 방법을 써서라도 진술을 유도해서 나오게 만들었습니다.

양승봉 변호사 2012년 11월 말경에 증인은 대머리 수사관만 보면 덜덜 떨었지요?

유가려 네.

이날 오후에 오철수라는 가명으로 증인 신문에 출석한 대머리는 가려의 이와 같은 증언을 모두 부인했다.

이문성 검사 증인은 유가려의 멱살을 잡거나 유가려의 머리채를 잡아 벽에 찧거나 물병으로 유가려의 머리를 때리거나 주먹으로 때린 사실이 있나요?

오철수 그런 사실 없습니다.

이문성 검사 유가려는 법정에서 증인을 포함한 국정원 직원들에게 위와 같이 폭행을 당했다고 증언했는데 사실이 아닌가요?

오철수 그런 사실 없습니다. 그리고 폭행 얘기는 유가려에게 직접 들었는데 오빠가 밀입북한 다음 날 보위부에서 내려와서 가족 전체가 보위부에 끌려갑니다. 그래서 구류장에 수감되어 있었고 그날 오후에 유가려를 담당한 신지도원이 조사실로 불러서 '오빠 어디 있다 왔느냐?'라고 물었을 때 유가려가 '베이징에서 의학 공부를 하고 있다 왔다'라고 이야기합니다. 그러자 신지도원이 '왜 거짓말하느냐?'면서 머리채를 잡아서 벽에 찧고 발로 차고 주먹으로 얼굴과 가슴을 때리고 그래도 유가려는 인정하지 않고 계속 베이징에 있었다고 주장했는데 신지도원이 어디서 자료를 가지고 와서 제시를 해서 어쩔 수 없이 오빠가 한국에 있다는 사실을 이야기했다, 본인이 인정해서 아버지와 오빠도 어쩔 수 없이 인정했다고 진술한 사실이 있는데, 그때 보위부에서 당한 일을 지금 저희에게 이야기하고 있는 것입니다.

이문성 검사 지금 증인의 말은 국정원 직원들에게 폭행당했다는 유가려의 법정 진술이 오히려 합신센터에서 유가려가 보위부에 끌려가서 가혹행위를 당했다고 말한 내용과 일치한다는 취지이고 그런 이야기를 들은 적이 있다는 것인가요?

오철수 네. 폭행의 유형이 거의 동일합니다.

유가려와 유우성은 보위부에 끌려가서 조사받은 사실 자체가 없다고 부인했다. 유가려가 합신센터에서 위와 같은 이야기를 했다면 유가려는 뛰어난 이야기꾼에다 배우라는 얘기다. 오철수는 가혹행위뿐만 아니라 잠을 재우지 않고 조사한 일도 없고 회유나 협박도 일절 없었다고 주장했다. 오철수는 '회령 화교 유가리'라고 쓴 종이를 몸에 붙이고 탈북자들 앞에 세웠다는 사실은 인정했으나 그것도 유가려가 원해서 한 것이라고 주장했다.

이문성 검사 하얀 종이에 '화교 유가리'라고 써서 유가려의 등에 붙여 탈북자들이 합숙하는 건물 앞으로 끌고 가 세워놓고 탈북자들을 데리고 나와 구경시킨 사실이 있나요?

오철수 저희들이 자료 제시를 했는데 유가려가 계속 유광옥이라고 주장해서 여기 센터에는 너희 고향 출신 탈북자가 많다, 너를 알아보는 사람이 있을 것이다, 대질하면 바로 드러나니까 인정해라, 그랬더니 유가려가 고향 출신 탈북자를 만나면 내가 탈북자임이 증명될 것이다, 라고 해서 저희가 A4용지를 반으로 잘라서 거기다 '회령 화교 유가리'라고 써서 앞뒤로 붙이고 이렇게 해서 올라간다, 네 얼굴을 아는 사람도 있지만 얼굴을 모르더라도 이름을 보면 화교라는 것을 알아보는 사람도 있을 것이다, 사실은 유가려가 그만 인정하기를 바랐던 것인데 유가려가 계속 올라가자고 해서 올라갔고 올라가면서도 이제 말하라고 몇 번 권유했는데도 유가려 본인이 계속 주장해서 올라갔는데 많은 사람들 앞에서 구경을 시킨 건 아니고 바로 복도로 데려갔고 그곳에서 유가려를 알아보는 고향 출신 탈북자를 만나 대화를 하고 내려온 사실이 있습니다.

회령에서 유가려의 집안이 화교임을 모르는 사람이 없는데 가려는 과연 고향 출신 탈북자를 만나려고 했을까? 오철수는 유가려를 모욕하기 위해서가 아니라 화교 신분임을 확인하기 위해서라고 했는데 어떤 사람이 이런 상황에서 모욕을 느끼지 않을 수 있을까? 그리고 그는 A4용지를 반으로 잘라서 거기에 글자를 썼다고 했으나 실제로는 A4용지 두 장을 앞뒤로 붙였다. 사소해 보이는 것도 교묘하게 거짓말을 하고 있는 것이다. 오철수가 말한 고향 출신 탈북자는 조영숙(가명)이다. 오철수는 조영숙이 우연히 이곳을 지나가다가 가려를 발견하고 유가려가 화교임을 입증했다고 말했지만 조영숙의 증언은 다르다.

2013년 6월 17일에 증인으로 출석한 조영숙은 당시 합신센터에서 개별 조사를 끝내고 단체생활을 하고 있던 회령 출신 탈북자다.

장경욱 변호사 이 확인서를 2012년 11월 15일에 작성한 것이 맞나요?

조영숙 네.

장경욱 변호사 어디에서 어떤 경위로 작성하게 되었나요?

조영숙 국정원에 있을 때 작성했는데 그날 방송으로 저를 1층으로 내려오라고 찾아서 내려갔더니 현관에 처녀 아이가 머리를 숙이고 서 있었습니다. 처음에는 제가 눈이 잘 안 보여서 '유가리'라고 쓴 줄 몰랐습니다. 그 전날에 누가 '언니 앞집에 가강이라고 알지?' 해서 '안다' 하니까 '우리 담당 선생님이 물어보던데' 해서 '시끄럽게 놀지 말라. 너의 일 아니면 남의 일 비치지 마. 나까지 끌어들이지 마'라고 했었습니다. 그 여자가 내가 가리네를 안다고 선생님에게 얘기한 것 같았습니다.

오철수의 주장과는 달리 그들은 이미 회령 출신인 조영숙이 유가려의 화교 신분을 입증해줄 사람이라는 것을 알고 방송으로 조영숙을 찾아서 종이를 붙이고 서 있는 유가려를 확인하게 했던 것이다. 이름표 붙이고 세워두기가 유가려를 모욕하기 위해서가 아니고 단지 화교 신분을 확인하기 위해서였다면 조용히 조영숙을 불러서 대질시키면 끝날 일이다. 오철수는 변호인의 신문에서도 여전히 조영숙이 '우연히' 지나가다가 유가려를 발견했다고 진술했다.

장경욱 변호사 (조사종료자 생활동 1층에 유가려를 세워두었을 때) 사람들이 미리 다 나와 있었나요?

오철수 사람들이 없었습니다. 그곳은 조사종료자 생활실이기 때문에 자유롭게 통행할 수 있는 곳이라서 1층 복도 관리실에 가서 회령 출신 탈북자를 부르려고 하는 순간이었는데 조영숙이 왔다 갔다 하다가 본 것입니다.

2013년 6월 17일의 증인 신문에서 재판장은 이 부분을 조영숙에게 다시 확인하는데 조영숙은 분명하게 '방송으로 자기를 찾아서' 내려와서 유가려를 발견했다고 증언했다.

재판장 지나가다가 우연히 본 것이 아니라 방송으로 증인을 찾아서 내려왔더니 유가려가 있었다는 것이지요?

조영숙 네.

재판장 방송으로 증인을 찾기 전에 증인이 유가려를 안다는 얘기를 다른 심문관에게 한 적 있나요?

조영숙 없습니다. 유가리가 왔다고는 상상도 못했습니다.

재판장 심문관이 아니라 조사종료자 생활동에 있는 다른 탈북자가 전날에 증인에게 유가리를 아느냐고 물었다는 것이지요?

조영숙 네. 저에게 유가리를 아느냐고 물어본 여자의 담당 선생님이 유가리와 같은 담당관이었습니다.

조영숙은 자신에게 유가리를 아느냐고 물어본 여자의 담당관이 유가려와 같은 담당관이었다고 분명하게 증언했다. 오철수는 일관되게 조영숙이 왔다 갔다 하다가 유가려를 우연히 본 것이라고 주장한다.

장경욱 변호사 조영숙이 유가려가 화교라는 진술을 하고 나서 조영숙과 만나게 한 것인가요? 아니면 우연히 데리고 갔더니 조영숙이 복도를 지나가다가 유가려를 만나게 된 것인가요?

오철수 1층 관리실 옆 복도에 가서 사실은 회령 출신 탈북자들을 불러 달라고 요청하려고 했는데 그 순간에 우연히 나타난 것입니다.

장경욱 변호사 그 전에 조영숙이 유가려가 화교인 것을 알고 있다는 사실은 전혀 몰랐나요?

오철수 전혀 몰랐습니다.

변호인들은 유가려가 유우성의 밀입북 사실을 진술하면서 처음에는 15차례 다녀갔다고 진술했다가 점점 횟수가 줄어들었고, 밀입북한 사실이 없다고 진술을 번복했다가 다시 5차례, 4차례 등 여러 차례 진술을 번복한 사실을 들어 진술의 신빙성이 없는 게 아니냐고 따졌다.

김용민 변호사 유가려가 2012년 12월 6일경에 작성한 반성문을 읽어보았나요?

오철수 네.

김용민 변호사 그때 작성한 반성문에서는 유우성이 어머니 장례식 이후에 북한에 다녀간 사실이 없다고 기재돼 있지요?

오철수 네.

김용민 변호사 유가려가 피고인이 열다섯 번 밀입북했다고 이야기했을 때 폭행이나 욕설은 없었다고 했는데 혹시 강압적인 언사는 없었나요?

오철수 그런 것은 없었습니다. 저도 이 부분은 의아했습니다.

김용민은 2012년 11월 20일과 21일에 유가려가 작성한 확인서를 제시했다.

김용민 변호사 위 확인서들은 피고인이 열다섯 번 북한을 방문한 것으로 작성되어 있지요?

오철수 네.

김용민 변호사 11월 27일에는 '총 6회에 걸쳐서 회령을 방문한 사실이 있습니다'라고 기재되어 있고 앞의 사실이 번복되었지요?

오철수 네.

김용민 변호사 2012년 12월 6일자 반성문에는 '오빠 유가강이 2006년 5월 어머니 사망했을 때 함경북도 회령시에 통행증으로 친척들과 들어온 외에는 회령에 단 한 번도 들어온 적이 없습니다. 제가 다 거짓 진술한 것입니다'라고 기재되어 있지요?

오철수 네. 맞습니다.

김용민 변호사 12월 9일자에는 '이렇게 3번은 기억이 나고, 2012년 음력 설경에 오빠가 회령에 갔었던 것인지 잘 기억나지 않는다'라고 기재되어 있지요?

오철수 네.

김용민 변호사 위 제시된 서류들에 따르면 피고인이 밀입북한 것이 열다섯 번, 여섯 번, 방북 없다, 네 번 등 계속 진술이 번복되었지요?

오철수 네.

김용민 변호사 증인의 말대로라면 점점 횟수가 줄어들었고, 유가려가 북한에서 의대까지 다니고 한국말이 좀 서툴기는 하지만 바보가 아닌 이상 처음에 자발적으로 여러 차례 왔다고 했다가 증인이 추궁하니까 줄어드는 것이 이상하지 않나요?

오철수 2012년 11월 27일에 추궁을 하면서 유가려가 다시 진술할 때 열다섯 번이라고 갑자기 진술해서 '조사에 혼선을 주려고 그러나?' 하는 생각을 했습니다.

김용민 변호사 단순히 조사에 혼선을 주려나 보다 하는 생각만 하고 말았나요? 그에 대해 집중적으로 추궁하지 않았나요? 줄어들면 오히려 '왜 줄어드느냐 더 늘어나야 되는 것 아니냐'고 추궁하는 것이 정상적으로 보이는데 어떤가요?

오철수 열다섯 번이 최대한이니까 더 이상 늘어날 수 없으니 늘어나는 것은 아니고, 사실과 맞는 이야기를 해야지 왜 이런 식으로 사실과 다른 이야기를 했느냐는 말은 했습니다.

열다섯 번이 최대한이고 더 이상 늘어날 수 없다는 것은 무슨 이야기일까? 그것은 누가 정해놓은 것일까? 오철수의 답변은 그런 의문만 자아낸다. 오철수는 유가려가 조사에 혼선을 주려고 밀입북 횟수를 사실보다 더 많이 진술했다고 이야기하고 있다. 그의 말대로라면 유가려는 국정원 수사관들을 혼란스럽게 할 정도로 유능한 공작원이라고 할 수 있다. 과연 그럴까? 오철수에 대한 변호인 신문이 끝날 즈음, 김용민 변호사가 유가려에게 질문했다.

김용민 변호사 오철수 증인이 말한 것들이 증인이 알고 있는 것과 많이 다르지요?

유가려 네.

김용민 변호사 사실이 아닌 것이 많지요?

유가려 네.

유가려는 재판장에게 허락을 구하고 오철수에게 직접 물었다.

유가려 증인, 양심에 손을 얹고 증인이 진술한 것이 사실이 맞나요?
오철수 네. 진실하게 대답했습니다.

오철수는 유가려 앞에서 거리낌 없이 진실하게 대답했다고 말했다. 오철수에 이어서 정영숙이라는 가명으로 아줌마 수사관이 신문을 받았다.

이문성 검사 증인은 유가려의 멱살을 잡거나 유가려의 머리채를 잡아 벽에 찧거나 물병으로 유가려의 머리를 때리거나 주먹으로 때린 사실이 있나요?
정영숙 그런 사실 없습니다.
이문성 검사 그 당시 증인을 포함한 직원들이 유가려를 수없이 폭행해 유가려의 머리와 옷이 헝클어졌고 심지어 증인의 주먹이 벌겋게 되었고 직원들이 때리다 지쳐서 힘들어 하기도 했다는데 사실인가요?
정영숙 그런 사실 없습니다. 저희들이 그 정도 때렸다고 진술했다는 것이 믿기지 않고, 그 정도 맞았다면 병원에 가야 하지 않겠습니까?

정영숙은 오철수와 마찬가지로 폭행 사실을 전면 부인했다. 정영숙이 부인으로 일관하자 재판장이 유가려에게 직접 물어보고 싶은 게 있으면 물어보라고 했다. 유가려는 들고 있던 종이를 말아 쥐고 정영숙의 머리를 때리는 시늉을 하면서 물었다.

유가려 제가 화교 아니고 탈북자라고 하자 증인이 서류를 가지고 들어오면서 '가리야' 하고 부르고 이렇게 머리를 때린 적이 없나요?

정영숙은 가려가 자신에게 다가와 머리를 내려치는 동작을 하자 깜짝 놀라서 몸을 피했다. 정영숙의 의자가 1미터가량 뒤로 밀렸다.

정영숙 반응을 보려고 '유가리'라고 큰 소리로 부른 적은 있으나 서류뭉치를 들고 머리를 때린 적은 없습니다.
유가려 없기는 왜 없습니까? 어떻게 자기가 한 행동을 기억을 못합니까?

유가려는 정영숙 앞으로 다가서면서 큰 소리로 항의했다. 재판장이 유가려를 말렸다.

재판장 증인 유가려 씨, 조금 전처럼 증인 정영숙 씨의 머리를 때리는 시늉을 한다든가 소리를 친다든가 하면 안 됩니다. 감정을 자제하고 침착하게 물어보세요.
유가려 제가 화교 맞는데 자꾸 부인하니까 내가 너 때문에 정복 벗어야 되니, 말도 안 된다고 했고, 그래도 화교 아니고 탈북자라고 하니까 아니야, 아직도 아니야, 하면서 달려들어서 내 머리를 잡아서 벽에다 쪼았지요?
정영숙 그런 사실 없습니다. 내가 언제 머리를 그렇게 했어요?

유가려 안 그랬어요? 안 그랬어요? 사실이잖아요.

유가려가 화를 내면서 큰 소리로 외치자 재판장이 유가려에게 방청석으로 돌아가라고 했다. 정영숙은 가려에게 '화교 유가리'라는 이름표를 써 붙여서 탈북자들에게 구경시켰던 일에 대해서 오철수와 똑같은 내용으로 증언했다. 유가려가 원해서 한 일이며 자신들은 그만 하고 인정하라고 여러 번 이야기했고, 조영숙이 우연히 지나가다가 가려를 발견하고 화교라고 증언했다는 내용이었다. 정영숙은 유가려와 어머니와 딸처럼 잘 지냈다고 하면서 다음과 같은 진술을 했다.

정영숙 유가려가 저를 엄마와 닮았다고 하고 나서 저를 엄마처럼 따랐고 제가 딸이 없어서 모녀지간처럼 잘 지냈습니다. 조사할 때는 물론 엄정하게 조사했지만 그 외의 시간은 유가려가 저를 어머니처럼 따랐고 저도 유가려를 딸처럼 생각하고 편하게 지냈습니다.

이문성 검사 큰삼촌 수사팀에게 조사를 위해 유가려를 인계할 당시 증인이 유가려에게 어떤 말을 해주었고 유가려는 증인에게 어떤 말을 하던가요?

정영숙 유가려를 참고인 조사팀에 넘길 때 마음이 많이 아팠습니다. 왜냐하면 유가려가 새로운 사람들과 잘 지낼 수 있을까 하는 걱정이 되어서 2012년 12월 16일 아침에 유가려의 방으로 찾아가서 이제부터는 새로운 선생님들과 사업을 할 텐데 네가 정말 잘했으면 좋겠다, 그동안 내가 너를 어떻게 생각했는지 누구보다도 네가 잘 알 것이다, 이 세상에서 아무도 몰라도 최소한 한 사람만 진실을 알아야 된다면 그건 바로 나다, 라고 얘기했을 때 유가려가 저에게 '선생님, 오빠가 보위부의 일을 한 것은 사실입니다. 모든 것을 사실대로 말하지 못해서 죄송합니다'라고 말하면서 큰절을 한 사실이 있습니다.

자못 감동적이라고 할 만한 이야기다. 그런데 유가려는 아줌마에 대해서 전혀 다른 이야기를 하고 있다. 같은 날 대머리와 아줌마가 증인으로 나서기 전 유가려의 증언을 들어보자. 유가려는 거짓말탐지기 조사에서 유우성의 밀입북이나 간첩 행위에 대한 진술이 거짓인 걸로 나오고 난 2012년 12월 6일에 반성문을 썼다고 했다. 그 반성문은 증거물로 제출되었다.

양승봉 변호사 이 반성문에는 증인이 그동안 허위 사실을 진술한 것에 대해 반성하는 내용이 기재되어 있지요?

유가려 이전에 내가 진술한 것이 다 허위진술이지만 마치 이제부터 다시 사실을 진술하는 것처럼 뒤에 나온 진술의 신빙성을 높이기 위해서 썼습니다. '위에 진술한 사실을 모두 인정하며 담화사업에 혼란을 초래한 것을 깊이 반성합니다'라고 '앞으로 또다시 거짓말을 하는 경우 한국 법에 따라 어떤 처벌도 달게 받을 것을 서약합니다'라고 썼습니다.

양승봉 변호사 증인은 이것을 쓰고 실제로 처벌받을 것이라고 생각했나요?

유가려 네.

양승봉 변호사 이 반성문을 본 대머리 수사관과 아줌마 수사관이 '사실 맞느냐, 거짓말이 밝혀지면 가만두지 않겠다. 네가 얼마나 큰 실수를 했는지 아느냐, 진술을 번복하는 것이 간첩죄보다 더 크다'라고 화를 내면서 막대기로 때려서 많이 맞았지요?

유가려 네. 많이 맞았습니다. 간첩죄보다 진술번복죄가 더 크다, 너 어떻게 감당할래, 하면서 아줌마가 머리 잡아다 벽에다 찧고 대머리 수사관이 와서 물병으로 머리를 때리고 했습니다.

양승봉 변호사 증인은 진술번복죄가 더 크다는 말을 듣고 굉장히 놀라고 겁이 나서 도와달라고 부탁했지요?

유가려 네.

양승봉 변호사 증인이 아줌마 수사관과 단둘이 대화를 나누게 되었을 때, 아줌마 수사관이 지금까지 진술한 것이 사실이냐고 물어본 사실이 있지요?

유가려 네. 내가 오빠 간첩 행위 한 것도 없고, 밀입북 사실도 없고, USB 전달한 것도 없다고 사실대로 말했습니다.

양승봉 변호사 그렇게 증인이 사실대로 말했는데도 진술번복죄가 더 크다는 말을 듣고 아줌마 수사관에게 도와달라고 부탁한 사실이 있지요?

유가려 네. 부탁했습니다. 울면서 '도와주십시오'라고 이야기했습니다.

양승봉 변호사 진술번복죄가 더 크다고 하니까 울면서 도와달라고 한 말은 증인이 그동안 해온 허위진술을 계속 유지할 수 있도록 도와달라는 취지로 부탁했던 것이지요?

유가려 네.

양승봉 변호사 2012년 12월 9일에 다시 허위진술을 하면서 작성한 진술서가 있지요?

유가려 네. 진술번복죄가 더 큰데 어떻게 감당할래, 라고 해서 제가 황당하고 무서워서 도와달라고 하니까 도와주겠다고 하면서 허위진술을 다시 받아냈습니다.

정영숙은 유가려가 자신에게 '큰절을 했다'고 했는데 이 부분을 유가려는 이렇게 진술하고 있다.

김용민 변호사 유가려 증인이 정영숙 증인에게 큰절을 했다는 것인가요, 무릎을 꿇었다는 것인가요?

유가려 무릎도 꿇고 절도 했습니다.

김용민 변호사 고맙다고 절을 한 것인가요, 진술번복 안 하겠다고 한 것인가요?

유가려 진술번복죄가 더 크다고 하니까 내가 허위진술을 유지할 테니까 도와달라는 뜻으로 한 것입니다.

2013년 5월 27일 5회 공판에서 검사는 상식에 호소하면서 아줌마 수사관이 가려에게 가혹행위를 했다는 것에 의문을 표시했지만 유가려는 상식에 반하는 국정원 수사관들의 행동이 자신도 이해가 안 간다고 말했다.

이시원 검사 증인은 아줌마 수사관과 부둥켜안고 울기도 했다고 했는데 함께 울어줄 정도의 사람이 증인이 이야기하는데 무차별적으로 때린다는 것이 납득이 가지 않는데 어떤가요?

유가려 저도 납득이 안 갑니다. 연기를 어떻게 그렇게 잘하는지 울렸다, 때렸다 했습니다.

유가려는 재판이 끝날 무렵 재판장의 허락을 받아 다시 한 번 아줌마 수사관에게 직접 질문을 던졌다.

유가려 증인은 진정 나를 딸처럼 생각한다고 했는데, 없는 일 만들어주고 허위진술 만들어주고 그 누구보다도 내 진술이 허위진술이라는 것을 알면서 왜 마지막까지 허위진술을 받으려고 했나요? 그게 진정 어머니의 마음으로 나를 딸처럼 생각한 것인가요?

정영숙 허위진술 받은 사실 없습니다. 유가려 본인이 진술한 것이고 그 것이 허위인지는 본인이 알 것입니다.

누가 거짓말을 하고 있고 누가 뛰어난 연기자일까? 어떤 것이 상식이고 어떤 것이 비상식일까?

2013년 6월 5일로 이어진 국정원 수사관들의 증인 신문 과정에서도 수사관들은 하나같이 유가려가 회유와 협박에 의해서 허위진술을 했다는 것을 부인했다. 큰삼촌 수사팀원 중 한 사람인 유정섭(가명)의 증언 내용이다.

이문성 검사 증인이나 다른 수사관들이 유가려에게 오빠의 간첩 활동 사실을 인정하면 오빠가 1~2년형을 살고 한국에서 오빠와 함께 살 수 있게 해주겠다는 취지로 말해 유가려를 회유한 사실이 있나요?

유정섭 없습니다.

이문성 검사 증인이 유가려에게 오빠가 다 자백했으니 오빠의 간첩 활동을 인정하라는 취지로 진술을 강요한 적이 있나요?

유정섭 없습니다. 그 반대인데 가려 쪽에서 오빠 상태가 어떠냐, 이야기를 하더냐, 라고 물어봤는데 오빠는 네가 다 거짓말하고 있다고 하더라, 라고 했더니 '나처럼 이렇게 떳떳하게 다 털어놓고 살아야지, 오빠가 이해가 안 된다'라는 이야기를 한 적이 있습니다.

유정섭은 유가려가 중앙합동신문센터에서 아주 즐겁게 지낸 것처럼 진술하고 있다.

이문성 검사 유가려를 조사할 때의 분위기는 어땠나요?

유정섭 조사할 때 대화도 주고받고 웃으면서 화기애애했습니다. 차도 마시고 휴식시간에는 농담도 하고 유가려가 노래를 잘하는데 노래도 불러주고 저도 따라 배우고 했습니다.

증거보전재판 당시 12시간 내내 울음을 그치지 않았던 유가려의 모습을 생각해보면 이해할 수 없는 이야기다. 자기 오빠가 간첩이라고 진술하는 조사를 받으면서 수사관들과 화기애애하게 지냈다는 것이 과연 사실일까?

유정섭은 유가려가 유우성이 보낸 명단을 다운 받을 때 사용한 USB를 구입했다고 진술한 '2원슈퍼'에서 USB를 실제로 팔고 있는 것을 국정원 직원이 출장 가서 확인했다고 증언했다. 하지만 이 부분은 〈뉴스타파〉 취재팀이나 〈KBS 추적60분〉 취재진, 그리고 유우성의 변호인들이 중국 현지에 가서 확인한 결과 사실이 아닌 것으로 확인됐다. 유가려의 연길 집 근처의 '2원슈퍼'뿐만 아니라 다른 몇 군데의 '2원슈퍼'에서도 USB를 팔지 않았고 팔았던 적도 없다고 말했다.

김용민 변호사 유가려의 집 근처 '2원슈퍼'에서 USB를 팔던가요?

유정섭 네, 팝니다. 검정색이 있습니다.

김용민 변호사 출장 간 사람들이 확인해봤나요?

유정섭 네.

유정섭은 2012년 12월 16일에 큰삼촌과 함께 유가려를 조사하는 팀으로 합신센터에 왔다가 2013년 1월 13일에 유우성이 구속되고 나서 유우성 수사팀으로 갔다. 유우성 수사팀에 있으면서도 일주일에 2, 3회 합신센터에 와서 유가려를 만나고 증거보전재판 당시 유가려를 안산지원으로 데리고 간 네 사람 중 한 사람이다.

유가려는 방청석에서 유정섭의 증인 신문을 듣다가 너무 화가 나고 진정이 되지 않아 법정 밖 복도 벤치에 누워 있었다. 그녀는 울면서 변호사에게 사람이 어떻게 그럴 수 있느냐고 몇 번이나 말했다.

유가려가 큰삼촌이라고 불렀던 수사관이 신민수라는 가명으로 증언석에 나왔다. 유우성이 보위부에 인입된 시점이 2007년 8월에서 2006년 5월로 바뀌게 된 경위를 묻는 검사의 질문에 신민수는 그럴듯한 답변을 내놓았다.

이문성 검사 유가려는 법정에서 피고인의 보위부 인입 시기와 관련해 2007년에 인입되었다고 정리했다가 증인이 유가려에게 오빠 만나고 왔다, 오빠가 2006년에 인입했다고 인정했다고 말해주면서 진술을 유도했다고 증언했는데 사실인가요?

신민수 아닙니다. 간략하게 말하면, 그 자리에서 진술 받을 때 후배 수사관이 있었고 저는 없었는데, 후배 수사관이 제게 진술이 바뀌었다고 하기에 어떻게 된 거냐고 물었습니다. 유우성을 수사할 때는 저희들도 2007년 8월인 줄 알았습니다. 왜냐하면 설마 보위부에서 어머니가 돌아가신 지 얼마 안 되었는데 유우성을 그렇게 구타하겠느냐 싶어서, 1주기에 보위부에 인입된 줄 알았고, 저도 그렇게 알고 있었고 믿었습니다. 그런데 유우성의 2007년 8월경 행적에서 유가려가 증언한 일주일간의 행적이 도저히 안 나와서 후배 수사관이 유가려에게 도대체 어떻게 된 것이냐고 물었는데 유가려가 그제야 마지막 이것 하나를 지키려고 했는데 지키지 못했다고 하면서 사실대로 이야기하고 서럽게 펑펑 울었습니다. 그래서 본인이 알게 되었고, 그 자리에는 본인이 없었습니다.

유우성이 보위부에 인입된 시기가 2007년인지 2006년인지를 국정원에서는 왜 그렇게 중요하게 취급했을까? 유우성의 공소장에는 네 차례의 밀입북과 세 차례의 탈북자 신상자료 전달이라는 혐의 사실이 나온다. 그중에서 유가려의 첫 번째 증언이나 탈북자들의 증언 말고 유우성의 입북이나 자료 전달을 입증할 물적 증거는 그때까지 나오지 않았다. 국정원에서는 이때 이미 2006년 5월 23일에 유우성이 싼허(三合)교두와 회령교두를 통해서 북한에 들어갔다가 5월 27일에 나온 출입경기록을 가지고 있었다. 유우성이 어머니 장례식 때 북한에 갔다 온 기록이다. 그런데 이 기록은 뭔가 이상했다. 중국에서 북한으로 나가고(출), 북한에서 중국으로 들어온(입) 기록만 있는 게 아니라 5월 27일에 한 번 더 북한에서 중국으로 들어오고(입), 또 6월 10일에 북한에서 중국으로 들어온(입) 것으로 기록되어 있었다. 국정원이나 검찰은 1심 공판 때 이 출입경기록을 증거로 제출하지 않았다.

신민수는 자기가 제목을 달아주면서 유가려의 진술을 받아냈다는 사실은 인정했다. 스토리텔러로서의 역할을 했다는 뜻이 아닌가.

이문성 검사 증인이 제목을 달아주고 문답하면서 유가려가 하는 말을 상세히 적으면서 정리를 했다는데 사실인가요?

신민수 그것은 맞습니다. 왜냐하면 유가려가 진술서를 쓸 때 무슨 말을 써야 하는지 이해를 못했습니다. 특히 문화적인 환경의 차이로 우리가 하는 말을 잘 못 알아듣는 경우가 많았습니다. 그런데 유가려는 글로 쓰면 이해가 빨랐습니다. 그래서 제가 진행상 할 수 없이 제목을 써주면서 이런 부분을 한 번 이야기해보라고 했습니다.

검사는 신민수가 하고 싶어 할 만한 이야기를 물어주는 친절도 베풀었다.

이문성 검사 국정원에서 유가려가 한 진술은 본인이 직접 경험하지 않으면 알 수 없는 내용들이 많은데 증인이 유가려를 통해서 비로소 알게 된 내용 중 기억나는 것이 있나요?

신민수 몇 가지만 말씀드리겠습니다. 보위부 반탐부부장의 차량이 검정색 소련제 사파리라고 했습니다. 그리고 보위부 청사 말고 마약 사범을 조사하는 비밀 아지트에 유가려가 3일 동안 끌려가 있었다고 해서 내부 구조를 그려보라고 했더니 그렸습니다. 그것을 근거로 1천여 명의 회령시 탈북자들 중에서 마약이나 보위부 조사를 받은 사람들에게 아지트 내부 구조를 그려보라고 했더니 유가려가 그린 것과 동일해서 진술의 신뢰성이 있다고 생각했습니다. 우리는 보위부 반탐부부장의 얼굴을 모릅니다. 유가려가 반탐부부장의 몽타주를 그렸는데 회령시 탈북자 중에 반탐부부장의 얼굴을 아는 사람이 그린 것과 제가 봐도 흡사했습니다.

보위부 반탐부부장의 얼굴이나 차량의 종류를 안다고 해서 보위부 공작원이라고 할 수는 없다. 신민수 자신이 말하고 있는 것처럼 회령시에서 살던 사람 중 마약이나 프로돈 사업, 전화 사업 등으로 보위부 조사를 받아본 사람들은 비밀 아지트의 내부 구조에 대해서 알고 있다. 유가려도 한국 영화를 보다가 걸려서 조사받으러 갔을 때 본 것이라고 이야기하고 있다. 유가려가 보위부와 관련해서 이런 경험이나 정보를 가지고 있는 것과 간첩 행위와는 아무 관련이 없다.

변호인들은 반대신문에서 유가려도 간첩이라는 사실이 밝혀졌는데 왜 유가려를 공동피의자로 수사하지 않았는지 따졌다.

김용민 변호사 검사가 최종적으로 쓴 공소장에는 피고인이 유가려를 만나서 비행기 표를 준 것 자체가 국가보안법상 편의 제공 및 회합이라고 해서 기소했는데, 즉 유가려도 간첩이라는 것을 전제로 기소되었고 증인이 조사한 것을 바탕으로 그렇게 된 것이죠. 증인이 최종적으로 수사 결과를 보고할 때 유가려에게도 간첩 혐의가 있으니 공동피의자로 조사해야 한다고 보고했나요?

신민수 아닙니다.

김용민 변호사 그럼 어떻게 보고했나요?

신민수 질문의 취지를 이해하지 못하겠습니다.

김용민 변호사 조사를 해보니 유가려도 간첩 행위를 같이 한 것으로 보이므로 피의자로 조사를 해야 된다고 보고했나요?

신민수 제가 그렇게 쓴 것은 없습니다.

김용민 변호사 단지 참고인이라서 조사 결과만 보고했나요?

신민수 조사 결과도 유우성 수사팀에서 종합해서 보고하는 것이지 우리 수사팀이라고 해서 제가 보고서를 쓰지는 않습니다.

김용민 변호사 그렇다면 수사 결과를 어떻게 유우성 수사팀에 전달하나요?

신민수 구두로 합니다.

김용민 변호사 문서를 하나도 안 남기나요?

신민수 문서를 남길 것이 없습니다. 참고인 조사팀이니 유우성 수사를 지원만 해주면 되는 겁니다.

김진형 변호사 피고인과 유가려의 국가보안법 위반 여부를 수사했다고 했는데 그것은 맞지요?

신민수 네. 초창기에는 그런 혐의를 갖고 했습니다.

초창기에는 그런 혐의를 갖고 했다? 그럼 나중에는 그런 혐의 말고 다른 혐의라도 있었다는 말인가? 신민수는 국가보안법 위반, 즉 간첩 행위의 공범이라고 스스로 규정한 유가려를 끝까지 참고인이라고 말하고 있다. 신민수는 유가려가 간첩이라면 당연히 유우성처럼 구속해서 수사하고 기소하는 것이 맞지 않느냐는 질문 자체를 이해하지 못하는 것처럼 보였다. 그들이 받아낸 진술서에는 유가려가 유우성과 마찬가지로 간첩 행위를 했고, 보위부 공작원으로 교육을 받고 충성맹세까지 한 것으로 되어 있다. 그런데 유가려를 구속 수사하지 않은 것은 명백한 직무유기가 아닌가? 신민수는 특별사법경찰관이라는 신분을 갖고 있는 국정원 수사관이다. 그런데 법률에 대한 이해가 무지몽매라고 표현해도 좋을 정도로 빈약하다. 법 위에 군림하는 초법적 권력을 휘두르는 데 너무 익숙하기 때문인지도 모른다.

신민수는 2006년 6월 10일에 유우성이 북한에서 중국으로 나온 기록을 유가려에게 보여주었느냐는 질문에 그런 적 없다고 부인했다. 유우성과 유가려 모두 국정원에서 그 기록을 보여주면서 진술을 강요했다고 말했다.

양승봉 변호사 유가려나 피고인은 일관되게 수사관들이 2006년 6월 10일 피고인이 북한에서 중국으로 나온 기록을 보여주면서 이렇게 기록이 있으니 인정하라고 말했다는데 그런 사실이 있나요?
신민수 저는 그런 식으로 수사를 하지 않습니다.
양승봉 변호사 후배들도 그렇게 안 했다고 확신할 수 있나요?
신민수 네. 그렇게 안 합니다.

재판장은 유가려와 신민수 쌍방의 이야기를 같이 들어보려고 했다.

재판장 신민수 증인이 편하게 사실대로 이야기를 하라는 말을 했나요?
유가려 그런 얘기를 했습니다. 그런 얘기를 하면서 사실대로 진술하라고 해서 내가 사실대로 USB 전달하지 않았다고 진술하게 되면 내 말을 자꾸 거부하고 받아들이지 않고 몇 월 며칠에 하지 않았느냐고 자꾸 진술을 유도했습니다. 그래서 사실대로 말해라, 사실대로 말해라 하는 말이 나에게는 거짓말을 진술해라, 거짓말을 진술해라, 라는 의미로 인식되었습니다.

재판장 증인은 방금 유가려의 말을 듣고 하고 싶은 말이 있나요?

신민수 유가려가 그렇게 진술하는 입장을 충분히 이해합니다.

신민수는 끝까지 착한 큰삼촌으로 행세하고 있다. 증거보전재판 당시에 있었던 일도 모두 부인했다.

김진형 변호사 증거보전재판이 끝난 뒤 증인은 유가려를 만나서 오빠가 참 답답하다, 동생이 다 이해하는데 오빠가 왜 이해하지 못하는지 모르겠다, 오빠가 그냥 대답만 하면 1~2년 살고 나온 뒤 동생하고 같이 살면 좋은데 왜 그렇게 하지 못하는지, 라고 말한 사실이 있나요?

신민수 없습니다. 형량에 대해서는 결단코 말한 적이 없습니다.

장경욱 변호사는 유가려에 대한 신민수의 평가가 앞뒤가 맞지 않는다는 사실을 파고들었다. 장경욱은 큰삼촌으로 불리는 신민수가 부풀린 이미지에 비해서 실체가 초라한 허깨비라고 보았다. 장경욱이 경험한 바로는 국정원 수사관들은 분단체제가 낳은 비합리적인 공포를 후광처럼 두르고 있을 뿐 사법경찰관이 갖춰야 할 법률 지식도 부족하고 논리도 허약한 경우가 많았다.

장경욱 변호사 처음에 유가려가 문화적인 용어 차이 때문에 힘들었다고 했지요?

신민수 네.

장경욱 변호사 회령과 연길도 구분하지 못했나요?

신민수 밀입국 개념에 관해서 회령으로 오는 것과 연길로 오는 것을 헷

갈려 했습니다. 회령에서 아버지와 통화한 것도 밀입북이라고 알고
있었습니다. 그래서 제가 그것은 아니라고 했습니다.

장경욱 변호사 유가려를 보니까 전화한 것도 회령에 들어왔다고 이야기할
정도의 수준이었고 문화적인 차이인지 잘 못 알아들었다고 했는데
그런 것을 보면서 유가려가 원래 치밀하고 꼼꼼한데 보위부 요원의
밀봉교육을 받아서 위장을 하고 있다고 보았나요?

신민수 연락꾼은 밀봉교육을 받고 보위부는 그렇지 않습니다.

장경욱 변호사 보위부는 저런 수준도 보내니까 더 꼼꼼하게 검토해봐야
한다고 생각한 것인가요?

신민수 아닙니다. 꼭 그렇지 않습니다.

신민수가 가려를 '리리'라고 부르게 된 경위도 두 사람의 진술이 엇
갈린다. 회령 출신 탈북자 조영숙에 대한 대머리와 아줌마의 증언에서
알 수 있듯이 국정원은 불법사찰과 강압수사를 감추기 위해서 나름대
로 최선을 다하고 있었다.

판사 이보형 '리리'가 애칭이 맞나요?

유가려 제 작은 이름이 리리가 맞습니다. 하지만 제가 알려준 것이 아니
라 제가 한참 조사받다가 큰삼촌이 갑자기 '리리야' 하고 불렀습니
다. 삼촌이 내 중국 이름을 어떻게 압니까, 라고 묻자 이화를 만났는
데 네 이름을 리리라고 하더라고 했습니다.

장경욱 변호사 증인이 이화를 만난 사실이 있나요?

신민수 제가 이화를 만난 사실이 없습니다.

법정에 증인으로 출두한 사람은 누구든지 다 증인선서를 한다. '양심에 따라 숨김과 보탬이 없이 사실 그대로 말하고 만일 거짓말이 있으면 위증의 벌을 받기로 맹세합니다'라고 선서하고 자신의 이름을 쓰고 서명하는 것이다. 이날 법정에 증인으로 나온 국정원 수사관들도 모두 증인선서를 했다. 그러나 유가려가 중앙합동신문센터에서 경험한 6개월의 생활과 국정원 수사관들이 이야기하는 내용은 큰 차이가 있다. 유가려와 국정원 수사관들, 이 양자 중에서 누가 뛰어난 배우일까?

4
유령과의 싸움

장경욱은 재판 과정에서 이메일을 많이 썼다. 변호인단과 대책위원회에 보고도 하고 정보와 의견을 교환하기 위해서다. 장경욱의 이메일은 공식문서 못지않은 중요한 기록이다.

장경욱의 편지 2013년 5월 27일

제가 어제 기자들에게 연락해 법정이 처음부터 차단되지 않도록 시정했노라고 알렸습니다. 그래서 오늘 기자들과 방청객들이 많이 왔습니다. 지난 변호인단 모임에서 비공개재판을 두고 토론했습니다. 국가의 안전보장을 해할 우려가 있다는 검찰의 공포 공세에 압도당한 법원이 자신의 초라한 모습이 국민 앞에 공개되는 것을 두려워하고 있다는 이야기가 나왔습니다. 제가 오늘 비공개재판은 비겁성의 발로라는 의견서를 제출하고 기자들이 방청하는 가운데 자세히 의견을 제시했습니다. 6월 3일 오후에 진행되는 고문 수사관과 가려의 대질신문 때 검찰은 국정원 수사관과 변호인 및 피고인 사이에 차폐막을 설치해야 한다고 주장했으나 이 부분은 겨우 철회되었습니다. 재판장도 부정적인 의견을 보였으나 단호하게 배척하지 못했습니다. 차폐막을 설치하고 진행한 왕재산 사건 때에 비하면 일보 전진한 모습이라고 하겠습니다. 공개재판으로 진행되면 공판조서에 기재된 증거조사 결과를 방청객이나 기자들이 알아듣기 쉽게 변호인의 의견을 적극적으로 피력해야 합니다. 비공개재판을 견제하기 위해서 꼭 필요합니다. 중앙합동신문센터의 불법적 구금과 폭행, 가혹행위, 협박, 회유, 기망, 부당한 편익 제공 등 조직적인 범죄행위로 날조된 허위진술서와 진술조서, 법정증언이 위법수집증거로서 증거 능력이 없고 임의성이 없다는 것을 알려야 합니다. 이 부분에 가장 힘을 쏟아야 할 것입니다. 이 부분은 김유정 변호사께서 준비하시기로 했습니다.

현재 증인 신문은 비공개로 진행되고 증인 신문에 들어가기에 앞서 공판기일에서의 기일 협의와 의견 진술 등은 공개하고 있습니다. 처음에는 법원 경위들이 재판이 시작될 때부터 법정 방청을 차단했으나 법원에 문제를 제기해 시정되었습니다. 현재 고문 피해자인 유가려의 증인 신문은 무한대의 유도신문과 중복신문이 허용되고 있습니다. 고문 피해자가 진술을 번복해 중립성을 지키기 위해서 모든 신문을 허용하고 있다고 하나, 지금의 증인 신문이 공개되면 누구나 알 수 있고 볼 수 있을 것입니다. 고문 피해자에 대한 기본적인 예의도 지키지 않는 유치한 말장난 수준의 신문이 허용되고 있습니다. 저는 저들을 분단정신병에 걸린 의심증 환자라고 부릅니다. 객관적 증거에 근거하지 않은 날조된 조작 사건임이 한눈에 들어오는데도 저들은 공포 조성과 겁주기라는 낡은 수법을 여전히 이용하고 있습니다. 저들이 써먹는 공포는 북한을 악마와 다름없는 기괴한 집단으로 형상화해서 만들어낸 공포입니

218

다. 이런 세력들의 유치한 공포 조성에 법정뿐만 아니라 온 국민이 겁먹고 있는 현실이 답답합니다. 이런 나라의 법정에서 변론을 하는 것이 얼마나 어려운 일인지 실감하고 있습니다. 가려가 검사의 유도신문에 걸려 실수하지 않을까 걱정하면서 날마다 등골이 서늘해지는 공포 속에 전전긍긍하는 우성의 모습에 보는 사람도 피가 마를 지경입니다.

재판 끝내고 집에 돌아와 너무 피곤해서 일단 잠들었다가 늦은 밤에 일어났습니다. 그동안의 일들을 정리하고 내일 변호인단 회의에서 공유할 생각으로 시간을 내서 메일을 쓰기로 했습니다. 정신없이 달려왔던 날들이라 체계적으로 보고드릴 수 없고 그저 생각나는 대로 적었습니다. 공판조서가 정리되는 대로 회람하도록 하겠습니다. 공판조서를 보시면 그간 진행된 재판 경과를 자세히 알 수 있습니다. 가려가 당한 고문과 국정원의 날조 수법이 생생하게 증언되어 있습니다. 이것을 보고도 꼬투리 잡으려는 검찰이나 보석을 허가하지 않는 재판부를 보면 한심합니다. 분단 트라우마에 갇혀 공포와의 싸움을 벌이고 있는 분단체제의 현실을 실감합니다. 국가보안법 재판을 경험하면 할수록 탈북자 간첩 조작 사건을 경험하면 할수록 국가보안법이 지배하는 분단체제의 본질에 더 가까이 접근할 수 있습니다. 이 사건은 국가보안법을 폐지하기 위해 투쟁하는 우리에게 하늘이 준 기회라고 생각합니다. 우리는 이 소임을 다해서 역사의 한 페이지에 반드시 기록을 남겨야 합니다.

조작 간첩의 피해는 현재진행형입니다. 특히 탈북자 간첩으로 조작되어 고통을 겪고 있는 이들이 지금도 여전히 존재합니다. 그들을 찾아가서 체계적으로 구조하지 못하는 우리의 역량 부족에 저는 피눈물을 흘리고 있습니다. 분단 트라우마에 갇혀 깨어나지 못하는 온 국민과 함께 분단정신병을 극복해 유령들을 퇴치하기를 간절히 염원합니다.

장경욱의 편지 2013년 6월 6일

김진형 변호사께서 허당 큰삼촌을 직접 신문하며 많은 노하우를 얻으셨으리라 생각합니다. 큰삼촌이 최고의 허당이었음을 확인하며 재판부도 이제 용기를 내어 보석을 허가할 수밖에 없도록 더 강하게 압박했으면 합니다. 천 변호사께서 보석 결정을 위한 보충 의견서를 준비해주셨습니다. 감사드립니다.

나이를 불문하고 국정원 수사관들은 유치한 허깨비들입니다. 허세로 사람을 괴롭히는 유령 같은 존재들로 강인한 정신력으로 무장한 듯 보이지만 막상 덤벼들면 맥을 추지 못하고 물러납니다. 세찬 입김으로 훅 불어버리면 사라지는 환영 같은 것이죠. 법정에서 보는 그들의 모습은 국정원에서 볼 때와는 많이 다릅니다. 국정원에서 그들을 만나면 이쪽에서 지레 겁을 먹거나 강력히 싸울 의사를 갖지 못하고 적당히 타협하려고 하기 쉽습니다. 저들은 상대가 당황해서 자신을 믿지 못하고 정신무장이 흐트러지는 경우에는 언제든지 상대를 가지고 놀고 괴롭히는 작자들임을 알아야 합니다. 하지만 자존심을 지키고 사는 것을 삶의 원칙으로 삼는 사람들 앞에서는 비겁하게 회피하는 자들입니다. 제가 경험한 바로는 저들은 사명감도 없습니다. 배짱 있게 밀고 나가며 치밀하게 대응해 나가면 백전백승입니다. 이 유치한 허깨비들에 의해 분단체제가 아직까지 유지된다는 것은 통탄할 일입니다. 우리가 이 분단체제를 뚫어버릴 강력한 힘을 가졌으면 합니다. 국가보안법의 숨통을 끊어버릴 수 있다는 확고한 신념과 자신감으로 단결하고 전진하는 변호인단을 함께 만들고 싶습니다.

고문 수사관들에 대한 유가려의 증언을 들으면 적법절차가 깡그리 실종된 무소불위의 수사가 이루어진 것은 명백합니다. 공판조서를 보며 위법수집증거로 배제해야 하는 논거들을 하나하나 다시 조사하고 정리해야겠습니다. 유정섭은 유가려 참고인 조사팀에 있다가 유우성 수사를 하고 공소 제기 후에는 유가려의 신병을 관리하며 증거보전절차가 진행될 때에도 계속해서 유가려의 신병을 관리했습니다. 이것은 뭔가 위법적인 사안인 것 같은데 얼른 생각이 안 나네요.

합신센터는 유가려가 화교라고 자백한 뒤에도 몇 개월 동안이나 화교가 확정되지 않았다면서 대공혐의점을 조사했습니다. 수사관들은 그것이 수사가 아니라 보호 여부 결정을 위한 조사로 정당화된다고 증언했습니다. 이 부분도 뭔가 잘못되어도 한참 잘못되었는데 잘 정리가 되지 않네요. 변호인들이 영상녹화물을 탄핵증거로 검증신청을 청구할 경우 검증이 채택되어 증거 조사가 되는지 의견을 나누었습니다. 탈북자 증인 신문 시 피고인과 직접 대면신문권을 제한할 사유가 있는지도 조사가 필요하고 다음 주 월요일 공판기일에서 의견서를 냈으면 합니다. 영상녹화물은 김유정 변호사께서 잘 조사해서 보고해주시고 대면신문 제한에 대해서는 김진형 변호사께서 조사해 의견서를 준비해주시면 감사하겠습니다.

중앙합동신문센터에 대해서 다시 한 번 이야기해보겠습니다. 우리가 모두 알다시피 국가보안법 위반 혐의로 체포와 구속을 할 때도 법원의 영장이 필요합니다. 경찰 단계에서 법원의 허가를 받아 1회 연장할 수 있고 검찰 단계에서 법원의 허가를 받아 2회 연장할 수 있어서 아무리 길어도 50일 안에 구속수사를 마쳐야 합니다.

탈북자들은 중앙합동신문센터에서 최장 6개월 동안 구금 상태로

지냅니다. 외부인(가족·변호사·인권기구·유엔기구 등)도 통화·면회·접견을 할 수 없습니다. 이렇게 외부와 차단해놓고 강도 높은 수사를 합니다. 이 과정에서 고문·협박·모욕·반말·잠 안 재우기 등이 예사로 행해집니다. 그러면서 어마어마한 양의 자술서를 작성하게 합니다. 숙제를 내주고 북한에서 태어나고 자라면서 겪은 모든 일들, 가족과 친척에 대한 것부터 직업과 학력, 탈북 과정에서 있었던 일 등을 적으라고 합니다. 그야말로 철저하게 신상을 털리는 겁니다. 그러다가 의심스러운 부분이 있으면 거짓말탐지기 테스트를 받습니다. 꼬투리가 잡히면 간첩용의자가 되어 맞고 터지고 이루 말할 수 없는 고통 속에서 자살까지 생각하게 됩니다. 이렇게 해서 간첩이 양산되고 있습니다. 그런데도 각서를 쓰고 나온 탈북자들은 계속 감시를 받는 처지라 체념하고 북한 비방에 동원됩니다. 자신들이 당한 국가 폭력의 실상을 쉽게 털어놓지 못합니다. 그들은 인권을 유린당하고도 국정원의 기망과 부당한 편의 제공에 넘어가고 있습니다.

이런 실상을 밝혀내고 싸워야 우리는 진정한 인권변호사라고 할 수 있습니다. 이 싸움은 분단체제의 한반도를 배회하는 유령을 극복하는 공포와의 싸움입니다. 겁먹지 말고 능동적인 자세로 필사의 각오로 싸워야 합니다. 성실하게 공포의 근원을 찾아다녀야 합니다. 무관심과 현실 회피의 벽을 뚫고 정면으로 다가서야 합니다. 똑바로 부딪쳐보면 나약하고 기회주의적인 허깨비들이라는 것을 알 수 있습니다. 이 한심한 유령들은 정신력이 높은 강자에게는 덤비지 못합니다. 이 점을 잊지 말고 앞으로의 재판 과정에서 용기를 내어 분단체제의 유령들을 물리쳐주십시오. 존경하는 선배, 후배 변호사님들께 부탁드립니다. 공포의 긴 터널을 뚫고 나가면 반드시 빛이 보일 겁니다.

5
검찰측 증인

2013년 6월 10일 제8회 공판.

검찰 측 증인으로 나선 회령 출신 탈북자 신정애(가명)는 2007년 8월경 회령에서 유우성을 봤다고 증언했다. 2007년 8월은 공소장에서 유우성이 탈북해서 회령시 반탐부부장을 만났다고 하는 시기다. 신정애는 2011년에 한국에 왔는데 유우성과 비슷한 또래다.

이문성 검사 2007년 여름 남편이 며칠째 들어오지 않아 회령시내로 남편을 찾아 자전거를 타고 나가 보니, 남편은 회령시 역전동에 있는 김 아무개의 자전거 가게에 있었죠?

신정애 네.

이문성 검사 남편과 말다툼을 한 뒤 남편과 함께 타고 온 자전거를 끌고 회령시내 남문동에 있던 시댁으로 가게 되었지요?

신정애 네.

이문성 검사 그때 증인의 남편이 저기 가강이 있다고 말한 사실이 있나요?

신정애 네.

이문성 검사 남편이 말하는 곳을 쳐다보니 유가강이 형부의 친구로 증인이 삼촌이라고 부르던 리만이라는 사람과 다른 두세 명과 함께 길가에 서서 이야기하고 있었지요?

신정애 네.

이문성 검사 당시 증인의 남편은 유가강을 쳐다보면서 '저 새끼 참 재수 없다'고 이야기했다는데 사실인가요?

신정애 네.

이문성 검사 증인이 본 유가강은 옷깃이 달린 붉은색 계열의 여름 점퍼를 입고 있었지요?

신정애 네.

이문성 검사 특히 증인이 봤던 유가강은 머리 모양이 특이해 더 잘 기억하고 있지요?

신정애 네.

이문성 검사 증인은 북한에 살 때 미용 일을 했고, 한국에 와서도 미용사 자격을 취득하고 일하고 있기 때문에 머리 모양에 대해 다른 사람들보다 많이 알고 관심도 많지요?

신정애 네.

이문성 검사 당시 유가강의 머리 모양은 북한 스타일이 아닌 '한국 스타일 머리'라는 생각이 퍼뜩 떠올랐지요?

신정애 네. 피고인의 머리가 특이했습니다. 촌스럽지 않고 멋있었습니다.

위는 2007년 8월 말경 연세대학교에서 중국 베이징사범대학에 교환학생으로 가 있을 때 찍은 사진이고(원 안이 유우성), 오른쪽은 유우성의 대학 졸업 사진이다. 신정애가 2007년 8월 북한에서 봤다는 유우성의 모습과는 다른 모습이다.

여기까지 들어보면 신정애의 증언은 그럴듯해 보인다. 그러나 이문성이 유우성의 사진을 제시하자 조금 다른 이야기를 하기 시작한다.

이문성 검사 이 사진이 당시 수사기관에서 피고인이라고 지목했던 사진이 맞나요?

신정애 모습은 맞는데 얼굴이 이 사진처럼 살이 찌지는 않고 말랐습니다.

장경욱 변호사가 유우성의 다른 사진을 보여주면서 물었다.

장경욱 변호사 이 사진이 그때 본 피고인의 얼굴과 같나요?

신정애 모습은 같습니다.

장경욱 변호사 이 사진이 멋있는 남한 스타일 머리라는 것인가요?

신정애 네, 맞습니다.

변호인들이 파고들어가자 신정애는 유우성을 잘 알지 못하는 것으로 드러났다. 2007년에 목격했다고 하지만 그로부터 10년 전에 한 번 지나가다가 본 적이 있을 뿐이라는 것이다.

장경욱 변호사 피고인의 얼굴을 최초로 확인한 것이 언제인가요?

신정애 2007년에 남편이 가강이라고 하면서 재수 없다고 해서 얼굴을 보았고, 제가 1998년에 (고등중학교를) 졸업했는데 그때 얼굴을 한 번 본 것 같습니다.

장경욱 변호사 어떻게 보았나요?

신정애 그냥 길에서 보았습니다.

신정애는 남편이 유우성더러 재수 없다고 한 것은 질투 때문인 것 같다고 진술했다. 화교 집안이라 경제적으로 여유가 있어서 옷도 잘 입고 돈도 잘 쓰는 편이라서 심술이 나서 그렇게 말했다는 것이다. 신정애는 처음에 남편이 프로돈 사업을 하다 걸려서 교도소에서 1년 5개월 복역하고 2006년에 나왔다고 했는데, 교도소에서 나온 지 2년 뒤에 유우성을 목격했다고 진술했다. 그러다가 변호인들이 그럼 2007년이 아니고 2008년에 본 것이 아니냐고 하자, 5개월 복역하고 2005년에 나왔다고 말을 바꿨다.

장경욱 변호사가 2007년 여름에 찍은 유우성의 다른 사진을 보여주자 신정애는 자신이 본 유우성과 다른 것 같다고 진술했다.

장경욱 변호사 2007년에 본 피고인의 모습이 이러했나요?

신정애 2007년에 제가 본 모습은 이보다 말랐고 이렇게 살찐 모습은 본 적이 없습니다.

장경욱 변호사 머리 모양도 다르지요?

신정애 네, 조금 다릅니다.

신정애는 유가강과 직접 아는 사이가 아니다. 1998년에 지나치면서 한 번 보고 2007년 당시에도 자신이 알아본 것이 아니라 남편이 유가강이라고 해서 그런 줄 알았으며, 그 당시에 본 모습은 유우성이 2007년 여름에 찍은 사진들과는 달리 훨씬 마른 모습이었다는 게 진술의 요지다. 2007년 여름에 유우성이 회령에 있었다는 것을 입증하기에 충분한 증언은 아니었다.

2013년 6월 14일 오후 2시. 제9회 공판.
검찰 측 증인 중 회령 출신 탈북자 김정숙(가명)이 증언에 나섰다.

재판장 북한에 남아 있는 가족들의 신변안전을 우려해 피고인의 면전에서 자유로운 진술을 할 수 없다는 증인의 요청에 따라 재판부가 합의한 결과 증인의 요청이 이유 있다고 인정되므로 피고인의 퇴정을 명합니다. 다만 검사와 변호인 및 증인은 모든 질문과 답변을 마이크를 사용해 진술하도록 하고 법정과 피고인 대기실 사이의 문을 열어두어, 피고인이 대기실에서 증인 신문 내용을 들을 수 있게 조치합니다.

장경욱 변호사가 피고인의 퇴정 명령에 이의를 신청했으나 재판장이 합의를 거쳐 이의 신청을 기각한다고 결정하고 고지했다. 김정숙은 국정원 수사관들에게 2012년 초와 중반에 각각 한 번씩 회령에서 유진룡을 만난 적이 있다고 진술해서 증인으로 나왔다. 유우성과 유가려는 아버지 유진룡이 2011년 7월 9일에 회령을 떠나 연길로 이사 온 뒤 북한에 한 번도 간 적이 없다고 했다.

이문성 검사 탈북한 날짜와 대한민국에 입국한 날짜는 언제입니까?

김정숙 탈북한 날짜는 2012년 9월 14일이고 입국한 날짜는 2012년 11월 9일입니다.

이문성 검사 증인은 탈북하기 전인 2012년 초순 회령시 오산덕동에 있는 체신소 건너편 '새기술벽보판' 앞에서 유진룡을 만난 사실이 있지요?

김정숙 네.

이문성 검사 증인이 가리 아버지를 우연히 만난 장소가 새기술벽보판 앞이 맞나요?

김정숙 네.

이문성 검사 그때 증인은 우연히 유진룡을 만나게 되자, '(남조선에) 전화할 일이 있는데 도와줄 수 있는가'라고 물어보았지요?

김정숙 네.

이문성 검사 전화 부탁을 받은 유진룡은 증인에게 '지금은 삼엄해서 할 수 없다'고 거절한 사실이 있지요?

김정숙 네.

이문성 검사 또한 증인은 2012년 중반경 회령시 산업동에 있는 '음식거리' 앞 인도에서도 짐차라고 부르는 '자전거'를 타고 가는 유진룡을 본 적이 있지요?

김정숙 네.

이문성 검사 증인은 유진룡을 잘 알고 있기 때문에 다른 사람을 유진룡으로 착각할 리는 없지요?

김정숙 그럴 리는 없습니다.

김정숙의 진술서는 2012년 11월 14일에 나온 것으로 그녀가 중앙합동신문센터에 들어간 지 일주일도 채 안 되었을 무렵이다. 김정숙은 중고품 장사를 할 때 중국제 텔레비전 등을 사려고 유진룡과 거래를 했으나 2006년 이후에는 장사를 그만두어 만나지 않았다고 했다. 변호인의 반대신문에서 김정숙의 진술은 조금씩 흔들리기 시작했다.

양승봉 변호사 증인은 2012년 초에 새기술벽보판 앞에서 피고인의 아버지를 봤다고 했는데 그때 시간이 기억나나요?

김정숙 잘 모르겠습니다.

양승봉 변호사 피고인의 아버지가 입고 있던 옷이 생각나는지요?

김정숙 그것도 잘 모르겠습니다.

양승봉 변호사 아예 아무것도 생각나지 않나요?

김정숙 네, 평상시에 입던 옷 같습니다.

양승봉 변호사 2012년 중반경 가리 아버지가 자전거를 타고 가는 것을 보았다고 했지요?

김정숙 네.

양승봉 변호사 그때는 몇 시인지 기억나나요?

김정숙 잘 모르겠습니다.

양승봉 변호사 무슨 옷을 입고 있었는지 기억나나요?

김정숙 그것도 잘 모르겠습니다.

양승봉 변호사 가리 아버지가 우경희(가명)의 형부에게 자전거를 팔고 중국으로 이사를 갔는데 그 사실을 알고 있나요?

김정숙 모르겠습니다.

양승봉 변호사 증인은 가리 아버지가 자전거를 타고 가는 모습을 2012년 초나 중반에 본 것이 아니라 2011년 중반에 본 것이 아닌가요?

김정숙 모르겠습니다.

재판장 증인이 북한에서 탈출한 것이 2012년 9월이라고 했으니까 가리 아버지를 봤다고 한 때가 진술서에 쓴 것처럼 2012년 초와 2012년 중반경이라면 북에서 나오기 직전인 셈이고 2011년이라면 1년 이상 전이니까 제법 오래전인데 어느 쪽이 맞나요?

김정숙 정확하게 모르겠습니다. 제가 단순한 직업이면 모르겠는데 머리가 복잡하고 진술서를 쓴 이후에도 가만히 생각해보니까 본 것은 정확한데 그해인지 그 전해인지 잘 모르겠어서 국정원 선생님에게 '그 부분은 까리까리하다'고 이야기를 했습니다. '혹시 1년 전일 수도 있다'고 이야기를 했습니다.

재판장 증인이 2012년 9월에 북한에서 나온 것은 인생에서 굉장히 큰

일이니 명확하게 기억할 것이고, 2012년 여름이라고 하면 나오기 직전인데 나오기 직전인지 1년 이상 된 일인지도 명확하게 기억나지 않나요?

김정숙 가깝게 봐서 1년 좌우로 생각했습니다.

김정숙은 자신이 유진룡을 만난 시기를 정확하게 기억하지 못하는 이유를 다음과 같이 설명했다.

김정숙 제가 이 사건의 전말을 모르고 증언을 했는데 사람을 잡는 일인지 죽이는 일인지 모르니까 생각 없이 썼지만 신중한 문제라면 내가 더 깊이 생각해봐야 하지 않겠느냐…… 국정원에서 진술할 때 북한 여자들이 애 둘을 낳고 가정을 유지하려면 육체적으로나 정신적으로나 힘든 부분이 많기 때문에 그런 것을 정확하게 기억하지 못한다, 제가 기억한 것이 초경이라고 했지만 혹시 그 전해일 수도 있다, 내가 나와 가족들을 신경 쓰는 일이 우선이지 남의 일을 정확하게 기억하지 못하겠다고 했습니다.

다음 증인은 이강석(가명)이다. 역시 회령 출신으로 2012년 7월에 한국에 온 40대 후반의 남자다. 그는 2008년 여름에 북한 돈과 중국의 인민폐를 교환하는 환전 사업을 하면서 유진룡을 알게 되었다고 했다. 북한은 2010년에 화폐개혁을 단행했다. 북한이 화폐개혁을 하면서 돈의 가치가 100배가량 하락했고 이강석은 그 기회를 이용해서 인민폐를 많이 사들여 적절한 시기에 환전하는 방법으로 돈을 벌었다. 그는 2011년 여름에 환전하러 갔다가 유진룡의 집에서 유우성을 봤다고 증언했다. 검찰의 기소 내용 중 유우성의 다섯 차례에 걸친 밀입북 중에서 2011년 7월과 2012년 1월 음력설 무렵에 밀입북했다는 사실을 확인하는 증언이다.

이문성 검사 2011년 7월경에 증인이 쑹개와 함께 인민폐를 북한 돈으로 바꾸기 위해 유진룡의 집에 찾아가 초인종을 누르자 어떤 젊은 사람이 나와서 문을 열어주었지요?

이강석 네.

이문성 검사 유진룡의 집 대문을 열고 나온 젊은 사람을 본 쑹개는 그 젊은 사람에게 '아버지 있어?'라고 분명히 말했지요?

이강석 네.

이문성 검사 당시 증인이 본 젊은 사람이 지금 법정에 있는 피고인이 맞나요?

이강석 네.

이문성 검사 2012년 초순경에도 증인은 유진룡의 집에 환전을 하러 갔었지요?

이강석 네.

이문성 검사 증인이 유진룡의 집을 찾아간 날은 날씨가 추웠고 북한을 탈출하기 몇 달 전이어서 2012년 초순경이 확실하다고 생각하는 것이지요?

이강석 네.

이문성 검사 증인과 유진룡은 거실에서 인민폐 700원을 북한 돈으로 바꾸는 비율 문제로 이야기를 나누게 되었지요?

이강석 네.

이문성 검사 그때 증인은 2011년 여름에 보았던 젊은 사람이 현관문을 열고 들어와서 방에 가서 무언가를 찾아서 나가는 것을 보았지요?

이강석 네.

이문성 검사 지금 여기 있는 피고인이 그 사람이 맞나요?

이강석 네.

김정숙과 달리 이강석은 한 치의 망설임도 없이 유진룡과 유우성을 만나고 본 것이 확실하다고 증언했다.

양승봉 변호사 국정원 합동신문센터에서 얼마 동안 조사받았나요?

이강석 한 달 정도 있었습니다. 2012년 8월 14일에 하나원에 갔습니다.

탈북자들이 중앙합동신문센터에 머무는 기간은 보통 석 달로 알려져 있는데 이강석은 한 달 만에 조사를 끝내고 하나원으로 갔다고 했다. 그는 하나원에서 11월에 나왔는데 그 후 2013년 1월 11일에 국정원 직원들이 찾아와서 유진룡과 유우성을 만난 적이 있다는 진술서를 쓰게 되었다고 했다.

양승봉 변호사 북한에서 증인의 직업은 뭐였나요?

이강석 이렇다 할 직업은 없었습니다.

양승봉 변호사 아까 환전도 많이 했다고 했는데 직업이 없었나요?

이강석 북한에는 사회보장을 받으려고 병원에 가서 진단을 끊고 사는 사람들이 있습니다.

양승봉 변호사 증인이 수사기관에서 진술한 그대로 묻겠는데 증인은 프로

돈 사업을 하다 걸려 감시대상이 된 적이 있지요?

이강석 네.

양승봉 변호사 감시대상이 되고 증인도 어쩔 수 없이 뇌물을 준 사실이 있지요?

이강석 네.

양승봉 변호사 그렇다고 증인이 보위부 일을 한 것은 아니지요?

이강석 저는 환전으로 돈을 벌었지 프로돈으로 돈을 번 것은 아닙니다.

재판장 불법 환전을 하다가 보위부에 걸려서 감시대상이 되었고 뇌물을 요구해 주었다고 했는데 그것은 맞나요?

이강석 네.

재판장 그것은 증인이 보위부 일을 해준 것인가요, 아닌가요?

이강석 아닙니다.

양승봉 변호사 증인이 2013년 1월 11일 처음 진술서를 작성할 때 피고인을 만난 시기가 2011년 여름과 2012년 말이라고 했다가 두 번째 검찰에 가서는 2011년 봄과 여름, 2012년 초라고 진술이 달라졌는데 왜 이렇게 달라졌나요?

이강석 제가 기억을 제대로 못합니다. 대개 기억이 빗나갈 때가 많습니다. 제 일이 아니고는 날짜까지 시시콜콜 기억하지 못합니다.

재판장 증인 스스로 날짜 기억은 제대로 못한다, 그때쯤인 것 같다고 했는데, 국정원 수사관들이 와서 진술서를 작성할 때는 '이것이 2011년 여름이다, 2012년 1월이다'라고 날짜를 특정해서 도움을 주었기 때문에 특정적으로 진술한 것이고, 검찰에서 진술조서를 받을 때는 그런 힌트를 안 주었기 때문에 어렴풋이 큰 범위를 두어 진술한 것이 아닌가요?

이강석 그렇게 찍어서 주지는 않았는데 대개는 날짜 때문에 말이 많았던 것은 사실입니다.

재판장 국정원 수사관들에게 조사받을 때 날짜 문제로 이런저런 이야기를 많이 했던 것은 맞나요?

이강석 네, 그런 일이 있었던 것 같습니다. 그러나 요구하는 시기나 보는 견해가 서로 다른데 제가 고집하다 보니까 1월쯤 된 것 같습니다.

재판장 증인은 방금 전에 요구하는 시기가 다르다고 했는데, 누가 무슨 시기를 요구한 것인가요?

이강석 제가 생각한 시기를 그때 써놓았던 것인데 그 시기를 놓고 안 된다고 했습니다.

재판장 증인이 뭐라고 하니까 국정원 수사관들이 '그 시기는 안 된다'라는 말을 했나요?

이강석 그 시기가 이상스럽다고 말한 것 같습니다.

유우성이 직접 이강석에게 몇 가지를 물어보았다.

유우성 북한에서 사회보장을 받을 수 있는 방법이 두 가지밖에 없는데 한 가지는 정신적으로 이상이 있거나 또 한 가지는 팔다리가 정상적이지 않은 경우에 가능한데 증인은 어떤 경우인가요?

이강석 북한에서 폐결핵으로 사회보장을 받았습니다.

유우성 폐결핵 몇 기인가요?

이강석 몇 기인지는 모르겠습니다. 저는 환자이지 의사가 아닙니다.

유우성 쏭개는 회령에서 주먹깨나 쓰는 사람이라고 진술했는데, 혹시 회령에서 주먹 쓰는 사람들이 아편이나 얼음(빙두)을 많이 하는 것을 알고 있나요?

이강석 네.

유우성 본인도 했나요?

이강석 네.

유우성 얼마나 했나요?

이강석 대한민국이 깜짝 놀랄 정도로 많이 했습니다.

이때 검사가 '위 신문 내용은 공소 사실과 관련이 없고 피고인이 증인에게 직접 신문할 것이 아니라 변호인을 통해 신문하는 것이 좋겠다'고 말했다. 변호인들이 그렇게 하겠다고 답변했다. 빙두(얼음)는 히로뽕과 비슷한데 북한 사람들이 많이 하는 마약의 일종이다.

이문성 검사 여기 있는 피고인이 당시 유진룡 집에 가서 본 젊은 사람이 분명히 맞나요?

이강석 네.

이문성 검사 증인이 기억력이 희미하거나 기억을 잘 못하는 정도는 아닌 것 같은데 증인이 남한에 와서 정신병원에 가거나 그런 적이 있나요?

이강석 저는 누구보다 똑똑합니다. 병원에 간 적은 없습니다.

이강석은 유우성을 똑바로 보면서 2011년과 2012년에 회령에서 우성을 보았다고 증언했다. 검찰 측으로서는 가장 미더운 증인이었으나 재판부에서는 수사관들이 날짜를 찍어주었는지를 밝히기 위해 수차례 질문을 던졌다. 증언에 신빙성이 없다는 뜻이다.

6
보위부의 일

검찰 측 증인 중 김숙영(가명)은 유우성의 가족과 특별한 관계였다. 2013년 6월 21일에 증인으로 출두한 김숙영은 유우성의 가족들이 모두 '보위부 일을 했다'고 증언한다. 김숙영은 회령에 살 때 유우성의 아버지 유진룡과 2010년 2월에서 6월까지 4, 5개월간 동거했다. 그 후 북한을 탈출해서 2011년 2월에 한국에 입국했다.

이문성 검사 증인은 두 번 중국으로 탈출했으나 번번이 중국에서 잡히는 바람에 회령시 보위부에 끌려왔고, 유진룡과 동거하기 전인 2009년 9월까지 노동교화소에서 3년간 갇혀 있었지요?

김숙영 네.

김숙영은 교화소에서 나오고 나서도 다시 중국으로 갈 생각만 하고 있었다. 변호인들의 신문 과정에서 김숙영은 자신의 상황을 이렇게 이야기하고 있다.

양승봉 변호사 증인은 두 번이나 탈북하고 교화소까지 다녀왔는데 어떻게 나왔나요? 증인은 보위부에서 지켜보는 사람이 아닌가요?

김숙영 우리 같은 사람이 한둘이 아닌데, '너 가겠으면 빨리 가라, 네가 여기 있으면서 일도 안 하고 있으니 내가 말을 듣는다, 가겠으면 빨리 가고 안 가겠으면 빨리 직업 잡아서 눈총 받지 않게 해라'고 보위부 책임지도원이 나한테 직접 이야기를 했습니다.

장경욱 변호사 북에서는 일을 안 해도 되나요?

김숙영 일해야 됩니다.

장경욱 변호사 증인은 일 안 하고 버텼나요?

김숙영 제가 금방 나와서 중국에 아이가 있으니까 일을 구하지 않고, 항상 넘어갈 생각만 하고 있었습니다.

장경욱 변호사 증인이 중국에 넘어갈 생각만 하고 있으니까 보위부 지도원이 차라리 빨리 가라고 이야기를 하던가요?

김숙영 네, 그래서 마지막에 너무나 상처 받아서 안 간다고 가리 집에 들어간 것입니다.

교화소에서 나온 김숙영은 남한에 와 있는 친언니와 전화통화를 하려고 유진룡을 만났고, 언니에게서 유진룡을 통해 돈을 전해 받았다. 그 일을 계기로 가려와 친밀한 관계가 됐고 처음에는 가려의 권유로 그 집에 살게 됐다. 가려는 김숙영이 힘든 일을 많이 겪은 것에 동정심을 느끼고 잘해주었으며 두 사람은 서로 깊은 속내를 털어놓을 정도로 가까운 사이가 되었다. 그러나 4, 5개월 동안 한집에서 살면서 두 사람은 사이가 나빠졌다. 김숙영은 가려가 아버지 때문에 자신에게 질투를 느껴서 사이가 나빠졌다고 주장한다. 가려의 이야기는 다르다. 김숙영이 아버지를 꼬여서 돈을 빼내고 나중에는 집 안 물건에 손을 댔기 때문에 자기가 쫓아냈다고 했다. 가려는 김숙영이 다른 남자를 만나고 다녔고 아버지도 그 사실을 알고 있었다고 말한다.

김숙영은 당시에 30대 중반으로 유진룡과는 20년 이상 나이 차이가 나고 가려와는 열 살 정도 차이가 난다. 남에게 싫은 소리를 못하고 착하기만 한 유진룡은 김숙영이 문제가 있는 줄 알고도 눈감아주곤 했다. 가려가 김숙영과 도저히 한집에서 살 수 없다고 하자 유진룡이 '둘 중 하나는 나가야 하는데 딸더러 나가라고 할 수 없으니 네가 나가라, 나중에 집을 구해주겠다'고 했다고 김숙영은 말한다. 유진룡은 김숙영에게 방을 구하라고 한국 돈으로 100만 원가량 되는 돈도 주었다. 김숙영은 가려와 싸우고 그 집을 나온 지 4개월쯤 지나 다른 남자와 함께 북한을 탈출했다.

양승봉 변호사 증인은 유가려의 집에서 나올 때 가려와 대판 싸웠지요?

김숙영 네.

양승봉 변호사 증인도 옷 방에 있는 전화기를 깨부수고 나왔지요?

김숙영 네.

양승봉 변호사 유진룡이 증인에게 집도 안 구해줬지요?

김숙영 제가 넘어오게 되니까 그렇고, 그때 제가 삼봉에 내려와 있었습니다.

김숙영은 국정원과 검찰에서 유우성의 가족들이 '보위부 일'을 했다고 진술했다.

김용민 변호사 증인은 피고의 아버지가 '아들이 회령시 보위부 일을 하고 있다'고 말하는 걸 들었다고 했는데, 유진룡에게 직접 들은 것인가요?

김숙영 유진룡이 그렇게 이야기했습니다.

김용민 변호사 그 이야기를 할 때 증인에게 '한국에 같이 가서 살자'는 이야기를 했다는 것이지요?

김숙영 네, 그날 같이 이야기했습니다.

김용민 변호사 보위부의 어떤 일을 하고 있다고 하던가요?

김숙영 그런 것은 자세히 이야기하지 않고, 그냥 아들이 지금 보위부 일을 한다고 했는데 유진룡도 보위부 일을 많이 했습니다.

김용민 변호사 보위부 일을 했다는 건 어떤 의미로 말하는 것인가요?

김숙영 보위부에서 요구하는 것을 하고 일을 도와주고 했다고 생각합니다.

김용민 변호사 보위부 일을 했다는 것이 보위부에서 요구하는 돈을 주었다는 것인가요?

김숙영 네, 돈도 줄 수 있고 물건도 구해달라고 하면 물건도 줄 수 있습니다.

김용민 변호사 유진룡에게 아들이 한국에 가서도 보위부 일을 하고 있다는 말을 들었다고 했는데, 그런 일을 하면 한국에서 간첩 행위를 한다는 의미로 들은 것인가요?

김숙영 그것을 저는 여기 와서 알았습니다.

김용민 변호사 그때 당시에는 그렇게 생각을 못했나요?

김숙영 네, 그때는 그냥 좋은 일을 하고 있고, 보위부에서도 화교 집안이니까 돈이 있는 줄 알고 별 용무가 없어도 와서 돈을 받아 간다고 생각했습니다.

김용민 변호사 한국에 와서 알았다는 이야기는 언론에 나오고 조사받으면서 알았다는 것인가요?

김숙영 아닙니다. 유진룡이 저한테 보위부 일을 한다고 말했을 때는 심각하게 듣지 않았는데 건너오면서 태국에서 1차 조사를 받을 때 선생님들 말을 듣고 간첩이라고 인식하고 왔습니다.

장경욱 변호사 북에서 한국으로 오는 과정에서 태국에서부터 국정원 선생님한테 피고인이 간첩이라는 이야기를 들었나요?

김숙영 그런 일을 한다는 인식을 제가 그때 이해했습니다.

장경욱 변호사 어떻게 간첩이라는 것을 인식하게 되었다는 것인지 다시 이야기해주세요.

김숙영 2011년에 국정원에서 조사하는 과정에서 제 조사가 끝나고 나서 담당 선생님이 저한테 '마지막으로 국정원에 도움이 될 만한 이야기가 없느냐?'고 물어서 이 이야기를 해야 되는지 고민이 많았는데, 대한민국에 입국해서 인권을 지켜주는 것에 감동받아서 말씀드렸습니다.

재판장 2011년 2월에 조사받을 때 국정원 직원에게 피고인이나 피고인의 아버지가 보위부 일을 도와준다는 말을 했나요, 안 했나요?

김숙영 했습니다. 담당 선생님한테 했습니다. 담당 선생님한테처럼 깊은 얘기는 안 했지만 그런 내용이라는 것을 과장 선생님에게도 얘기드렸습니다.

김용민 변호사 구체적으로 뭐라고 얘기를 했나요?

김숙영 아버지 유진룡에게 아들이 대한민국에 가서 연세대학교를 졸업하고 사회생활을 하고 있다고 들었는데……

김용민 변호사 그게 아니라 유진룡 집안이 간첩 행위를 했다는 것을 국정원 직원들에게 얘기했다고 하지 않았나요?

김숙영 간첩 행위라기보다 보위부 일을 하고 있다고……

재판장 보위부 일을 한다고 이야기했으면 보위부 일을 해주는 것이 뭐냐, 어떤 일을 해주느냐고 당연히 물었을 것인데 어떤 일을 해준다고 했나요? 다시 한 번 기억나는 대로 얘기해보세요. 어떻게 신고를 했나요?

김숙영 유가강이 탈북자로 위장입국해서 한국에 와서 연세대학교를 졸업하고 현재 사회생활을 하고 있다, 아버지와 유가리가 한국에 넘어온다, 오빠와 같이 위장탈북해서 넘어온다는 사실을 진술했습니다.

재판장 보위부 일을 했다는 이야기가 하나도 없는데 보위부 일을 했다는 게 무엇인가요?

김숙영 보위부 일을 하는 것이 간첩 행위라고 그 사람들이 나한테 어떻게 얘기를 하나요?

재판장 증인은 유가강과 유진룡이 보위부 일을 한다는 얘기를 국정원 직원에게 했다고 하지 않았나요?

김숙영 유진룡이 제게 어떤 일을 한다고 이야기하지 않았고 내가 이상하게 생각했기 때문에 저는 유진룡한테 들은 그대로 전달했을 뿐입니다.

재판장 증인이 유우성의 아버지가 보위부 일을 한다고 국정원 직원들에게 이야기했더니 국정원 직원이 보위부 일이라면 무엇을 어떻게 한다는 것이냐고 물어보지 않았나요?

김숙영 제가 제보를 할 때 기록을 남겨야 된다고 해서 진술서를 쓰라고 해서 썼습니다. '사진을 보면 얼굴을 알 수 있느냐'고 해서 얼굴을 확인해주었습니다.

재판장 그때 뭐라고 썼나요?

김숙영 이제껏 말씀드린 것처럼 썼습니다.

재판장 거기에도 보위부 일을 한다고 썼나요?

김숙영 제가 이미 말씀드렸잖아요.

김숙영은 유진룡에게 들었다는 '보위부 일'이라는 게 어떻게 해서 간첩 행위가 되는지를 묻는 질문에 제대로 답변하지 못했다. 나중에는 유진룡이 보위부 일을 했다는 것과는 앞뒤가 맞지 않는 이야기도 했다.

재판장 조금 전에 증인이 보위부에서 탈북한 사람 정보를 좀 알아봐달라고 부탁하는 사람이 있었다고 했는데 그것은 무슨 소리인가요?

김숙영 중국으로 넘어가는 사람이 많으니까 몰래 들어가는 사람을 알고 있으면 얘기를 해달라고 보위부에서 물어보는데 유진룡은 그때 '나는 겁이 나서 그런 거 안 한다'고 했습니다.

아버지와 아들이 보위부 일을 해준다고 했는데 보위부에서 탈북하려는 사람의 정보를 알려달라고 하니까 겁이 나서 그런 것은 안 한다고 했다는 것이다. 그리고 유진룡이 김숙영에게 남한으로 같이 가서 살자고 했다는 이야기도 신빙성이 없다. 유진룡은 가려와 달리 남한에 올 생각이 없었다고 가려와 우성은 이야기하고 있다. 집을 사서 연길에 정착한 것을 보면 가려와 우성의 말이 사실임을 알 수 있다.

김숙영은 또 하나 중요한 사실을 이야기해준다. 2011년 2월에 국정원에서 유우성이 화교라는 사실을 알고 있었다는 것이다.

장경욱 변호사 증인이 한국에 입국해서 조사받는 과정에서 이미 유진룡의 가족에 대해 자세하게 제보하듯이 진술서를 썼다고 했는데, 그때 유진룡이나 유가강, 유가려가 화교인지도 확인을 하던가요?

김숙영 네.

장경욱 변호사 화교인지도 물어봤나요?

김숙영 네, 정확하게 물어봤습니다.

장경욱 변호사 2011년 2월경 증인이 들어와서 조사받을 때 정확하게 확인했나요?

김숙영 네. 화교라는 것을 확인했습니다.

2011년 2월에 국정원에서 유우성이 화교라는 것을 알고 있었다고 김숙영은 단언하고 있다. 유우성은 화교 신분이 드러난 것과 2006년에 밀입북한 사실 때문에 국정원에서 조사를 받고 2010년에 공소시효만료로 불기소처분을 받았다. 우성은 면죄부를 받았다고 생각했고 2011년에는 홀가분한 마음으로 살아가고 있었다. 자신을 대한민국 국민으로 떳떳하게 살게 해준 국정원과 대한민국 정부에 감사하는 마음으로 더 열심히 살아야겠다고 마음먹고 있었다.

서울시 공무원으로 취업하고 난 2011년 말경 유우성은 국정원 직원으로부터 전화를 받았다. 할 이야기가 있으니 한번 만나자는 것이었다. 유우성은 국정원의 요구를 거절할 수 없었다. 40대 초반의 국정원 직원은 자신을 대북파트 쪽에서 일하는 사람이라고 소개하면서 형처럼 편하게 생각하라고 했다. 워낙 사람을 잘 사귀는데다 한국에 가족이 없어서 외로웠던 우성은 그렇게 접근한 국정원 직원 K와 쉽게 친해졌다. K는 우성에게 중국에 드나들기 쉬우니까 북한에 가서 자료 좀 빼올 수 없느냐고 물었다. 우성은 그런 일은 할 수 없다고 딱 잘라 거절했다. 그럼 그런 일을 할 수 있는 사람을 소개해줄 수 있느냐고 물었다. 우성이 그것도 못한다고 하자 K는 더 이상 별다른 요구를 하지 않았다.

K는 한 달에 한두 번 연락을 해왔고 만나서 식사도 하고 술도 마시면서 일상적인 이야기들을 나누었다. K는 성실해 보이고 친절해서 우성은 점차 마음을 열고 신상 문제도 의논하는 등 형처럼 의지하며 지냈다. 한참 후에 K는 영 한우리나 다른 탈북자 모임에서 알게 된 탈북자들 이야기를 해달라고 했다. 북한에 자주 연락하는 사람이 있는지 물어보고 전반적인 분위기나 동향이 어떤지도 물었다. 우성은 자신이 아는 범위에서 K가 알고 싶어 하는 것들을 알려주었다. 이를테면 우성은 국정원의 정보원 역할을 한 셈이다.

K를 알게 된 지 7, 8개월이 지났을 무렵, 우성은 가려를 한국에 데려오는 문제를 K와 의논했다. K는 우성에게 걱정 말고 가려를 데려오라고 했다. 자기 동기들이 중앙합동신문센터에 있으니 동생을 잘 돌봐주고 별문제 없이 사회에 나오게 해주겠다고 약속했다. 우성은 가려가 제주공항을 거쳐서 한국에 입국하기만 하면 쉽게 탈북자로 인정받을 줄 알았다. 보통 탈북자들처럼 태국을 거쳐서 오도록 하지 않은 것은 K를 믿었고, 유우성 자신이 남한에 정착해서 살고 있으니까 가려의 신원보증은 확실하다고 생각했기 때문이다. 국정원은 2011년 2월에 김숙영을 통해서 유우성 일가의 화교 신분을 확인했지만 유우성이 서울시 공무원으로 취업하고 난 뒤에도 아무 조치를 취하지 않았다. 김숙영은 유우성 가족이 보위부 일을 하고 있고, 유진룡과 유가려가 위장탈북해서 한국으로 들어오려고 한다고 진술했다. 그런데도 국정원은 유가려를 데려오라고 권했다.

지금도 유우성의 휴대전화에는 가려가 입국하던 2012년 10월 30일 오후 6시 20분경 K와 주고받은 문자메시지가 저장되어 있다. 지금 K의 휴대전화 번호는 '없는 번호'가 되었고 유우성은 그의 본명을 모른다.

☞**보낸 메시지(유우성)** 동생 유광옥입니다. 상해에서 제주도로 오늘 오후 4시 경 도착했습니다. 나이는 25살입니다. 저도 지금 서울에 도착했습니다. 하나밖에 없는 동생 잘 부탁드립니다.

☜**받은 메시지(K)** 그래, 고생 많았겠다. 잘될 테니 너무 걱정 말고 또 연락하자꾸나.

☞**보낸 메시지(유우성)** 옙. 감사합니다.

7
용감한 여인

　유우성에 대한 기소는 대부분 유가려의 진술에 의존하고 있다. 우성의 다섯 차례에 걸친 밀입북 중에서 사실로 입증된 것은 어머니 장례식에 참석하기 위해서 2006년 5월 23일에 북한에 갔다가 5월 27일에 중국으로 나왔다는 것뿐이다. 나머지 네 차례의 밀입북 사실에 대한 가려의 증언은 이미 유가려 본인에 의해서 번복되었다. 유가려는 세 차례에 걸쳐서 200여 명의 탈북자 명단을 북한 보위부에 전달했다는 것도 허위진술이라고 말했다. 유우성은 시종일관 밀입북이나 탈북자 정보 전달은 사실이 아니라고 부인하고 있었다. 검찰은 탈북자들을 증인으로 동원해서 유우성의 밀입북 사실을 증명하려고 했다. 변호인 측은 유우성의 알리바이를 증명할 중요한 열쇠를 쥐고 있는 이화를 증인으로 신청했다.

　2013년 6월 17일 오후 2시, 이제껏 비공개로 진행되던 것과 달리 이날은 공개재판이 이루어졌다. 변호인 측이 신청한 두 증인 하영옥(가명)과 이화가 공개재판을 해도 상관없다는 입장을 밝혔다. 모처럼 공개재판이 이루어진 탓에 취재진은 물론이고 일반 방청객까지 몰려들어 법정은 앉을 자리가 없을 정도로 꽉 찼다.

검찰의 공소 사실에는 유우성이 중국에 갔던 기록을 토대로 그 시기에 북한에 갔다 온 것으로 맞춰져 있다. 유우성이 독일에서 중국으로 갔다가 2011년 7월 초순에 밀입북했다는 식이다. 우성은 그때 북한을 떠나 연길로 살러 오는 아버지와 동생이 머물 집을 구하기 위해 동분서주하고 있었다.

이날 먼저 증인석에 앉은 하영옥은 2011년 6월 19일에서 26일까지 동서독 통일 현장 답사 때 유우성과 함께 독일에 갔던 대학생이다. 서울신학대학 북한선교연구소와 기독교북한선교회 등이 공동 주최한 행사였다. 대학생들과 종교인들이 참가했다. 독일에서 중국을 경유해 한국에 올 때 하영옥은 중국에 며칠 머물렀다. 하영옥은 북한에서 중국으로 나와 살다가 남한으로 왔다. 연길에 친구와 친척들이 있어서 잠시 들른 것이다. 하영옥은 연길에 있을 때 유우성을 만났고, 연길을 떠나 한국에 돌아올 때까지 우성과 수시로 연락을 했다.

양승봉 변호사 연길에 도착한 다음 날인 2011년 6월 30일 피고인을 점심 때 만나 연길의 유명한 냉면집에서 식사를 했지요?

하영옥 네.

양승봉 변호사 냉면을 먹을 때 피고인뿐만 아니라 이화, 이화의 남편, 이화의 아기 등과 함께 냉면을 먹었지요?

하영옥 네.

하영옥은 그날 친척 집에 인사를 하러 갔다가 저녁에 다시 유우성을 만나서 술을 마셨고 둘이 같이 중국 전통 마사지를 받으러 갔다. 다음 날인 7월 1일에도 유우성과 만나 진달래광장에서 축제를 구경하고 술을 마시다가 공항으로 갔다. 하영옥은 비행기를 타고 선양으로 떠났고 우성은 영옥을 배웅했다. 하영옥은 선양에 머물다가 홍콩을 경유해서 7월 10일에 한국으로 돌아왔는데 그사이에 하루에 한 번 정도 유우성과 문자 메시지를 주고받는 등 연락을 취했다고 말했다.

하영옥의 증언은 검찰의 기소 내용 중 '2011년 7월 초순경 중국 연길시로 가서 부 유진룡에게 입북 지점 및 시각을 통지하고 두만강을 도강하여 회령시 뱀골초소 기슭에 도착함으로써 북한 지역으로 탈출하였고, 위 반탐부부장 김광수를 만나 그동안의 성과사업에 대해서 보고하고 격려를 받았다'라는 내용과 배치된다. 유우성이 7월 초순경 북한에 있었다면 하영옥과 하루 한 차례씩 문자 메시지를 주고받는다는 것은 불가능하다.

하영옥보다 더 확실하게 유우성의 알리바이를 입증해줄 증인은 이화다. 연길에 사는 조선족 이화는 2013년 1월 10일 유우성의 집에서 체포 현장을 목격한 사람이다. 양승봉 변호사를 만나서 우성과 가려에 대한 의구심을 풀어준 사람이기도 하다. 이화는 2011년 7월 초순에 있었던 일을 자세히 증언했다.

양승봉 변호사 2011년 6월 말이나 7월 초에 피고인이 독일에 다녀오면서 연길에 들른 사실이 있지요?

이화 네. 그때 저희가 마중했습니다. 피고인이 버스를 타고 동북아버스 역에 도착해서 남편과 제가 저희 차로 피고인을 마중해서 허룽(和龍)으로 바로 내려갔습니다.

양승봉 변호사 2011년 7월 9일 유가려와 아버지 유진룡이 연길에 나올 때까지 증인의 집에 거의 머물렀지요?

이화 네. 저희 집에서 쌴허교두가 가까워서 저희 집에서 마중을 하겠다고 해서 저희 집에 거의 머물렀고 피고인의 아버지가 연길에 나오면 머물 데가 없으니까 셋집을 알아보려고 연길에 몇 번 다녔습니다.

양승봉 변호사 피고인은 최소 3일 정도는 셋집을 구하러 다녔지요?

이화 네, 며칠 다녔습니다.

양승봉 변호사 피고인이 셋집을 구하고 나서 증인의 남편이 피고인을 데리고 가서 광산을 구경시킨 적이 있지요?

이화 네.

양승봉 변호사 하루는 날을 잡아서 피고인과 증인의 가족, 그리고 남편의 여러 친구들과 함께 양을 잡아서 통째로 구워먹은 적이 있지요?

이화 피고인이 양고기를 좋아했는데 한국에서는 쉽게 못 먹으니까 제 남편이 나중에 중국에 오면 큰 양을 통째로 한 마리 사서 구워먹자고 했지만 피고인이 한 마리를 어떻게 다 구워먹느냐고 믿지 않았는데, 광산을 구경시키러 갔을 때 광산 하는 사람들이 다 같이 모여서 피고인을 한국에서 온 친구라고 소개하고 하루 종일 양을 통째로 구워먹었습니다.

유우성은 당시 계속 이화의 집에 머물다가 7월 7일에 중국에 오기로 한 아버지와 가려를 마중하러 쌴허교두로 갔는데 오지 않아서 만나지 못하고 7월 9일에 만나게 되었다. 그때 가려가 아버지 장염에 쓸 구급약으로 생아편을 가지고 나오다가 적발되어 조사를 받고 벌금을 내는 바람에 늦어졌다.

250

김용민 변호사 증인이 지금까지 말한 행적을 보니 (2011년 6월 말일에서) 2011년 7월 9일에 유가려와 아버지 유진룡이 완전히 이사 나오기 전까지 피고인과 상당 시간을 같이 보냈거나 적어도 피고인이 어디 있는지는 계속 알고 있었지요?

이화 네.

김용민 변호사 2011년 7월 초에 피고인이 회령에 넘어갔다 왔다는 말을 듣거나 아는 것이 있나요?

이화 없습니다.

김용민 변호사 증인과 있을 때는 회령에 갔다 온 사실이 전혀 없다는 것이지요?

이화 네. 없습니다.

검찰의 공소장에는 '유우성이 2012년 1월 21일경 중국 장춘공항으로 출국해 부 유진룡에게 회령으로 들어갈 예정이니 회령 집에서 기다리라고 전화 연락한 다음 날인 1월 22일에 중국 지린성 연길시에 있는 유진룡, 유가려가 거주하는 셋집으로 이동해 유가려에게 회령에서 설을 지내고 보위부에도 갈 것이다, 보위부에서 부탁한 손전화기를 준비해왔다며 밀입북 계획을 말했다, 2012년 1월 22일 저녁 늦게 택시를 타고 중-북 국경지대로 출발해 북한 지역으로 탈출했다'고 되어 있다. 검찰에 따르면 1월 23일에 회령시 집에 머물면서 반탐부부장과 만나 추가지령을 받고 손전화와 카메라를 전달하고 표창을 받았으며, 다음 날인 24일에 연길에 가서 유가려를 만나고 25일에 한국에 왔다는 것이다.

그러나 이화는 2012년 1월 설 무렵에도 22일부터 24일까지 줄곧 유우성의 가족들과 만나고 많은 시간을 함께 보냈다고 증언했다.

양승봉 변호사 2012년 설 전날인 1월 22일경 피고인이 중국에서 증인이 부탁했던 밀봉기계와 부탁하지도 않았는데 증인의 아이 옷과 엄마 옷도 사 가지고 증인의 집으로 왔지요?

이화 네.

양승봉 변호사 당시 피고인과 유가려, 아버지 유진룡도 같이 왔지요?

이화 네, 같이 왔습니다.

양승봉 변호사 증인은 고마운 마음에 유가려와 증인의 동생 이영을 데리고 백화점에 가서 노스페이스 옷을 사주었지요?

이화 네.

양승봉 변호사 그때 피고인과 피고인의 아버지는 증인의 집에 남아 있었지요?

이화 네.

양승봉 변호사 2013년 1월 23일 설날 저녁 증인의 가족과 피고인 가족이 함께 노래방에 갔지요?

이화 네.

양승봉은 그날 유우성이 노래방에서 찍은 사진을 보여주었다.

양승봉 변호사 이 사진 속의 인물을 소개해주세요.

이화 가장 오른쪽은 피고인의 아버지, 그 옆은 저희 엄마, 그 옆이 저, 저와 엄마 사이에 제 아이가 누워 있고, 제 옆이 유가려이고, 그 옆이 제 남동생, 그 옆이 제 남편입니다.

양승봉 변호사 이 사진이 2012년 설날인 1월 23일 저녁에 노래방에서 촬영한 것이지요?

검찰이 유진룡과 유우성이 북한에 잠입했다고 주장하는 날짜에 중국 연길의 노래방에서 찍은 사진.
유진룡과 유가려가 보이는 이 사진은 유우성이 찍은 것이다.

이화 네.

양승봉 변호사 노래방에서 논 다음 날에도 이 노래방 바로 옆에 있던 스탠드바에 가서 피고인 가족과 함께 놀았지요?

이화 네. 그날 제 남편과 남동생이랑 다 같이 갔습니다. 피고인이 곧 한국에 들어가니까 저희 남편이 온 김에 공연도 보자고 해서 같이 놀았습니다.

장경욱 변호사 설날 노래방, 그다음 날 스탠드바 모두 피고인, 유가려, 피고인의 아버지까지 세 명 다 같이 간 것이지요?

이화 네.

장경욱 변호사 2012년 1월 22일부터 3일 내내 같이 보낸 것이네요?

이화 네.

이화의 증언은 중요한 의미를 갖는다. 2011년 7월과 2012년 1월 22일 유우성이 북한에 갔었다는 공소 사실을 완전히 뒤집는 증언이기 때문이다.

이화는 유우성의 체포 현장에 있었다는 이유로 국정원에서 여러 차례 조사를 받고 시달렸다. 이화는 오전 10시부터 저녁 5시까지 국정원 수사관에게 붙들려서 '유우성과 어떤 관계냐, 어떻게 알게 되었나, 왜 유우성의 집에 왔느냐'라는 질문에 대답하고 진술서를 작성했다. 그들은 2013년 1월 23일에도 이화의 직장에 찾아와 진술서를 받아갔다.

양승봉 변호사 2013년 1월 23일자 진술서에서 2012년 설과 관련해서 2012년 1월 22일 저녁에 피고인이 증인 집을 방문했고 1월 25일에 다시 방문했다고 해서 1월 23일과 24일은 통째로 생략되어 있는데 왜 생략되었나요?

이화 그때는 노래방에 간 기억이 나지 않았습니다. 국정원 사람들을 보면 머릿속이 백짓장처럼 하얗게 되면서 아무것도 생각이 나지 않아서 말을 하지 않았습니다.

이화는 국정원 직원들과 함께 검찰에 가서 진술서를 작성하기도 했다. 검찰로 가는 도중 차 안에서 이화는 국정원 직원들과 전화통화 문제로 실랑이를 벌였다.

양승봉 변호사 국정원 수사관들이 증인에게 증인과 피고인의 아버지의 전화를 도청하고 있는 것처럼 질문을 했지요?

이화 국정원 직원이 차 안에서 피고인의 아버지와 전화통화를 했는지 물어서 했다고 했더니 무슨 말을 했느냐고 해서 생각나지 않는다고 했습니다. 그랬더니 적은 것을 보면서 '왜 동생을 데려와서 이런 일을 만들었는가, 이 아이를 안 데려왔으면 광일이가 잡혀가는 일도 없었을 텐데' 이런 말을 했지요, 라고 물어서 그렇다고 했습니다. 그랬더니 또 적은 것을 보면서 피고인의 아버지가 '북한에 몇 번 갔다 왔다고 말을 했지요?'라고 물어서 그렇게 말한 적 없다고 했더니 분명히 그렇게 말했는데 왜 거짓말을 하느냐고 했습니다. 나는 그런 말을 들은 적이 없는데 자꾸 북한에 갔다 왔다고 말했다고 해서 내가 화를 내면서 그런 말을 내가 한 적이 없고 피고인의 아버지도 하지 않았는데 어떻게 아느냐고 했습니다. 그랬더니 자기네들은 다 안다고 했습니다. 그래서 내 전화를 도청했으면 도청한 것 그대로 들어봐요, 그런 말 했는지 안 했는지 도청했으면 다시 들어보면 다 알 거 아니냐고 했습니다.

양승봉 변호사 국정원 직원들이 이동하면서 피고인 아버지에게 전화를 하도록 요구했지요?

이화 네. 전화번호가 생각나지 않았는데 국정원 수사관들이 피고인 아버지의 번호를 불러주어서 전화를 했습니다. 자기네가 시키는 대로 '리리 아버지, 저번에 전화할 때 광일이가 북한에 몇 번 왔다 갔다고 했지요?'라고 물어보라고 했습니다. 제가 '옆에 국정원 직원들이 나에게 전화해서 물어보라고 하는데 저번에 통화할 때 리리 아버지 뭐라고 했어요? 북에 갔다 왔다는 말 하지 않았지요?'라고 하니까 국정원 수사관이 옆에서 '전화를 끊어요. 끊어' 해서 '왜요? 전화하라면서요' 했더니 자기네가 물어본 대로 물어보지 않았기 때문에 전화할 필요가 없다고 했고 피고인의 아버지는 그런 말 한 적 없다고 하고 끊었습니다.

검찰 조사를 받을 때 이화는 국정원에서보다 자세히 진술하면서 설에 유우성의 가족들과 같이 있었다고 말했지만 검사는 이화의 말을 믿어주지 않았다.

양승봉 변호사 검사가 믿어주지 않으면서 오히려 증인에게 증인이 피고인의 아버지와 24시간 내내 함께 있었느냐는 황당한 질문을 했지요?

이화 네. 피고인의 아버지가 그때 북한에 가 있었다고 해서 '아닙니다. 그때 분명히 우리 집에 같이 있었어요'라고 하니까, '그때 보고 혹시 저녁에라도 북한에 갔다 올 수 있잖아요?' 하길래 '그렇게 갈 리는 없어요. 안 갔어요' 하니까 '어떻게 안 갔다고 딱 잘라 말하는가? 24시간 붙어 있는 것도 아닌데 그동안에 잠깐 갔다 올 수도 있는데'라고 했습니다. 그래도 제가 '그렇게 갔다 온 적이 없고 그때 분명히 안 갔어요'라고 하니까 검사님이 그때 조금 화를 내면서 '어디 가서 그렇게 말하지 말아요. 24시간 붙어 있는 것도 아니면서 그렇게 말하면 안 됩니다' 해서 죄송합니다, 그렇게 말 안 하겠습니다, 하고 나왔습니다.

양승봉 변호사 그때 한정화 검사였지요?

이화 누군지는 모르지만 안경 끼고 예쁘장하게 생겼습니다.

이시원 검사는 반대신문에서 이화와 유우성의 관계를 왜곡하는 뉘앙스를 풍겨 빈축을 사기도 했다.

이시원 검사 압수수색을 해보니까 피고인의 USB에 저장된 사진 중에 증인과 피고인이 팔짱을 끼고 찍은 사진이 나오던데 그런 사진을 찍은 사실이 있나요?

이화 네, 롯데월드 구경을 갔는데 사진기가 없어서 사진기를 빌려서 찍었습니다.

이시원 검사 남자와 여자가 팔짱을 끼고 사진을 찍는 건 상식적으로 봐서 흔한 일은 아닌데, 혹시 증인의 사생활을 침해할까 봐 그러는데 신문을 비공개로 할 의향이 있습니까?

이화 괜찮습니다. 그냥 공개로 하겠습니다.

이때 방청객들이 이시원 검사를 향해 '야, 너무하다' 하고 비난을 쏟아냈다. 이화는 이시원 검사의 의도를 무시하고 당당한 태도로 증언을 계속했다. 유우성은 중국에서 이화의 가게에 들렀다가 서로 알게 되었다. 남을 도와주기 좋아하는 우성은 한국에 와서 일하고 있는 이화의 부모님을 만나 도울 일이 없는지 알아보고 자주 연락을 드렸다. 가려와 아버지가 중국으로 이사 오게 되자 이번에는 이화가 우성의 가족들을 돌봐주었다. 이화의 남편은 우성과 성이 같고 나이도 같아서 무척 친하게 지냈다. 검사는 그런 두 사람 사이를 남녀관계로 보이게 하려는 의도를 내비친 것이다.

검찰의 공소장에는 유가려가 2011년 5월에 외당숙인 공성철의 집에서 QQ메신저를 통해 유우성에게 탈북자의 신원정보가 담긴 파일을 전송받아 USB에 저장해 회령시 보위부 반탐부부장에게 전달했다는 내용이 있다. 유가려는 국정원에서 유우성과 QQ메신저로 화상채팅하는 사진을 보여주면서 이때 파일을 받은 것으로 진술하라고 유도했다고 했다. 나중에 그 사진은 공성철의 집이 아니라 이화의 집에서 이화 남편의 QQ메신저로 접속해 유우성과 화상채팅한 것이며 파일을 받은 적이 없다고 진술했다. 이화는 유가려의 진술을 뒷받침하는 증언을 했다.

양승봉 변호사 2011년 5월에 유가려는 증인의 집에서 QQ메신저를 했지요?

이화 네.

양승봉 변호사 유가려는 2011년 5월 당시에 컴퓨터를 잘 못했지요?

이화 네, 북한에 없으니까 몰랐습니다.

양승봉 변호사 유가려가 한 QQ메신저는 남편이 열어준 것으로 2011년 5월 당시에 유가려는 QQ메신저를 혼자 힘으로 하지 못했지요?

이화 네, 혼자서 못했습니다. 그때는 피고인이 한국에 있었는데, 피고인이 퇴근하면 11시가 넘고 해서 가려가 오빠와 이야기하고 싶다고 해서 남편이 게임 때문에 개설한 QQ메신저로 피고인과 연결해주어 저녁 늦게까지 채팅을 했던 것 같습니다.

이보형 판사 유가려가 피고인과 QQ메신저를 할 때 증인의 남편이 연결해주었다고 했는데 그때 사용한 것이 유가려의 QQ메신저 계정이었나요, 아니면 남편의 계정이었나요?

이화 남편의 것으로 알고 있습니다. 유가려의 것은 없습니다.

이보형 판사 그 당시 유가려의 QQ메신저 계정은 없는 것으로 알고 있나요?

이화 네. 유가려가 할 줄도 몰라서 연결해준 다음에 화상채팅으로 한 것 같습니다.

이화는 또 한 가지 중요한 사실을 증언했다.

양승봉 변호사 증인은 유가려나 유진룡으로부터 두만강을 건너서 중국으로 나왔다는 이야기를 들은 사실이 있나요?

이화 없습니다. 그럴 필요가 없다고 생각합니다. 여권으로 세관을 통해서 정상적으로 왔다 갔다 했습니다.

양승봉 변호사 2011년 7월 9일에 아버지와 유가려가 중국으로 이사 나온 뒤에 증인에게 북한에 다녀왔다는 말을 한 사실이 있나요?

이화 없습니다.

이화는 유우성이 체포되는 현장을 목격하고 국정원 직원들이 여러 차례 직장으로 찾아와 괴롭히자 처음에는 공포감을 많이 느꼈다고 진술했다. 양승봉 변호사가 전화했을 때 처음에 전화를 받지 않은 것도 너무 무서웠기 때문이라고 했다. 유가려가 기자회견을 하고 허위진술임을 폭로하고 난 뒤에는 국정원 직원들이 이화가 근무 중인 직장으로 찾아와 강압적으로 이화를 구인하려고 했다고 밝혔다.

양승봉 변호사 5월 초에 그 사람들이 찾아와서 뭐라고 하던가요?

이화 오전에 일하고 있는데 갑자기 세 사람이 나타나서 할 이야기가 있으니 나가자고 해서 근무 중이라서 나갈 수 없다고 하니까 근무고 뭐고 나가자고 화를 내면서 말했습니다. 그래도 근무 중이니까 나갈 수 없다고 했더니 사무실에 찾아가서 말할 거라고 했습니다. 나도 화가 나서 할 말이 없다고 하는데 왜 이러느냐고 했더니 점심시간에 서문 앞에서 기다리겠다고 했습니다.

양승봉 변호사 나중에 장경욱 변호사가 와서 국정원 직원들과 실랑이를 벌였지요?

이화 제가 바로 장경욱 변호사님에게 전화해서 국정원 직원들이 왔는데 빨리 와달라고 했더니 12시에 맞춰서 장경욱 변호사님이 왔습니다.

이화는 유가려의 진술서를 보고 나서 자신이 알고 있는 사실은 밝혀야겠다고 결심했다. 국정원에 대한 두려움과 외국인이라서 쫓겨날 수도 있다는 생각 때문에 망설이기도 했지만 우성과 가려가 겪는 고통을 보고 모르는 체할 수는 없었다.

이날 이화의 증인 신문이 끝나자 변호인과 지인들은 용기 있는 증언 이었다며 이화를 칭찬했다. 이화는 있는 그대로 사실을 말한 것뿐이라 면서 홀가분한 듯 웃었다. 피고인석에 앉아 있던 유우성과 방청석에 앉 아 있던 유가려도 모처럼 밝은 표정이 되었다.

검찰은 2012년 1월 22일에 유우성이 북한에 갔다는 공소장 내용을 1월 24일에 북한에 갔다가 1월 25일에 중국에 돌아온 것으로 변경했 다. 이화의 증언과 노래방 사진 등이 증거로 제출되자 할 수 없이 밀입 북 날짜를 바꾼 것이다. 검찰은 공소장을 변경하면서 2012년 1월 21일 에서 1월 25일 사이의 유우성의 통화기록을 증거로 제출했다. 다른 날 은 다 통화기록이 있고 2012년 1월 24일만 통화기록이 없다. 그날 북 한에 갔기 때문에 통화기록이 없다는 증거로 통화기록을 제출한 것이 다. 최초 공소장에서는 유우성이 1월 22일에 북한에 들어갔다고 했는 데, 1월 22일과 23일은 중국에서 통화한 기록이 있다. 검찰은 유우성 이 1월 22일에 북한에 들어가지 않았다는 것을 증명할 통화기록이 있 는 것을 알면서도 내놓지 않다가 변경된 공소 사실에 맞는 증거로 이것 을 내놓은 것이다. 피고인에게 유리한 증거를 알고도 일부러 은닉했다 고 볼 수밖에 없다.

8
한국에서 살고 싶었다

2013년 6월 28일 유우성이 마침내 입을 열었다. 피고인과 변호인단은 공개재판을 원했고 재판부가 이를 받아들였다. 검찰 측의 피고인 신문에서 유우성은 공소 사실을 부인하고 적극적으로 사실 관계를 설명하고 따졌다. 감정이 복받쳐서 순간순간 말을 잇지 못하기도 했지만 자신의 결백을 밝히기 위해 최선을 다하는 모습이었다. 가려는 방청석에 앉아서 오빠의 이야기를 들으며 흐느끼다가 눈물을 닦기도 했다.

이문성 검사가 2006년 5월 27일에 어머니 장례식이 끝나고 중국으로 나온 뒤 다시 북한에 들어가지 않았느냐고 추궁했다. 유우성은 여기서 중요한 사실을 이야기한다. 항소심에서 검찰이 증거로 제시한 유우성의 출입경기록에 대한 이야기다.

이문성 검사 유가려는 수사기관에서 피고인이 당시 7일 동안 조사를 받고 석방되었을 때 온몸에 상처가 있고 굉장히 힘들어 해서 직접 링거를 놓아주고 간호를 했다고 구체적으로 진술했는데 사실이 아닌가요?

유우성 그런 사실 전혀 없습니다. 국정원 조사 당시에 조사관이 2006년 6월 10일경 북한 회령에서 중국으로 들어갔다는 출입경기록을 제게 보여주면서 '정부에서 발행한 확실한 기록이 있는데 왜 거짓말을 하느냐, 이것은 확실한 것이 아니냐?'라고 따졌습니다. 제가 그 기록을 보면서 거짓말 같은 조작 기록을 보이는 것이 아닌가라고 생각하고 국정원 선생님과 다투면서 진짜가 아니다 가까이에서 보여달라고 해서 보게 되었습니다. 그 기록에는 제가 2006년 5월 23일에 북한으로 나간 기록과 2006년 5월 27일 북한에서 중국으로 들어온 기록이 있고, 북한으로 나간 기록이 없이 그 위에 중국에 들어온 기록이 있고, 또 그 위에 2006년 6월 10일경 북한에서 중국으로 들어온 기록이 있었습니다.

(……)

나중에 변호사님들이 제출한 아버지와 동생의 자료(출입경기록)는 정교하게 중국 한자로 연도가 적혀 있는데 국정원에서 본 자료는 아라비아 숫자로 표기되었고 도장은 하나도 없었으며 엑셀처럼 생겼습니다.

변호인의 신문에서도 유우성은 통행증과 출입경기록에 대해서 강한 의문을 표시했다.

양승봉 변호사 피고인은 2006년 5월 말 재차 북한에 들어간 사실이 없을 뿐 아니라 보위부에 인입된 사실은 더더욱 없지요?

유우성 네, 제가 그때 가지고 나간 통행증이 한 번밖에 사용 못하는

1회 통행증이었습니다.

양승봉 변호사 이번에 조사할 때 국정원 수사관들이 피고인이 통행증으로 북한에서 중국으로 나간 출입국기록을 보여줬지요?

유우성 그것 때문에 언쟁이 벌어졌습니다. 이상한 것은 북한으로 나간 기록은 없고 6월 10일에 중국에 들어간 기록만 있고, 더 이상한 것은 5월 23일에 북한으로 나갔다가 5월 27일에 북한에서 중국으로 두 번 나온 것으로 되어 있었습니다. 저는 그 기록을 보고 언성을 높이면서 말도 안 된다고 했습니다.

양승봉 변호사 도강을 해서 북한으로 넘어갔는데 북한 보위부에서 통행증을 가지고 중국 세관을 통과하게 해줄 수 있나요?

유우성 절대로 안 됩니다. 제가 조사받을 때 '그게 어떻게 가능하냐? 6월에 중국에서 북한으로 나간 기록 없이 북한에서 6월 10일에 중국에 들어온 기록만 있고 통행증이 같은 통행증 번호이던데, 내가 중국에서 동생을 만나러 도강을 해서 들어갈 때 미리 보위부에 잡혔다가 보위부의 도움을 받아서 통행증을 가지고 세관을 통과한다는 것을 예상했다는 것인데, 내가 귀신도 아니고 어떻게 미리 알고 넘어가느냐, 두만강으로 넘어갔다면 두만강으로 나오는 것이 정상이고, 통행증을 가지고 갔으면 통행증으로 나오는 것이 정상이라고 생각한다'라고 얘기했지만 수사관이 들어주지 않았습니다.

유우성은 탈북자의 신원정보를 수집해서 전달했다는 공소 사실에 대해서 억울한 심정을 토로했다.

이문성 검사 피고인은 영 한우리 등 탈북자 단체에서 활동하면서 탈북자

신원정보를 지속적으로 수집한 사실이 있지요?

유우성 탈북자 정보를 수집한 게 아닙니다. 이 부분이 제가 제일 억울한 부분입니다. 남한의 대학 시스템이 북한에서 대학 다니며 경험한 것과 너무도 달라서 종교단체의 학우나 선배들 도움을 많이 받았습니다. 그분들의 도움이 없었다면 연세대학교를 졸업하지 못했을 겁니다. 가톨릭 재단의 김찬선 신부님의 제의로 영 한우리를 만들어 남한 청년과 탈북자 청년을 일대일 멘토와 멘티로 맺어주어 학업이나 남한 정착에 도움을 줄 수 있게 한 것입니다. 제가 영 한우리 회장을 맡아 일하면서 어려운 학생들에게 장학금을 주기 위해서 추천서를 받은 것이지 탈북자 자료를 수집한 것이 아닙니다.

2011년 7월에 북한에 들어가 반탐부부장을 만나거나 유가려에 대한 이야기를 나눴다는 부분은 상식에 호소하면서 강하게 반박했다.

이문성 검사 2011년 7월 초순경 두만강을 도강해 북한으로 들어간 뒤 반탐부부장 김광수(가명)를 만나 그동안의 성과사업에 대해 보고한 사실이 있지요?

유우성 전혀 없습니다. 저는 김광수라는 사람을 모릅니다.

이문성 검사 당시 김광수는 유가려에게 '오빠가 회령에 자주 드나들게 되면 위험하니까 가리 동무가 합법적으로 남한에 들어가 중국을 왕래하면서 오빠에게 받은 자료를 직접 또는 아버지를 통해서 전달하도록 하라'고 지시받았다고 진술했는데 이 부분에 대해서 알고 있나요?

유우성 그런 사실 전혀 없습니다. 북한에 제공할 자료를 한국에서 북한까지 가지고 가는 것보다 중국에서 오가는 것이 더 낫다고 생각하기 때문에 그 말 자체가 상식적으로 이해가 안 됩니다.

유우성의 말은 틀린 데가 없다. 유우성이 한국 국적을 가졌기 때문에 회령에 드나들기 위험하다면 유가려를 한국 국적자로 만들면 똑같이 회령에 드나드는 일이 위험해진다. 그런데 유가려에게 합법적으로 남한으로 들어가 중국을 왕래하면서 자료를 전달하라고 했다는 건 앞뒤가 맞지 않는다.

변호인의 피고인 신문에서 유우성은 자신을 둘러싼 여러 가지 의문점을 속 시원하게 해명했다. 유우성은 한국에 와서 신분을 위장하기 위해 주민등록번호와 이름을 바꾼 게 아니냐는 의혹을 일축했다. 이름을 유광일에서 유우성으로 바꾼 것은 작명가의 권유에 따른 것이었고, 주민등록번호는 음력 생일에서 양력 생일로 바꾸느라 한 번, 탈북자라는 사실이 드러나는 번호 때문에 피해를 보는 사례가 있어서 통일부에서 바꾸도록 조치해서 또 한 번 바꿨다는 것이다.

유우성이 한국에 정착할 때 가장 어려움을 느낀 부분은 영어였다. 의대 편입시험에 합격하지 못한 것도 영어 때문이었고 2007년에 연세대학교 중문과에 들어가고 나서도 영어 수업을 따라가기 힘들었다. 북한에서 영어 교육을 거의 받지 못한 우성에게 '영어'는 꼭 풀어야 할 과제였다. 연세대학교를 졸업하려면 교양영어 시험을 통과해야 했다. 유우성은 영국에 가기로 결심했다.

양승봉 변호사 2008년 1월 19일에 홍콩을 거쳐서 영국으로 출국한 것이지요?

유우성 네.

양승봉 변호사 당시 피고인이 알고 지내는 탈북자들이 영국에서 난민 신청을 하면 보조금을 받으면서 영어를 배울 수 있다는 이야기를 해주었지요?

유우성 네.

양승봉 변호사 피고인은 난민 신청을 해 보조금을 조금씩 받고 아르바이트까지 하면서 영어를 배웠지요?

유우성 네. 런던은 물가가 비싸서 맨체스터로 가서 난민 신청을 하고 영어 교육을 받았고, 4개월 동안 세차장에서 세차를 하면서 번 돈으로 학원에 등록해 다녔습니다.

양승봉 변호사 6개월 정도 영국에서 고생하면서 영어를 배우고 7월 17일에 귀국했지요?

유우성 네, 그때 6개월짜리 비자를 받았기 때문에 비자만료일에 맞추어서 언어연수를 끝내고 한국에 들어왔습니다.

양승봉 변호사 검찰의 공소대로 피고인이 2006년에 보위부에 인입되었고, 가족이 볼모로 잡혀 있었다면 2008년에 6개월씩 해외 연수를 계획하거나 실행하지는 않았겠지요?

유우성 네.

유우성이 경험한 영국의 난민캠프 시스템은 합리적이었다. 일단 난민 신청을 하면 일주일 단위로 최소한의 먹고살 수 있는 비용을 대주고 한 달 뒤에 재판 받을 수 있게 준비하라고 통보해준다. 정식으로 취업하는 것은 금지돼 있지만 아르바이트는 가능하다. 난민캠프에서 영어를 배우면서 재판을 준비하다가 한 달이 되면 다시 재판 받는 것을 연기할 수 있다. 유우성은 주중에는 난민캠프와 학원에서 영어를 배우고 주말에는 세차장에서 일했다. 국적이 어디든 난민 신청은 어려운 처지에 놓인 사람들이 하는 것이다. 사회적 약자일 수밖에 없는 사람들을 보호해주고 해당 지역에 정착해 사는 데 문제가 없는지를 시간을 두고 살피면서 최종 결정은 재판을 통해 하는 것이다. 영국에서는 국정원 중앙합동신문센터 같은 곳에 가둬두고 신상을 털거나 조사를 하는 일은 없다.

유우성은 2009년 6월부터 국가보안법 위반 혐의로 2010년 4월부터는 남북교류협력에 관한 법률 위반 혐의로 국정원에서 조사를 받았다. 국정원에서는 2007년부터 유우성의 주변 사람들을 내사했고 지인들은 그가 화교라는 것을 밝혔다. 유우성은 당시에 국가보안법과 남북교류협력에 관한 법률이 어떤 차이가 있는지도 몰랐다. 그 당시에도 국정원에서는 유우성이 세 차례 이상 북한에 갔다 온 게 아니냐고 물었다.

양승봉 변호사 2009년과 2010년에 국정원 수사관들이 피고인에게 2006년 5월 말과 2007년 5월 초순, 2007년 7월과 8월에 북한을 방문했는지 집중적으로 물었지요?

유우성 네, 그때 조사를 많이 받았습니다.

양승봉 변호사 피고인은 처음부터 2006년 5월 말 어머니 장례식 때 방문한 것은 인정했지요?

유우성 네. 처음부터 자백을 했습니다.

양승봉 변호사 그러나 2007년 5월과 2007년 7월 그리고 8월에는 방문하지 않았으므로 부인했지요?

유우성 네, 처음부터 그런 일은 없었습니다.

양승봉 변호사 2009년 당시 국정원 수사관들은 중국 연길에 가서 외당숙 공성철을 만나겠다는 등 중국에 직접 가서 피고인에 대한 조사를 하겠다고 했지요?

유우성 북한 탈북자 신분으로 보위부의 보호 없이 세관을 통과했다는 것은 상식적으로 말이 안 된다, 공작원이나 간첩이 아니고는 말이 안 된다, 뇌물을 크게 제공했다거나, 그런 식으로 이야기해서 처음에는 노트북 하나 제공했다고 하다가 나중에는 노트북도 여러 대 중국에서 사서 보내고 휘발유도 사서 보내고 쌀도 사서 보냈다고 했더니 중국에서 외당숙 공성철에게 확인해보겠다고 했습니다. 그래서 제가 외당숙에게 전화해서 조사받고 있는데 너무 힘들다, 다른 것은 다 포기할 수 있지만 연세대학교 4학년에 다니고 있어서 한 학기만 다니면 대한민국에서 취직해 살 수가 있는데 단지 화교라고 해서……

유우성은 여기서 감정을 추스르지 못하고 눈물을 흘렸다. 우성은 울먹이면서 계속 진술했다.

유우성 저는 그 누구보다 대한민국에서 살고 싶어서 노력한 사람입니다. 제가 대한민국에서 살고 싶어서 북한에서 의사도 포기했고 대학 졸업 학력도 포기했고, 2006년에 엄마와 통화하다가 엄마도 잃었고, 대전에서 성당 다니면서 사기도 당했고, 그런 기억들 때문에 2010년에도 지금과 같은 심정이었습니다. 화교라는 게 뭔지 모르겠지만 화교라는 것 하나 때문에 내 인생이 바뀐다는 것이…… 나도 똑같이 북한에서 태어났고 똑같이 학교에 다녔고 졸업했는데……

유우성은 말을 맺지 못하고 흐느껴 울었다. 재판장은 휴정을 선언했고 20분 뒤에 피고인 신문을 계속했다.

양승봉 변호사 피고인은 외당숙 공성철에게 국정원에서 찾아가면 2006년 엄마 장례식 때 밀입북 대가로 보위부 사람들 자식 공부를 위해 컴퓨터를 뇌물로 제공했다고 진술해달라고 부탁했지요?
유우성 네. 북한 정부에서 컴퓨터를 가져가다가 악용할 수 있는데 그런 것을 알고 있느냐고 해서 보위부에서 쓰는 것이 아니고 보위부 사람들 아이들 공부하는 데 쓰는 것으로 알고 있다고 얘기했고 외당숙에게도 그렇게 얘기해달라고 부탁했습니다.

유우성이 2006년 8월에 보위부에 뇌물을 제공했다는 이야기는 유가려의 진술을 토대로 만들어진 검찰의 공소 사실과도 모순되는 것이다.

양승봉 변호사 검찰의 공소 사실에는 피고인이 2006년 어머니 장례식 때 밀입북을 도와준 대가로 2006년 8월경 컴퓨터를 보냈다고 되어 있지요?
유우성 네.
양승봉 변호사 검찰의 공소 사실대로라면 피고인이 2006년 6월 초에 보위부에 인입이 되었다는 것인데 2006년 5월 말에 밀입북을 도와준 대가로 보위부에 컴퓨터를 제공한다는 것은 앞뒤가 안 맞지요?
유우성 네.
양승봉 변호사 2006년 6월 초에 보위부에 인입되었으면 보위부에서 공작금이나 지원금을 주거나 격려를 해야지 북한에 몰래 다녀온 대가로 피고인이 보위부에 컴퓨터를 바친다는 것은 말이 안 되지요?

유우성 네.

유우성이 유가려를 통해서 북한에 탈북자 명단을 제공했다는 증거
는 아무것도 발견되지 않았고 그들이 탈북자 명단이라고 주장하는 것
도 사실과 다르다는 것이 밝혀졌다.

양승봉 변호사 이번에 피고인을 조사할 때 피고인이 명단을 보내준 증거는
하나도 발견되지 않았지요?

유우성 네, 없습니다.

양승봉 변호사 유가려의 진술에 따르면 2011년 2월의 명단에도 주소가 표
시되어 있다고 했는데 검찰이 제출한 명단 중에 2011년 2월 기준으
로 주소가 표시된 명단은 하나도 없지요?

유우성 네.

양승봉 변호사 피고인이 메일이나 시청, 집에서 보관하고 있던 명단을 피고
인이 편집해서 따로 보관한 사실이 없지요?

유우성 없습니다.

양승봉 변호사 피고인이 가지고 있는 명단 중에 주소가 표시된 것은 다 합
쳐도 몇 명이 되지 않지요?

유우성 장학금이나 신발을 주는 등 영 한우리에서 새터민들에게 도움
을 주는 프로그램의 수혜자 명단은 영 한우리에서 활동하는 학생들
이 직접 만든 겁니다. 외국어대학교에 있는 친구에게 전화를 해서 한
국 학생 가운데 어려운 환경에서도 열심히 공부하는 청년들 몇 명을
추천해달라고 했습니다. 신발 사이즈와 학교를 적어달라고 한 겁니

다. 명단을 대조하면 그 명단에 나온 이름의 반 이상이 중복된 이름이라는 걸 알 수 있습니다.

양승봉 변호사 2010년 7월에 불기소처분을 받았을 때 피고인은 피고인의 화교 신분이 거의 드러났는데도 아무런 처벌을 받지 않아서 약간 이상하기도 했지요?

유우성 제가 조사를 하루 이틀 받은 것이 아니라 1년 가까이 받으면서 많이 힘들어서 강남에 있는 정신과에 가서 우울증 치료도 받았고 매일 새벽 성당에 나가서 기도도 했는데, 검찰 조사가 끝나고 어느 정도 지나서 법원에서 온 우편물을 받고 정말 기분이 좋았습니다.

양승봉 변호사 그때 불기소처분을 받아서 피고인에 대한 의혹이 해소되었다고 생각했지요?

유우성 네, 그때 내가 진짜 대한민국 국민으로 인정받았다고 생각하고 더 많은 활동을 했습니다.

2010년 7월에 유우성은 면죄부를 받았다고 생각했지만 국정원은 생각이 달랐던 모양이다. 화교라는 사실을 숨긴 것과 어머니 장례식 때 북한에 다녀온 일은 더 끔찍한 악몽이 되어 그를 덮쳤다. 이번에는 사랑하는 동생과 함께 그 나쁜 꿈의 주인공이 되었다. 유우성은 방청석에서 재판을 지켜보고 있는 가려의 초췌한 얼굴을 보면서 한숨을 삼켰다.

유가려는 1심 재판에 증인으로 출석하면서도 오빠를 접견하지 못했다. 검찰이 가려의 중국 여권을 내주지 않았기 때문에 신분을 증명할 수 없어서였다. 가려는 법정에 갈 때마다 죄수복을 입고 포승줄을 감은 채 들어오는 오빠를 보는 일이 괴로웠다. 죄인이 된 오빠의 모습은

'너 때문이야. 네가 오빠를 이렇게 만들었어!'라고 외치는 비난의 소리나 마찬가지였다. 가려는 피고인석에 앉아 있는 오빠에게 달려가서 무릎을 꿇고 빌고 싶었다. 가족의 자랑이자 기둥이었던 오빠를 죄인으로 만든 자신의 실수는 고의가 아니었다고, 오빠를 위하는 일인 줄 알았다고 이야기하고 싶었다. 가려는 변호사들에게 구치소에 가서 오빠를 만나게 해달라고 부탁했다. 변호사들도 가려의 부탁을 들어주고 싶었지만 방법이 없었다. 가려의 증인 신문이 끝나고 2013년 7월 3일로 출국 날짜가 정해지고 나서 7월 1일에 가려는 처음으로 오빠를 만나러 갔다.

서울구치소의 접견실에 들어간 가려는 자기가 상상했던 것과 다른 모습에 실망했다. 가려는 철창 사이로라도 그리운 오빠의 손을 잡고 잘못을 사과하고 싶었다. 그러나 우성은 유리벽 너머에 있었다. 남매는 손을 잡을 수도 없었고 얼굴을 맞대고 서로의 눈을 바라보며 이야기를 나눌 수도 없었다. 그들에게 허용된 것은 유리벽을 사이에 두고 차가운 인터폰을 든 채 10분 동안 몇 마디 말을 나누는 것이 전부였다. 가려는 유리벽을 두드리면서 큰 소리로 울었다.

"오빠, 오빠! 우리 오빠 손이라도 잡아보게 해주세요. 오빠를 직접 볼 수 있게 해주세요."

접견 내용을 받아 적으려고 우성을 따라 들어온 교도관이 일어나서 인터폰을 들었다.

"유가려 씨, 거기를 그렇게 두드리면 안 됩니다. 뒤로 물러서세요. 이야기는 인터폰을 들고 해주시고요."

가려는 유리벽에 매달려 몸부림치면서 엉엉 울었다.

"오빠! 나를 용서하지 마. 오빠를 이렇게 만든 동생을 평생 동안 용서

하지 마!"

우성은 가려를 달랬다.

"가려야, 울지 마. 이제라도 오빠 결백 밝히려고 네가 할 수 있는 건 다 했잖아. 울지 말고 건강이나 챙겨라. 오빠는 꼭 나갈 거야. 진실 밝혀 져서 오빠 나갈 거니까 걱정 마."

가려가 발을 동동 구르면서 우는 동안 10분이라는 시간이 거의 다 지나가버렸다.

"오빠, 내일 또 올게."

시간이 다 되었다는 교도관의 말에 우성이 말했다.

"오지 마, 가려야. 내일은 오지 말고 그냥 하루 푹 쉬고 집으로 돌아 가. 와봤자 서로 속만 상하니까 오지 마."

우성이 말했다. 오빠는 동생을 생각해서 오지 말라고 했지만 동생은 그 말이 서운하고 슬펐다.

"가려야, 밥 잘 먹고 아프면 꼭 병원 가고, 알았지?"

오빠는 그 말을 남기고 교도관을 따라서 접견실을 나갔다. 가려는 오빠가 사라진 접견실 유리벽 앞에서 여전히 발을 구르면서 울기만 했 다.

가려는 우성의 1심 재판이 끝나는 것을 보지 못한 채 2013년 7월 3일 중국으로 떠났다.

9
미안합니다, 고맙습니다

2013년 7월 5일, 유우성 사건의 결심공판이 있는 날이었다. 이날 변호인 측이 신청한 마지막 증인이 재판에 나왔다. 우성의 연세대학교 동문이자 선배인 김철(가명)이다. 유우성과 김철은 2008년에 연세대학교 탈북자 학생들을 위한 영어수업을 같이 들으면서 친해졌다. 김철은 2011년에 '북한이탈주민지원재단'이라는 곳에서 근무했다.

양승봉 변호사 북한이탈주민지원재단은 무엇을 하는 기관인가요?

김철 통일부 산하의 기관으로 우리 대한민국에 있는 북한이탈주민들의 사회 정착이나 진로상담, 취업 관련, 의료 관련 등 북한이탈주민 관련 사업을 총괄하는 기관입니다.

양승봉 변호사 증인은 재단에 근무하면서 상관인 홍보부장에게 유우성을 소개한 사실이 있지요?

김철 네, 있습니다.

양승봉 변호사 그런 제안을 했을 때 유우성이 거절했지요?

김철 네. 특별한 이유는 말하지 않고 '못해서 미안하다'는 말만 한 것으로 기억합니다.

양승봉 변호사 그 재단에서 일하게 되면 자연스럽게 탈북자 명단을 많이 확보할 수 있지요?

김철 네.

검찰에서 주장하는 것처럼 유우성이 탈북자 정보를 수집할 생각이 있었다면 탈북자 정보를 가장 많이 접할 수 있는 북한이탈주민지원재단의 일자리를 거절한다는 것은 모순이다.

김철의 증인 신문이 끝나고 나서 이시원 검사가 최종변론을 하고 마지막으로 구형을 했다. 이시원은 유가려의 진술과 탈북자들의 증언 등이 모두 유죄를 입증한다면서 유우성에게 징역 7년에 자격정지 7년형을 구형했다.

변호인들은 최후변론을 통해서 무죄를 선고해달라고 호소했다.

김용민 변호사 먼저 공소 사실 자체에 모순이 있습니다. 화교인 유가려는 정상적인 비자를 발급 받아 중국을 다녀올 수 있는 상태인데다, 보위부의 비호를 받고 있다면 전화통화를 하거나 팩스 같은 간편한 방법으로 탈북자 명단을 전달해도 되는데 허약하고 키도 작은 여자가 야밤에 두만강을 도강한다는 것은 사리에 맞지 않습니다.

(……)

탈북자 명단을 보낸 흔적이 없습니다. 국정원은 2008년부터 피고인을 수사했고, 피고인의 노트북이나 외장하드를 IT 전문가들이 이 잡듯이 뒤졌습니다. 그러나 찾아낸 것은 메신저 삭제 흔적 정도뿐이고 명단을 보낸 흔적은 전혀 찾아내지 못했습니다. 국내 최고의 IT 전문가들이 모인 국정원에서 찾아낸 것이 고작 저 정도라면 피고인이 보내지 않았다는 것을 반증하는 것이 아닌가 싶습니다.

(……)

검사는 유가려를 수사한 것이 아니었다고 주장하고 있으나 변호인 판단에는 수사를 진행했거나 적어도 내사 단계였다고 보이고, 그렇다면 영장 없는 불법 구금이라고 할 것입니다. 형사소송법 제195조에 보면 '검사는 범죄혐의가 있다고 사료하는 때에는 범인, 범죄사실과 증거를 수사하여야 한다'라고 해서 의무조항입니다. 그리고 제196조 제2항에 보면 '사법경찰관은 범죄혐의가 있다고 인식하는 때에는 범인, 범죄사실과 증거에 관한 수사를 개시 진행하여야 한다'고 되어 있는데 마찬가지로 의무조항입니다. 지금 이 사건의 공소 사실에서 드러난 취지를 놓고 보면 오히려 피고인보다 유가려의 행동이 더 적극적이고 중요했습니다. 그럼에도 불구하고 국정원과 검사는 유가려는 전혀 수사를 하지 않았다고 주장하는데 그 자체가 모순입니다.

(……)

박원순이 쓴 〈야만시대의 기록: 고문의 한국현대사〉(역사비평사, 2006)라는 책에서 발췌한 부분을 가지고 임의성과 관련해서 살펴보겠습니다. 검찰이나 국정원은 유가려를 고문하거나 폭행, 협박한 일이 전혀 없었다고 주장하고 있으며 변호인들도 그 말을 믿고 싶습니다. 그러나 현대 사회에서 고문의 방법은 좀 더 세밀화되고 고도화되고 있습니다.

(……)

마구잡이로 유가려의 전신을 구타한 정황이 있고 물병으로 계속 때리면서 상대의 심리상태를 무너뜨리고 공포스럽게 만들었습니다. 유가려의 경우 심리적인 고문기법을 더 많이 쓴 것으로 보이는데 첫 번째 박탈기법 중에서 사회적 박탈로 친지나 친구와의 접촉을 단절했고 아버지와 전화통화를 못하게 하고 아무도 못 만나게 했습니다. 그리고 독방에 감금했습니다. 그리고 지각박탈이라고 해서 편지나, 책, 전화 연락, 신문과 라디오, 텔레비전과 같은 대중매체를 검열함으로써 외부 세계와의 의사소통을 고의적으로 축소 또는 차단하는 것도 고문기법 중 하나입니다. 시간과 날짜 감각을 유지하려는 피해자의 노력을 의도적으로 방해하는 것도 고문의 유형입니다. 유가려에게는 달력이 주어지지 않았습니다. 잠을 충분히 재우지 않는 수면박탈도 있습니다. 강압기법 중에는 불가능한 선택이나 일관되지 않은 행동을 강요하는 방법으로 정보 누설이나 잘못된 자백서 날인을 강요하는 행위, 그리고 모욕적인 행위 강요가 있습니다. 그리고 위협하기로는 피해자에게 직접 고문을 가할 것이라는 위협이 있겠지만, 가족이나 친구 또는 다른 사람을 대상으로 위협하는 부분에 유가려는 많이 약해졌던 것으로 보입니다. 의사소통 악용기법으로서 복종강요는 규칙에 대한 맹목적 복종강요가 있고, 아래 역정보법을 보면 검사가 방금 말한 것처럼 아줌마 수사관의 이해할 수 없는 행동이 여기에 속합니다. '폭력적 고문 후 호의적 정보로 회유하기'의 전형적인 사례입니다. 그래서 유가려가 자주 헷갈리고 사실 더 미웠다고 얘기하는 부분이 이런 부분입니다.

(……)

마지막으로 한 말씀 드리고 마무리 짓겠습니다. 아무리 거짓말을 만들어내도 거짓들 사이의 좁은 틈으로 진실이 비집고 나와서 결국은 거짓말을 압도할 것입니다. 이 사건에서도 2012년 1월 23일의 행적에 처음부터 틈이 벌어져서 변호인들이 집중적으로 확인해본 결과 지금 같은 유가려의 진술 번복까지 찾아내게 된 것입니다. 이런 모든 점들을 충분히 고려하셔서 피고인에게 무죄를 선고해주시기 바랍니다.

양승봉 변호사는 처음에 유우성의 말을 믿지 않다가 우경희(가명)와 통화하고 이화를 만나보고 나서 비로소 믿게 되었다는 이야기를 하면서 부끄러움에 눈물을 흘리기도 했다고 토로했다.

양승봉 변호사 저는 이 사건의 변호를 맡으면서 두 번 눈물을 흘렸습니다. 한 번은 유가려가 국정원에서 당한 일을 제게 이야기할 때 눈물이 나왔습니다. 또 한 번은 유가려 때문도 아니고 유우성 때문도 아니고 저 때문도 아니었습니다. 국정원 때문에 눈물을 흘렸습니다. 우리나라 제일의 수사기관에서 왜 이런 일을 하는지 그게 부끄러워서 화장실에 가서 눈물을 흘렸습니다.

(……)

유가려는 지난 2013년 7월 3일에 중국으로 갔습니다. 검찰의 공소 사실이나 국정원 수사관들의 주장도 그렇고, '작년 10월 24일이나 10월 25일경 만약 여동생이 한국으로 들어가다가 걸리면 생명이 위험해질 수도 있으니까 아버지가 먼저 피신했다'고 진술서에 나와 있습니다. 피고인의 여동생이 직접 겪지 않았다면 할 수 없는 말입니다. 그런데 대한민국의 요란한 언론에 더하여 지난 5월인가 북한에서도 이 사건과 무관하다는 발표까지 했습니다. 변호사들끼리 이게 도와주는 것인지 아닌지 모르겠다는 우스갯소리를 했습니다. 그만큼 이 사건이 유명해졌습니다. 그런데 피고인의 여동생이 7월 3일에 중국에 가서 지금은 연길의 아버지 집에 묵고 있습니다. 제가 전화해서 '연길 집에 도착하니까 어떠냐?'고 물었더니 딱 한마디 했습니다. '변호사님, 정말 정말 좋아요.' 국정원 수사관이나 검찰에 따르면 그곳은 보위부가 득실득실해서 언제 죽을지 모르는 곳인데 유가려가 한 말은 '변호사님, 정말 정말 좋아요.' 이 한 마디였습니다.

장경욱 변호사는 중앙합동신문센터에서 탈북자들을 독방에 가두고 조사하는 것이 부당하다고 지적하고 국가보안법 사건을 맡아 국가정보원을 상대로 진실을 밝힌다는 것은 공포와의 싸움이라고 말했다.

장경욱 변호사 후배 변호사들과 함께하면서 '이 사건은 결국 공포와의 싸움이 될 것이다. 탈북자들의 처지가 열악하고 방어력이 약한 것을 이용해 국가정보원이 국가보안법에 의존해서 어떻게 간첩을 조작해내는가를 밝히려면 공포를 이겨내야 한다'고 했습니다. 후배 변호사들이 그 실상을 하나하나 자세히 목격한 사건이 되었습니다.

(……)

저희가 중국에 두 번 다녀왔습니다. 중국에 가서 객관적인 증거들을 찾는 것도 용기가 필요했습니다. 피고인의 아버지가 북한 보위부 요원으로 되어 있으니 그를 만난다는 것은 두려운 일이었습니다. 그쪽에서도 우리를 경계하고 의심하긴 마찬가지였습니다. 힘든 과정을 거쳐 결국 피고인의 가족을 만나 증거를 수집해왔습니다. 인신구제청구재판에서 유가려를 데리고 나와서 들은 이야기는 충격적이었습니다. 국가폭력이 탈북자를 이용해서 간첩을 조작하는 과정을 상세히 알 수 있었습니다. 그 내용을 기자회견을 통해서 밝히자 국가정보원이 저를 포함한 변호인 세 명을 명예훼손으로 고소하고 손해배상을 청구했습니다. 이 사건은 탈북자와 관련한 사건 중 유일하게 검증 가능하고 객관적인 증거가 있기 때문에 여동생의 허위진술이 다 밝혀졌다고 생각합니다. 변호인들은 무죄를 입증하기 위해서 가능한 수단을 다 동원했습니다.

(……)

존경하는 재판장님, 배석판사님, 이 사건은 국가보안법 형사사건입니다. 형사사건의 일반적인 원칙들을 그대로 적용하기에는 많은 어려움이 있다는 것을 압니다. 검찰이 입증 책임을 제대로 하지 않아도 국가보안법 사건에서 유죄 판결이 나오는 경우를 많이 경험했습니다. 이런 변호인의 우려가 기우가 되도록 진실과 정의, 상식이 지켜져서 국가폭력이 자행한 고문 수사와 간첩 조작을 밝혀냄으로써 대한민국이 인권을 한 단계 더 향상시키고 국가보안법을 이용한 간첩 조작 사건이 더 이상 생겨나지 않도록 사법부의 현명한 판결을 기대합니다.

김유정 변호사와 김진형 변호사도 피고인의 무죄를 확신하며 증인과 증거를 바탕으로 재판부가 현명한 판단을 내려주기를 당부했다. 마지막으로 천낙붕 변호사가 최후변론에 나섰다. 천낙붕은 이 사건의 본질을 예리하게 진단했다.

천낙붕 변호사 본 사건은 전형적인 국가보안법 사건이기도 하지만 한편으로는 국가보안법 사건이라고 봐야 될지 단정 지을 수 없는 묘한 특징을 갖고 있습니다. 처음에 피고인에게 구속영장이 발부되고 곧바로 언론에 대대적으로 이 사건이 발표되었습니다. 당연히 이 사건은 사회의 주목을 받고 있습니다. 이는 아주 전형적인 국가보안법 사건입니다.

재판이 시작되기 전에 이미 법원에 유죄 예단이 형성되지 않았나 하는 의심이 들게 하는 것이 국가보안법 사건의 일반적인 특징입니다.

(……)

이 사건의 또 다른 특징은 사실 공안사건이라고 할 수 없는 감금에 의한 전형적인 허위자백 사건입니다. 1970년대와 80년대에 '국가보안법 사건은 49일 사건이다'라는 말이 있었습니다. 용의자가 49일 동안 구금되어 외부와 차단된 상태에서 만들어진 사건이라는 말입니다. 법적으로 경찰 단계에서 30일, 검찰에서 20일, 모두 50일의 구금 기간을 말하는 것이기도 합니다. 통칭 피고인들 사이에서는 '49일 국정원 사건'이라고 합니다. 옛날의 안기부 사건이지요. 49일 동안 안기부에 있으면 사건이 만들어진다는 것도 그때의 이야기였습니다. 49일이 넘는 사건은 66일도 있고 현재 80일도 있습니다. 여지없이 그것은 허위자백 사건이라고 단정했습니다.

(……)

지금은 상당히 민주화되어 국정원에서는 하루가 멀다 하고 변호인 접견이 가능하고 수사에 항상 입회할 수 있습니다. 하지만 이 사건은 뭡니까? 제가 전 세계의 법조인들에게 물어보겠습니다. 우리 변호사들뿐만 아니라 법원에 계시는 판사, 검사 분들에게 묻습니다. '용의자가 외부와 단절된 채 6개월 동안 조사받는 나라가 있다는 걸 들어봤나?' 다들 깜짝 놀랄 겁니다. '그런 나라가 어디 있겠느냐? 아프리카밖에 없지 않느냐?' 이렇게 말하지 않을까요. 바로 우리나라가 그렇다면 누가 믿겠습니까. 부끄러운 사실입니다. 그것이 '임의성이 있다든가 위법하지 않다'고 할 수 있는 것일까요? 이런 것을 가지고 법률적인 쟁점이 형성됐다는 사실 자체가 저희로서는 수준이 떨어진다는 생각을 갖게 합니다.

(……)

일반적으로 국가보안법 사건의 경우, 북한의 반국가단체성 문제부터 국가보안법의 위헌성 문제에 이르기까지 항상 변론요지서가 100페이지가 나옵니다. 그렇지만 이 사건은 전혀 그런 문제가 없습니다. 허위자백이냐 아니냐, 그 문제입니다.

(……)

마지막으로 하나 말씀드릴 것은 이번 사건에서 피고인과 유가려에 대한 문제입니다. 두 분이 북한에서 태어났다고 하지만 화교입니다. 화교가 한국에 와서 북한이탈주민이라고 해서, 특히 유가려의 경우에는 6개월 동안 불법 구금된 상태였습니다. 저도 개인적으로 두 사람에게 미안하다는 말을 못했습니다. 정말 속으로 두 분에게 부끄러웠습니다. 그런 마음이 전달됐으면 좋겠습니다. 재판부에게 청원하는 것은 무죄 판결로서 그런 마음을 전할 수 있게 해달라는 것입니다.

유우성에게 최후변론의 시간이 주어졌다. 유우성은 마음을 가라앉히려고 애쓰면서 오랜 시간을 들여서 준비한 이야기를 풀어놓기 시작했다.

유우성 제가 최후변론에 앞서 말씀드릴 것은 저는 한국에 살고 싶었습니다. 제 동생도 역시 저와 똑같은 마음입니다. 대한민국에 살면서 나를 낳아준 고향은 아니지만 대학교도 보내주고 수급자로 살면서 정부에서 돈도 받고 아플 때 병원에 가서 무상진료도 받았습니다. 이루 말할 수 없는 혜택을 받았습니다. 진심으로 감사드립니다.

유우성은 이렇게 말하면서 한동안 눈물을 흘렸다. 마음을 가다듬고 공소 사실을 하나하나 짚어가며 사실이 아님을 밝히고 자신의 입장과 생각을 말했다. 그리고 북한에서 어떻게 살았는지 대한민국에 정착한 뒤에는 어떤 과정을 거쳐서 오늘에 이르렀는지를 설명했다. 서울시 공무원이 되고 자리를 잡은 뒤에는 대한민국에 진 빚을 갚기 위해 탈북자들의 정착을 돕는 일을 더욱 열심히 하게 되었다고 했다. 끝으로는 자신이 탈북자 정보를 북한에 넘기지 않았다는 점을 강조했다.

유우성 존경하는 판사님과 재판부 그리고 검사님, 변호사님, 방청석의 모든 분들 다 가족이 있습니다. 제게도 세상 그 무엇과도 바꿀 수 없는 소중한 가족이 있습니다. 아버지와 동생입니다. 한국에 있는 탈북자 분들도 저와 똑같이 소중한 가족이 있습니다. 나의 가족이 소중하고 귀한 것처럼 다른 사람의 가족도 똑같이 소중하고 귀합니다. 저는 단 한 명의 탈북자 자료도 북한에 넘긴 적이 없고, 2006년에 어머니 장례식을 치르러 북한에 다녀 온 뒤에는 북한에 단 한 번도 들어간 적이 없습니다.

유우성은 끝내 흐느껴 울면서 최후변론을 이어갔다.

유우성 제 재판 때문에 밤늦게까지 오랜 시간 고생하신 판사님과 재판부에 감사드리고, 저를 위해 밤낮으로 뛰어다닌 변호사님들께 진심으로 머리 숙여 감사드립니다. 제가 감옥에 들어가서 간첩이라는 누명을 쓰고 있을 때 저를 믿고 계속 찾아주신 신부님과 목사님, 모든 분들에게 고개 숙여 인사드립니다. 저는 스스로 제 자신을 원망합니다. 북한에서 태어났고 화교인 것을. 그러나 북한을 탈출해 대한민국에서 산 것은 절대로 후회하지 않습니다. 다시 태어날 수 있다면 한국에서 태어나고 싶습니다. 나는 대한민국을 사랑합니다. 나는 대한민국 법정을 믿습니다. 감사합니다.

선고공판이 있기 하루 전날인 2013년 8월 21일 아침, 유우성은 보안과장의 호출을 받았다. 그동안 '억울하다'고 날마다 시찰구에 매달려 소리친 덕분에 방을 다섯 번이나 옮겼지만 교도관들도 차차 관심을 가져주었다. 우성은 대학노트 80페이지에 달하는 길이로 북한에서 태어나 자기가 살아온 내력과 탈북해서 오늘날까지 있었던 일들을 빼곡하게 적어서 보안과장에게 건네주었다. 보안과장은 그 내용을 다 읽어보았다면서 법적인 판단은 판사가 하겠지만 인간적으로 우성을 이해하게 됐다고 말해주었다. 보안과장은 우성에게 손수 커피를 타주며 격려했다.

"유우성, 내일이 선고일이지? 물론 잘되기를 바라지만 구형이 7년이니까 선고가 5년 정도 나올 수도 있어. 결과가 좋게 나오지 않아도 항소심도 있고 대법원 판결도 있으니까 실망하지 말고 희망을 가져야 돼. 내가 법관이 아니라서 자네가 죄가 있는지 없는지 판단할 수는 없지만 간첩 사건에 이렇게 면회 많이 오는 건 내가 처음 봤어. 사회에서 그만큼 옳게 살았다는 뜻 아니겠나. 아무튼 내일 좋은 결과 있기 바라네."

이날 접견 온 구윤회 목사도 우성에게 용기를 내라고 격려해주었다.

"우성 씨, 서울구치소는 오늘이 마지막이 될 거야. 다시는 구치소에서 보지 말고 내일부터는 바깥세상에서 얼굴 보자고. 꼭 그렇게 될 거야."

우성은 고마움에 목이 멨다. 우성이 이번 일을 겪으면서 제일 고마운 사람들은 변호사들이다. 찾아와주고 편지를 보내준 분들도 많았다. 그분들에게도 말할 수 없이 고마웠다. 우성이 체포되고 난 뒤 열흘 동안 그랬던 것처럼 줄곧 혼자였다면 이 싸움을 견딜 수 없었을 것이다. 그런 생각을 할 때마다 6개월 동안 합신센터에 혼자 갇혀 있었던 가려가 가엾어서 눈물이 났다.

2013년 8월 22일 오전 11시, 서울중앙지방법원 502호 법정.

재판장인 형사합의 21부 이범균 부장판사가 판결문을 읽어 내려가는 동안 피고인석의 유우성과 변호인단, 그리고 방청석을 메운 지인과 취재진들은 모두 숨을 죽였다. 법정 안에는 긴장감이 흘렀다. 검사는 한 명도 나오지 않아 검사석은 텅 비어 있었다.

"사건의 핵심 증거였던 여동생의 증언이 객관적 증거에 모순되는 부분이 있고 진술의 일관성과 합리성도 일부 의문이 드는 이상, 수사기관 및 증거보전절차에서의 진술은 전체로 신빙할 수 없다. (……) 여동생의 진술서와 특별사법경찰관(국정원)이 작성한 진술조서도 진술거부권과 변호인의 조력을 받을 권리를 고지하지 않았기 때문에 증거로서 능력이 없다.

(……) 수사기관에서의 여동생의 진술이 폭행·협박 및 가혹행위 등에 의해 이루어진 것은 아닌 것으로 보인다. 국정원 수사관들의 진술과 검사가 제출한 자료 등을 종합해볼 때 특별히 그 진술의 신빙성을 의심할 만하지 않다. (……) 검찰이 유우성이 북한에 정보를 보내는 데 이용했다고 주장하는 유씨의 노트북에서도 관련 증거가 나오지 않았다. (……) 형사재판에서 범죄 사실에 대한 증명의 책임은 검사에게 있고, 공소 사실을 진실이라 확신을 갖게 하는 증거가 있어

야 한다. 그런 증거가 없다면 피고인에게 유죄의 의심이 가더라도 피고인의 이익으로 판단해야 하는 것이 우리 형사소송법의 대원칙이다. (……) 사건의 상당 부분이 북한에서 이뤄져 수사의 한계가 있더라도 그로 인해 형사소송법의 대원칙 적용이 완화되어서는 안 된다. (……) 국가보안법 위반 혐의에 대해서는 무죄를 선고하고 여권법 위반과 북한이탈주민 보호 및 정착에 관한 법률 위반 등의 혐의는 인정되어 징역 1년에 집행유예 2년을 선고한다."

수의를 입고 흰 고무신을 신은 채 피고인석에 서 있던 유우성의 눈에서 눈물이 떨어졌다. 방청석을 가득 메운 서른 명 남짓한 사람들이 박수를 치며 환호했다. 눈을 감고 판결 내용을 듣고 있던 장경욱 변호사는 눈을 번쩍 뜨고 손등으로 눈물을 훔쳤다. 침착하게 판결 내용을 메모하고 있던 김용민 변호사와 고개를 숙이고 경청하던 양승봉 변호사는 서로 얼굴을 마주보며 환한 미소를 지었다. 방청석에 나와 있던 김권순 신부와 김찬선 신부, 구윤회 목사 등 지인들은 판결이 나오는 순간 양손을 높이 치켜들며 기뻐했다.

재판을 마치고 서울구치소로 돌아갈 때면 늘 몸에 묶어야 했던 파란색과 까만색의 포승줄 두 개와 손목을 조이던 이중수갑이 사라졌다. 유우성은 포승줄과 수갑 없이 호송차에 올라타면서 자유의 몸이 되었다는 것을 실감했다. 유우성이 구치소에 도착하자 교도관들이 모두 나와서 우성을 차례로 안아주었다. 그들은 우성이 무죄 선고를 받은 것을 자기 일처럼 기뻐해주었다.

2013년 8월 22일 오후 1시 40분경 유우성은 서울구치소 정문을 자기 발로 걸어서 나왔다. 많은 취재진들이 우성을 기다리고 있었다. 소감을 묻는 기자들의 질문이 쏟아졌다.

"변호사님들을 비롯해서 많은 분들이 도와주셨습니다. 앞으로 열심히 보답하면서 살겠습니다. 제가 간첩이 아니고 순수한 마음으로 탈북자들을 돕기 위해 일해왔다는 것을 행동으로 보여드리는 것이 보답하는 길이라고 생각합니다."

우성은 눈부신 햇살이 쏟아지는 하늘 아래 자유로운 몸으로 서 있다는 사실이 실감 나지 않아서 자꾸만 주변을 둘러보았다. 한겨울에 들어가서 늦여름에 나온 것이다.

변호사들은 기자들의 질문에 "법리적 관점에서는 무죄가 당연하지만 국가보안법 사건이 우리 사회에서 복잡한 상황에 놓여 있어서 불안한 마음이 없지 않았습니다. 판사들이 증거에 입각해서 원칙대로 판결해준 것 같습니다"라고 밝혔다. 다만 합신센터 조사 과정에서 나온 유가려의 진술이 폭행이나 협박, 가혹행위에 의한 것이 아닌 것으로 보인다는 판결에 대해서는 유감스럽다는 입장을 보였다.

그동안 탈북자 국가보안법 사건을 전담하다시피 해왔던 민변이지만 1심에서 무죄를 선고받기는 사실상 처음이었다. 탈북자 피고인은 혐의를 시인하고 1심에서 패소한 뒤에 사건을 의뢰해오는 경우가 많았다. 하지만 유우성은 처음부터 끝까지 일관되게 자신의 혐의를 부인했다. 그것이 변호사들에게는 큰 힘이 되었다. 유우성의 변호인단은 이번 판결은 탈북자 국가보안법 사건에서 역사적인 판결이었다고 입을 모았다. 사건은 판례를 남기고 다음 사건에 영향을 주기 때문에 국정원이 역량을 총동원해서 유죄를 입증하려고 했던 사건에서 무죄 판결을 받았다는 것은 큰 의미가 있었다. 검찰은 1심 판결에 불복해서 항소했고 변호인 측도 항소했다.

4부

1
위조

2013년 11월 1일, 유우성 사건에 대한 2심 2회 공판에서 검찰은 유
우성의 출입경기록을 새로운 증거로 제출했다. 유우성이 2006년 5월
27일에 북한에서 중국으로 나온 뒤, 같은 날 다시 한 번 북한에 들어갔
고, 6월 10일에 중국으로 나온 것으로 되어 있는 기록이다. 유우성이
보위부에 인입된 시점이라고 검찰이 주장하는 2006년의 두 번째 밀입
북에 대한 증거로 제출한 것이다. 변호인 측은 처음부터 이 기록의 출
처를 의심하며 증거 채택을 반대했다.

김용민 변호사 순번 1번 피고인(유가강)의 중-북(中-北) 출입경기록은 중
국에서 제대로 발급해준 것인지 믿을 수 없어서 증거 채택에 동의하
지 않습니다.
재판장 유가강의 중국-북한 출입경기록은 출처가 어디인가요?

출입경기록의 출처를 묻는 재판장의 물음에 이문성 검사는 허룽 시

공안국 출입경관리과에서 보내준 것이며, 공식 루트로 받은 것인지를 묻는 질문에도 공식적인 루트라고 답변했다.

이문성 검사 회령 지역과 중국의 통로인 싼허교두를 관할하는 중국 허룽 시 공안국 출입경관리과를 통해 유가강의 출입경기록을 발급 받았습니다. 더군다나 이 출입경기록은 허룽 시 공안국에서 발급 받았다는 것을 허룽 시 공증처에서 확인공증까지 받았습니다.

재판장 공식적인 루트를 통해서 받은 것인가요, 사적인 루트를 통해서 받은 것인가요?

이문성 검사 공식적인 루트를 통해서 받았습니다.

재판장 공식적인 루트를 통해서 받았다는 자료가 있나요?

이문성 검사 공문이 있습니다.

재판장은 검사에게 중-북 출입경기록의 번역본을 제출할 것을 명령하고, 증거로 받아들인다고 고지한 뒤 변호인 측이 위법수집증거 배제를 주장하므로 검사는 입수경위에 대한 답변과 자료를 다음 비공개법정에서 제출할 것을 명령했다. 이문성 검사는 피고인이나 변호인 측에 직접 자료를 발급 받아오라고 할 정도로 여유를 보였다.

이문성 검사 피고인은 1심에서 집행유예 판결이 나서 자유로운 몸이 되었습니다. 저희가 증거로 제출한 출입경기록의 진위 여부가 정말 의심이 된다면 위임을 통해 자료를 충분히 받을 수 있고, 심지어 중국에 가서 본인이 직접 발급 받아올 수도 있습니다. 이런 중대한 사안의 경우에는 변호인 측과 피고인도 재판 과정에 최소한 협조할 의무가 있다고 판단됩니다. 따라서 재판부께서 피고인으로부터 출입경 기록을 받아볼 수 있도록 한 번 더 정식으로 요청드립니다.

이 대목에서 떠오르는 소설이 있다. 에드거 앨런 포의 단편소설 〈검은 고양이〉다. 주인공은 아내를 죽이고 지하실 벽 속에 시체를 넣은 다음 벽돌을 쌓고 발라버렸다. 아내의 실종사건을 수사하던 경찰이 집안을 수색하러 왔을 때 지하실을 둘러보고 아무것도 발견하지 못한 채 그냥 돌아가려고 하자 완전범죄의 예감에 들뜬 주인공은 쓸데없는 '오버'를 한다. 지하실 벽을 탕탕 두드리며 '오래된 집이지만 튼튼하다'고 자랑한 것이다. 그 순간 벽 속에서 소름끼치는 고양이 울음소리가 들리면서 완전범죄의 꿈은 산산조각 난다.

검사가 친절하게 가르쳐주지 않아도 유우성이나 변호사들은 출입경 기록의 진위 여부를 확인할 계획을 갖고 있었다. 유우성의 아버지 유진룡과 유가려가 연변조선족자치주를 찾아가서 출입국업무를 담당하는 공무원을 만나 검찰이 제출한 출입경기록은 위조된 것임을 확인하고 정식 출입경기록을 발급 받았다. 변호인단은 12월 5일자 변호인 의견서에 이런 내용을 써서 제출했다.

검찰 측이 제출한 출입경기록은 변호인단의 입장에서는 반가운 일이었다. 변호인들이 걱정한 것은 진본이 증거로 제출되는 경우였다. 수사 초기부터 국정원이나 검찰이 가지고 있던 '출입입입'으로 표시된 출입경기록을 증거로 제출하고 나서 세 번째 '입', 즉 5월 27일에 두 번째로 중국에 들어간 기록은 잘못된 것이고, 네 번째 '입', 6월 10일에 중국으로 들어간 기록은 사실이라고 주장할까 봐 걱정했다. 그렇게 되면 공소 사실대로 5월 말경에 두만강을 건너서 북한에 갔다가 보위부에 인입되고 6월 10일에 보위부가 중국 쪽에 손을 써서 국경 검문소를 통과했다는 가정이 성립된다. 변호인들이 걱정한 것은 그것이었다. 양승봉 변호사는 '저들이 출입경기록을 위조해서 제출하는 거 아니야?'라고 농담을 했는데 그 농담이 현실이 된 것이다. 장경욱 변호사는 검찰이 제출한 '출입출입'으로 기재된 출입경기록을 보는 순간 속으로 만세를 불렀다. 너희는 이제 딱 걸렸다!

2013년 12월 6일 2심 3회 공판이 열렸다.

김진형 변호사 검찰이 증거로 제출한 피고인의 출입경기록의 증거 능력에 대해서는 12월 5일자 변호인 의견서에도 자세히 쓴 내용이지만, 필요한 동영상과 프레젠테이션(PT)을 준비해왔습니다. 검찰이 제출한 출입경기록의 위조 의혹에 대해서 먼저 상세하게 설명을 드리고자 합니다.

양승봉 변호사 변호인 측이 준비한 증거자료는 검찰이 제출한 출입경기록의 입수 경위와 조작 경위가 여실히 드러나는 증거입니다.

김용민 변호사 변호인의 입장에서는 검찰이 제출한 피고인의 출입경기록이 검찰과 국정원에서 이 사건을 어떻게 조작했는지 알려주는 아주 중요한 증거라고 봅니다. 추가로 저희가 준비한 프레젠테이션은 당연히 공개재판을 통해 이루어져야 합니다.

검찰 측은 언제나 그렇듯이 공개재판을 반대했다. 그들은 항상 비공개재판을 선호한다.

이시원 검사 비공개도 아니고 공개된 상황에서 특정한 수사기관이 위조했다는 주장이 이루어지는 것이 과연 바람직한 것인지, 또한 오히려 검사에게 입증할 기회가 충분히 주어지는 것인지 의문이 듭니다.

대한민국 외교부, 대검찰청, 국가정보원 세 기관이 위조했다는 주장이 나오는데, 과연 어떤 증거가 나올지는 모르겠습니다만 저희 공문 이상의 공신력을 갖춘 것이 아니라면 일방적으로 주장하는 것을 공개하는 것이 과연 바람직한지 우려됩니다.

재판장은 변호인 측의 동영상 설명 및 프레젠테이션(PT)을 진행할 것을 허가하고, 이 부분의 공개를 정지한다고 선고했다.

변호인 측은 검찰이 제출한 출입경기록과 연변조선족자치주 공안국이 발행한 정식 출입경기록을 비교해서 보여주었다. 두 기록의 차이는 중국에서 북한으로 간 기록(출)과 북한에서 중국으로 간 기록(입)이 다르게 표시되어 있다는 점이다.

'2006. 5. 27 오전 11시 16분'에 검찰 서류에는 '出(출)', 즉 북한으로 출국했다고 나온다. 반면 변호인 서류에는 '入(입)', 중국으로 입국했다고 기록되어 있다. 변호인이 낸 기록은 2006년 5월 27일 오전 11시 16분에도 入(입), 2006년 6월 10일도 入(입)으로 되어 있다. '출(5/23)-입(5/27 10시)-입(5/27 11시)-입(6/10)'이라는 흐름상 맞지 않는 기록이 기재된 이유에 대해 변호인은 추가 설명서를 받았다. 유우성이 통과한 싼허변방검사참(출입국관리소)은 "2006년 5월 27일 오전 11시 17분과 2006년 6월 10일 기록은 메사(MEI SHA) 시스템 업그레이드 과정에서 컴퓨터 프로그램 오류로 인해서 생긴 틀린 기록(실제로 출입한 사실이 없는데 입경한 것처럼 기록된 것)이다"라고 밝혔다.

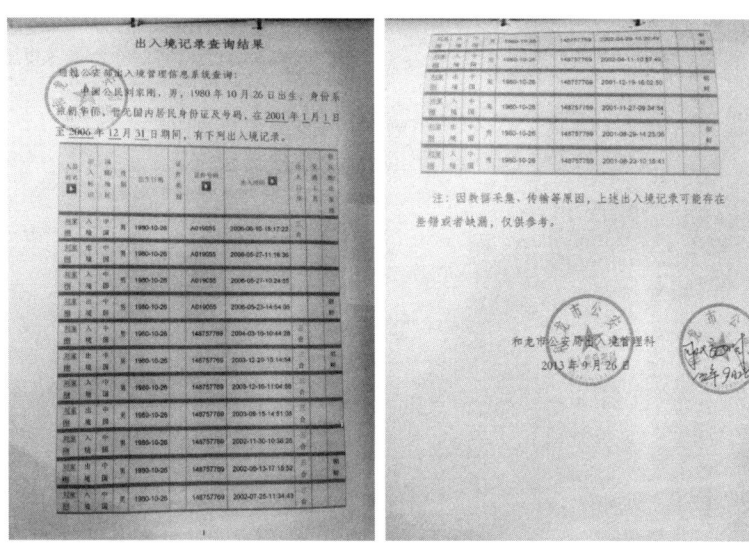

검찰 측이 조작한 것으로 드러난 유우성의 중-북 출입경기록.

또한, 당시 유우성이 가지고 있던 중국출입국 통행증은 30일 내에 한해 1회 출·입국이 가능하다고 강조했다. 두 번째, 세 번째 입국한 기록(5월 27일 오전 11시 16분, 6월 10일)은 존재하지 않는, 시스템 업그레이드 과정에서 생긴 잘못된 기록이라는 것이다. 당시 유우성과 함께 중국으로 나간 친척 두 사람의 출입경기록에도 같은 일시에 '출-입-입-입'이라는 기록이 남아 있는 것까지 확인했다.

변호인단이 주장하는 '검찰이 기록을 조작했다'는 증거는 또 있다. 검찰이 낸 출입경기록의 또 다른 부분은 유우성의 북한 여권기록과 맞지 않는다. 유우성의 여권에는 2002년 11월 30일과 2003년 9월 15일 모두 북한에서 중국으로 간(입경) 날짜라고 되어 있다. 변호인이 중국 변호사를 통해 뗀 유우성의 출입경기록과도 동일하다. 여권 기록은 출입할 때 스탬프로 찍은 것이기 때문에 오류가 있을 수 없다. 그러

나 검찰이 낸 기록에는 2002년 11월 30일은 입경, 2003년 9월 15일은 출경이라고 쓰여 있다. 검찰이 낸 서류는 2003년 9월 15일 '입경' 기록이 '출경'으로 조작되었음을 알 수 있다.

변호인단은 유가려의 인터뷰 동영상도 공개했다. 변호인 측의 주장이 조작된 것이라는 역공을 막기 위해서 〈뉴스타파〉가 유가려를 처음부터 끝까지 따라다니며 전 과정을 촬영했다. 연변조선족자치주 공안국 직원은 '허룽 시 공안국은 이런 문서를 발급할 권한도 없고 도장도 위조된 것'이라고 밝혔다.

동영상에 들어 있는 연변조선족자치주 공안국 직원과 유가려의 대화

공무원 허룽에는 이런 도장이 아예 없어요. 전부 위조된 거예요. 가짜인 거죠. 허룽 기관에서도 지금 분노하고 있어요.

유가려 위의 내용은 원본 문서와 같은가요?

공무원 분명히 위조된 거예요. 모두 고쳐버렸어요. 허룽공안국에서는 이런 문서를 발급할 권리가 없습니다. 각 현마다 모두 저한테 와서만 발급 받을 수 있고, 다른 곳에서는 발급할 수 없고 그런 권리도 없습니다.

유우성이 쌴허변방검사참에 직접 전화해서 토요일 오후에 근무를 하는지 물어본 통화 녹취 기록도 제시했다. 검찰이 제출한 기록에는 2006년 6월 10일 오후 3시 17분에 북한에서 중국으로 들어온 것으로 되어 있다. 이날은 토요일이다.

유우성 쌴허세관은 토요일에도 업무를 진행하시나요?

쌴허 토요일에는 오전 11시 30분까지 근무하고요. 오후에는 휴식입니다.

유우성 북한에서 중국으로 입국하는 사람들이 오후에 입국하려면 가능한가요?

쌴허 입국이 안 됩니다.

유우성 2006년, 2007년에도 오전에 근무하시고 오후에는 휴무죠?

쌴허 네, 네, 지금까지 그렇게 해왔습니다.

쌴허 측에서는 토요일은 오전 11시 30분까지만 근무한다고 분명히 이야기하고 있다. 검찰이 제출한 출입경기록이 위조라는 또 하나의 증거가 나온 것이다. 증거가 위조되었다는 것을 설명하고 나서 변호인들은 검찰 측을 강하게 압박했다.

김용민 변호사 위와 같이 검사가 제출한 출입경기록은 어딜 보더라도 날조된 것으로, 증거 능력이 없으며, 피고인이 2006년 5월 27일 이후에 재입북했다는 증거 자체가 없으므로 검사는 이 날조된 출입경기록의 출처를 밝혀야 될 것입니다. 아울러 날조는 형사 처벌을 받는 것이기 때문에 검사는 이 사건 항소를 취하해야 마땅하다고 생각합니다.

재판장 검사는 변호인 측의 동영상 내용 및 프레젠테이션에 대한 의견이 있습니까?

이시원 검사 이 출입경기록의 발급 경위에 대한 다툼이 클 것으로 생각되어 검찰이 증거로 제출한 피고인의 출입경기록이 맞느냐는 공문을 다시 보낸 뒤 발급된 것이 맞다는 공문을 주선양대한민국총영사관을 통해서 주고받은 것을 다시 첨부하고 의견서를 제출했으므로 그 부분도 한번 봐주시기 바랍니다.

그리고 두 번째 입경기록은 수사 기록에 이미 공개된 것이기 때문에 수사 단계에서 피고인 유우성에게 이 내용의 자료가 제시되면서 수사가 이루어졌다는 것은 맞지만 저희가 공식적으로 받은 자료는 바로 증거로 제출된 이 자료이기 때문에 현재로서는 이 자료를 중국의 공식적인 입장으로 확인할 수밖에 없고, 이 출입경기록이 진정한 자료라는 중국의 입장이 명백히 표시된 이상 이 자료에 신빙성을 둘 수밖에 없습니다.

검찰에서는 변호인들의 위조 의혹 증거 제시를 예상하고 자신들이 제출한 출입경기록이 정식으로 발급된 것이라는 허룽 시 공안국 명의의 사실조회서를 다시 첨부한 것이다.

이날, 2013년 12월 6일 〈뉴스타파〉에서는 검찰이 제출한 공문서의 위조 의혹에 대해서 보도했다. 취재진이 중국 현지에서 확인한 내용은 변호인들의 주장과 같다. 검찰이 제출한 기록은 위조된 것이고 변호인 측의 기록이 진본이라는 것이다. '출-입-출-입'은 가짜, '출-입-입-입'이 진짜라고 확인해주었다. 쌴허국경검문소 측은 5월 27일의 두 차례 중국 입경기록은 컴퓨터 시스템 고장에 따른 오류로 발생한 것이라고 했다.

중국 연변조선족자치주 공안국의 출입경기록 담당자는 〈뉴스타파〉 취재진에게 검찰이 제출한 기록은 공식 기록에서 5월 27일 북한에서 중국으로 들어온(입경) 것으로 되어 있는 부분을 나간(출경) 것으로 바꾼 위조문서라고 밝혔다.

2014년 12월 20일에 열린 제4회 공판에서도 검찰은 계속해서 자신들의 출입경기록이 맞다고 버텼다. 재판부는 검찰과 변호인 측이 제출한 증거를 중국대사관 측에 보내 사실 조회를 하기로 했다.

김용민 변호사 검찰에서는 출입경기록의 입수 경위를 전혀 얘기하지 않고 있습니다. 입수 경위가 어떻게 되었는지 누가 발급 받았는지 전혀 나타나 있지 않습니다. 발급 받은 사람이 증인으로 나오면 저희도 충분히 반박할 수 있고 증거 능력에 대해서도 심도 있는 증인 신문이 될 것 같습니다.

이시원 검사 입수 경위는 사법공조조약이 정하는 절차에 따른 것은 아닙니다. 하지만 명시적으로 당해 조약 이외의 공조 역시 유효한 것으로 양국이 양해하고 있는 상황에서 이러이러한 자료가 필요하다는 대검찰청 명의의 공문이 갔고, 그것에 대해서 정보협력 차원에서 본건 출입경기록이 아 측으로 전달된 다음에, 그 상황만 가지고는 변호인들이 우려하는 진정성 부분이 의심될까 봐서 이러이러한 내용으로 허룽 시 공안국에서 발급된 것이 맞느냐는 부분을 조회했고, 맞다는 답변이 온 것입니다. 이 사건과 관련한 변호인들의 증거수집 과정 때문에 지금 중국 공안에서 상당한 혼란과 분노까지 느끼고 있어서 진정한 사실관계를 반영하는 조회 결과가 올 것인지 의문이 아닐 수 없습니다.

장경욱 변호사가 재판 과정에서 여러 차례 언급한 대로 검찰은 '적반하장'이 일종의 습관이 된 것 같다. 유가려가 인터뷰한 연변조선족자치주의 공무원은 '허룽 시 공안국에서 분노하고 있다'고 말했다. 그들은 검찰의 위조문서 때문에 분노하고 있는데 검사는 변호인들의 증거수집 과정 때문에 분노하고 있다고 말한다.

양승봉 변호사 엄연한 사법공조절차가 있음에도 불구하고 검찰에서 비공식적인 절차에 의해서 증거를 획득했으므로 사실조회를 신청하면서도 또 비공식적인 힘이 작용해 변질된 사실 조회가 나올까 봐 솔직히 두렵습니다. 그리고 이시원 검사가 수사 과정에서 이미 저희들이 제출한 출입경기록이 사용되었다고 했으므로 그것을 가지고 있을 것입니다. 따라서 그것도 제출해 지금 가지고 있는 것이 저희들 것과 똑같은지 비교해봤으면 좋겠습니다. 그래서 수사 때 사용했던 출입경기록을 제출해주시면 재판부에서 판단하는 데 도움이 될 것 같습니다.

수사 과정에서 유우성에게 보여주었다는 출입경기록, 즉 '출-입-입-입'으로 되어 있는 기록을 제출하라고 하자 이시원 검사는 갑자기 말을 바꾼다. 자신이 이야기한 것이 유우성의 국내 출입국 기록이었다는 것이다.

이시원 검사 그 점에 대해서 제가 죄송한 말씀을 드리겠습니다만 제가 지난 법정에서 '수사기록에 나와 있듯이'라고 전제한 것을 기억하십니까? 그리고 지금 제가 재판 준비 과정에서 조서를 다시 재검토해보니 그때 피고인에게 제시되었던 많은 기록들이 조서 상 국내 출입국 기록이 첨부되어 있는 것으로 다시 재확인했습니다. 그 부분은 제가 착오로 진술한 것입니다. 사실 수사 과정에서 다양한 첩보는 가지고 있지만 그 첩보를 무조건 재판부에 모두 사실처럼 말씀드릴 수는 없는 것이어서 제가 착오로 지난번에 설명을 드린 것 같습니다.

김용민 변호사 착오라고 보기에는 굉장히 중요한 문제였던 것 같습니다. 그리고 저희가 허룽 시 공안국에서 발급하지 않았다는 것을 계속 강조하고 있는데, 거기서 발급 받았다면 받은 사람이 나와서 허룽 시 공안국에 가서 발급 받은 것이 맞다는 것을 입증하면 될 것 같습니다.

이시원 검사 지금 대검찰청이 공문을 시행해서 회신 받은 공문도 믿지 못하겠다는 주장인데, 그러면 사람이 가서 받아왔다고 하면 그것은 다 믿어주실 것인지 의문이 아닐 수 없습니다.

장경욱 변호사 허룽 시 공안국에서 발급한 것 자체가 문제가 되어 위조라고 저희가 주장하고 있습니다. 지린성 회신에 따라서 온 것인지 답변해야 되고 지린성에 공문을 보내어 이런 것을 발급해준 적이 있느냐고 하면 되는데 왜 갑자기 허룽 시 공안국이 등장하는지에 대해서 해명해주어야 할 것입니다. 저희가 볼 때 검사들이 다른 어떤 기관이나 누구에 의해서 너무나 많은 우를 범하고 있지 않나 그 부분이 답답해서 계속 석명을 요청하는 것입니다.

재판장은 중화인민공화국 주대한민국대사관에 사실조회를 요청하고 검찰이 낸 출입경기록의 증거 채택 여부는 사실조회서가 도착한 뒤에 결정하겠다고 고지했다.

재판장 검사가 신청한 증인 임○○(조선족, 전 중국 공안국 출입경 관련자)와 변호인 측의 중화인민공화국 주대한민국대사관에 대한 사실조회 신청은 모두 채택합니다.
이시원 검사 재판부 의견에 동의하면서 저희가 약간 우려스러운 것은 중국이 북한과의 특수한 관계 때문에 상당한 시간이 소요되거나 아니면 이도저도 아닌 결론을 회신할 가능성도 없지 않다고 봅니다.

이시원 검사의 의견은 희망사항처럼 들린다. 검찰 측은 중국에서 답변을 하지 않고 시간을 끌거나 아예 답변을 하지 않는 경우를 기대한 것은 아닐까. 변호인 측에서도 그런 경우를 우려해서 중국 측의 사실조회에 대한 답변 여부와 상관없이 결심을 해달라고 재판부에 요청했다. 잘못하면 사실조회 답변 결과를 기다리느라고 결심이 한없이 늦어질 수 있었다. 변호인단은 지금까지의 증거만 가지고도 충분히 승산이 있다고 보았다. 재판부의 의중을 알 길은 없었지만 1심 재판 때보다 더 나은 증거는 나오지 않았고, 유일한 직접 증거인 출입경기록이 위조되었다는 것은 중국대사관의 확인이 없어도 입증된 셈이다. 중국에서는 그동안 한국과 북한이 연관된 일에 공식적인 입장을 밝힌 적이 없었다. 중국은 공식적으로는 늘 한국과 북한 사이에서 중립적인 입장을 취한다고 주장했다. 그동안의 분위기로 봐서 변호인 측도 이 일에 중국이 공식 입장을 밝힐 거라고 기대하지 않았다. 최선을 다한다는 의미에서 중국대사관 총영사에게 여러 차례 문의를 했지만 돌아오는 답변은 기다리라는 것뿐이었다.

재판부, 검찰, 변호인단 모두의 예상을 깨고 중국은 2014년 2월 14일에 회신을 보냈다. 회신을 보낸 것도 놀라웠지만 그렇게 빨리 회신을 보냈다는 것이 더 놀라웠다.

중국대사관의 회신 - 번역문

중화인민공화국주대한민국대사관 영사부는 서울고등법원에 경의를 표하며, 귀 법원으로부터 송달된 사건번호 2013노2728 국가보안법 위반(간첩) 등의 사실조회서를 통해 요청하신 서류의 진위 여부에 대해 아래와 같이 회신하여 드리는 바입니다.

1. 중국의 관련기관을 통해 조사한 바에 따르면, 유가강의 변호인이 제출한 연변조선족자치주 공안국에서 발급된 〈출입경기록조회결과〉와 싼허변방검사참에서 발급된 〈정황설명서〉의 내용은 모두 사실이며, 이 두 문서는 합법적인 정식 서류입니다. 검사 측에

서 제출한 허룽 시 공안국이 선양 주재 대한민국총영사관에 발송한 공문 등 3건의 문서는 모두 위조된 것입니다.

2. 한국 검찰 측이 제출한 위조 공문은 중국 기관의 공문과 도장을 위조한 형사범죄 혐의를 받게 되며, 이에 대해 중국은 법에 따라 조사를 진행할 것입니다. 범죄 피의자에 대한 형사 책임을 규명하고자 하오니, 위조문서의 상세한 출처를 본 부에 제공해주실 것을 협조 부탁드립니다.

다시 한 번 숭고한 경의를 표하는 바입니다.

중화인민공화국주대한민국대사관영사부
2014년 2월 13일

2014년 2월 13일에 중국대사관에 회신이 도착했고 변호인단은 팩스로 회신을 입수해 2월 14일에 보도자료를 내고 오후 늦게 기자회견을 열었다.

변호인단은 "국정원의 희대의 날조극-서울시 공무원 간첩 사건(탈북 화교 남매 간첩 사건)의 진상을 은폐하기 위해서 국정원, 검찰, 외교부까지 이용해 중국의 공문서 위조 범죄를 저질렀다는 충격적이고 후안무치한 사실이 국내는 물론 국제적으로 알려지게 되었다"며 "국가기관이 단순 탈북 화교 남매를 간첩으로 조작한 이후 그 진상을 은폐하기 위해 2차, 3차의 증거 날조까지 저질렀다는 사실을 확인하고 대한민국 국민으로서 분노와 함께 수치심을 금할 수 없다"고 밝혔다.

변호인 측은 검찰의 즉각적인 항소 취하와 사건 조작 및 날조 가담자에 대한 수사기관의 신속한 수사와 엄중한 처벌, 탈북 화교 남매와 가족에 대한 사죄와 피해 보상, 중국 정부의 형사책임 규명에 대한 협조 등을 촉구했다.

검찰은 중국에서 회신서가 오자 '출입경기록과 사실확인서 등이 정식 공문을 통해 발급 받은 것이다'라고 주장해오던 것을 '이 서류들이 모두 국정원을 통해 입수된 것이므로 발급 절차상의 문제가 있을 수는 있지만 사실에는 부합한다'고 말을 바꿨다. 그것도 법정이 아니라 기자회견을 통해서 언론에 그와 같은 의견을 밝히고 검찰에서 진상을 규명한다면서 진상조사팀을 구성했다. 〈뉴스타파〉 등의 언론은 위조에 가담한 것으로 보이는 검찰이 진상조사를 한다는 것은 맞지 않는다면서 특검 수사를 촉구했다.

위조된 중국의 공문서 3건의 입수에 모두 관여한 것으로 드러난 선양 주재 한국영사관의 이인철 영사는 국정원 대공수사국이 파견한 직원이었다. 이인철은 국정원을 통해 검찰에 증거로 첨부한 영사확인서까지 개인이 독단으로 작성해 전달했다. 국회 외교통상위원회에 증인으로 출석한 조백상 선양 주재 한국영사관 총영사는 '유관기관(국정원)이 획득한 문서에 대해 이 영사가 확인한 개인 문서'라고 말해 사전에 보고받지 못했다고 시인했다.

국회 외교통상위원회 회의에서 민주당 의원들은 국정원에 의한 간첩 조작 의혹을 집중적으로 추궁했지만 새누리당 의원들은 오히려 위조 판단을 내린 주한중국대사관 쪽에 근거 없는 의혹을 제기하면서 국정원과 검찰 감싸기에 급급했다. 특히 새누리당 윤상현 의원은 "의심해야 할 것은 선양 영사관이 아니라 주한중국대사관이다. 주한중국대사관과 민변 사이에 커넥션이 있다는 느낌이 든다"는 몰상식한 발언까지 해서 물의를 일으켰다.

2014년 2월 28일 제5회 공판이 열렸다. 재판장은 중화인민공화국 주대한민국대사관에서 사실조회 회보서를 보내온 사실을 알렸다. 검찰의 입장을 묻는 변호사들의 의견에 검사는 진상규명을 핑계로 답변을 회피하는 태도를 보였다.

이시원 검사 이 문제에 대한 검사 측의 입장은 중국대사관의 사실 조회 이후에 검찰이 진상조사팀을 구성해 진상규명 절차가 진행 중이기 때문에 그 결과에 따라 열린 자세로 증거를 검토하고 공판에 임할 계획을 갖고 있습니다. 기 제출된 증거의 증거 능력 및 증거 조사에 관한 구체적인 입장은 진상규명에 따른 결과가 나온 뒤 그 결과를 토대로 진술하는 것이 타당하다고 판단하고 있습니다.

김진형 변호사 그동안 재판 과정에서 검사는 '출입경기록과 관련 증거들은 모두 정식 외교 경로를 통해서, 공문을 통해서 발급 받았다'고 했습니다. 검찰은 언론을 통해 이와 같은 증거들이 정보기관인 국정원을 통해 입수된 것이라고 한 것 같은데 기존의 입장을 변경하는 것인지 답변해주십시오.

이시원 검사 그 부분에 대해서는 지난 공판기일과 의견서에서 국가 간 정보협력을 통해서 송부 받은 것임을 명백히 밝혔음을 다시 한 번 강조합니다.

김진형 변호사 정보협력이라는 말씀을 하셨지만 공문을 통해서 받은 것이라는 취지인지 묻는 것입니다.

이시원 검사 그렇게 말씀드리지는 않았습니다.

검찰은 항소심 공판 과정에서 일곱 차례나 출입경기록을 비롯한 증거 문서를 공식적인 경로를 거쳐서 받은 것이라고 주장해왔다. '대검찰청이 공문을 시행해서 회신 받은 공문도 믿지 못하겠다면'이라는 말이 공판 조서에 뚜렷하게 기재되어 있는데 잉크도 마르기 전에 그렇게 말하지 않았다고 이야기하고 있다.

장경욱 변호사 정보협력이라는 것이 중국 당국의 자발적인 협력에 의해서 적법하게 취득했다는 입장인지 중국이 사법공조조약은 아니지만 한중조약에서 인용되는 다른 적법한 공조방식에 따른 것이라는 기존의 입장을 계속 유지하는 것인지 확인하고 싶습니다.

이시원 검사 모두에 답변한 내용이 검찰의 기본적인 입장이라는 것을 다시 한 번 말씀드립니다.

2014년 2월 28일 제5회 공판이 열린 이날은 한겨레신문사의 허재현 기자가 증인으로 출석했다. 김용민 변호사가 신청한 증인이다. 허재현 기자는 2013년 12월 중순경 약 일주일 동안 중국에서 유우성 사건을 취재했고, 2014년 2월 24일부터 2월 27일까지 다시 중국에 가서 현지 취재를 하며 검찰 측과 변호인 측의 주장을 검증했다. 2013년 12월 중순에 중국에 갔을 때 그는 검찰이 제출한 유우성의 출입경기록을 발급해줬다는 허룽 시 공안국을 찾아갔다.

김진형 변호사 증인은 가장 먼저 검찰이 제출한 출입경기록의 진위 여부를 확인하기 위해 허룽 시 공안국의 출입경관리과를 찾아보았지요?

허재현 기자 네. 검찰이 제출한 기록에는 허룽 시 공안국 출입경관리과라고 적혀 있었기 때문에 당연히 그것이 공식 명칭인 줄 알고 허룽 시 공안국에 가서 출입경관리과를 먼저 찾았습니다.

김진형 변호사 당시 출입경관리과를 찾을 수 있었나요?

허재현 기자 찾을 수 없었습니다. 제가 공안국 1층에 있는 모든 사무실을 다 훑었는데 명패에 출입경관리과라고 적혀 있는 사무실은 없었습니다.

김진형 변호사 허룽 시 공안국에는 출입경관리과라는 부서 자체가 존재하지 않고, 중국과 북한 간의 출입경업무는 출입경관리대대라는 부서에서 담당하고 있었지요?

허재현 기자 네. 출입경관리과가 없어서 비슷한 이름의 명패가 달려 있는 사무실을 들어갔는데 그곳은 출입경관리대대였습니다.

김진형 변호사 증인이 관리대대장에게 검찰이 제출한 출입경기록과 확인서를 보여주니까 그 관리대대장이 뭐라고 그러던가요?

허재현 기자 무척 황당한 표정을 지으면서 '이것은 위조된 것이라고 몇 번을 이야기했는데 또 찾아와서 물어본다'라고 했고, 검찰이 제출한 출입경기록을 가리키면서 '이것을 봐라. 우리와 이름이 다르게 적혀 있지 않느냐? 우리는 이런 부서가 없다. 우리가 사용하는 도장과도 양식이 다른 것이 찍혀 있다. 이것은 위조된 것이다'라고 거듭 이야기했습니다.

김진형 변호사 출입경관리대대장과의 인터뷰 이후 증인은 허룽 시 공안국의 다른 간부에게 서류 발급 여부를 재확인했지요?

허재현 기자 네. 그전에 드리고 싶은 말씀이 있는데 출입경기록이 위조라고 해서 너무 이상해서 제가 '허룽 시 공안국이 선양영사관으로 보냈다는 외교 공문이 있다. 당신들이 발급한 것을 증명하는 외교 공문이 있는데 무슨 소리냐?'라고 물어보았는데 '우리는 공문을 보낸 적도 없다'라고 하면서 거듭된 질문에 계속 위조라고 이야기했습니다.

김진형 변호사 증인이 이야기하는 공문은 출입경기록과 함께 검찰에서 증거로 제출했던 사실확인서인가요?

허재현 기자 네, 그것도 중국 정부가 위조라고 밝힌 그 문서입니다.

김진형 변호사 그것도 발급한 적이 없다고 하던가요?

허재현 기자 네. 외교 공문마저도 발급한 적이 없다고 했습니다.

허재현은 싼허변방검사참을 찾아갔다. 싼허변방검사참은 허룽 시가 아니라 용정시에 있었다. 허재현은 2013년 12월 14일 토요일 12시 25분경 그곳에 도착했다. 그때는 이미 업무가 끝나 있었고 아무도 통행하는 사람이 없었다. 정문 앞을 지키고 있는 군복 차림의 경비에게 '언제 업무가 끝나느냐?'고 물었더니 '오전 12시에 모든 업무가 끝나고 통행이 끝난다. 토요일이라서 그렇다'고 대답했다.

허재현은 선양영사관을 방문해서 이인철 영사를 만났다. 이인철 영사는 '허룽 시 공안국으로부터 받은 정식 공문이 맞다'고 주장했다. 허재현은 '선양영사관은 2006년 이후의 유우성의 출입경기록을 발급해 달라고 허룽 시 공안국에 공문을 보낸 것으로 되어 있는데 막상 검찰이 받은 것은 2002년부터 2006년까지의 출입경기록이다. 허룽 시 공안국에서 요청과 다른 내용을 발급해준 것이 이상하지 않느냐?'고 캐물었다. 이인철은 당황한 표정을 지으면서 아무 대답도 하지 못했다.

김진형 변호사 증인은 피고인의 가족들을 만나서 인터뷰를 진행했는데 가족들은 이번 사건에 대해서 어떤 이야기를 했나요?

허재현 기자 피고인의 가족들이 하나같이 한국에 대해 굉장히 분노하는 모습을 보였습니다. '한국 검찰이 어떻게 죄 없는 사람을 계속 무고할 수 있는 것이냐?'라고 하면서 강하게 항의했습니다. 증거 조작 논란이 있는 것을 그분들도 알고 있었는데 '한국은 법체계가 있는 나라로 알고 있는데 어떻게 증거 조작까지 할 수 있는 것이냐?'는 말도 했습니다. 유우성의 사촌이나 이모 등은 2012년 설에 자신들이 유우성과 함께 장춘이나 연길에 있었다는 것을 거듭 이야기했고, 출입경기록에 오류가 난 것에 대해서는 자신들도 모두 출입경기록에 같은 오류가 나 있다고 했습니다.

허재현은 중국에서 취재한 내용을 기사로 만들어 2013년 12월 20일자 〈한겨레〉에 실었다. 기자로서 검찰 측과 유우성 측의 주장을 검증해본 결과 유우성 측의 주장이 사실로 확인되었기 때문에 그것을 확인하는 기사를 쓴 것이다. 허재현은 2014년 2월 24일에 다시 한번 중국에 가서 취재를 했다. 검찰이 여전히 위조가 아니라고 주장하기 때문에 허룽 시 공안국의 입장을 들어보러 간 것이다. 허룽 시 공안국에서는 그동안 한국 언론의 취재 공세에 많이 시달린 탓인지 아무런 답변을 해주지 않았다. 허재현은 허룽 시 공증처를 찾아가서 검찰이 받아온 허룽 시 공증처의 도장을 확인해달라고 했다. 공증처에서는 '위조다. 이런 도장은 쓰지 않는다'라고 딱 잘라서 말했다. 허재현은 길거리에 있는 도장 가게에 가서 검찰이 제출한 허룽 시 공안국 명의의 출입경기록에 찍혀 있는 도장을 그대로 만드는 게 가능한지 물어보았다. 300위안만 내면 똑같이 만들어줄 수 있다고 했다. 허재현은 중국에서 도장을 위조하는 것은 마음만 먹으면 식은 죽 먹기처럼 쉬운 일이라는 것을 확인했다.

허재현은 싼허변방검사참을 찾아가서 유우성이 사용했던 을종통행증이 한 번밖에 사용할 수 없는지 물어보았다. 경비가 연결해준 공무원은 을종통행증으로는 30일 이내에 왕복 한 번만 국경을 통과할 수 있다고 이야기했다. 인근의 다른 도시들을 방문해서 확인해보아도 을종통행증은 한 번 사용하면 반납하고 가야 하기 때문에 더 이상 사용할 수 없다고 했다.

김진형 변호사 증인은 피고인의 사촌을 만나 취재했지요?

허재현 기자 네. 2014년 2월 25일에 이성춘(가명)이라는 사람을 만나 연길시 등에서 인터뷰했습니다. 이성춘이 2012년 1월 23일과 24일에 자기가 유우성과 함께 연길시에 있었다고 했습니다. '23일에는 유우성이 우리 집으로 설 인사를 하러 왔고, 24일에는 내가 우성의 집으로 세배를 하러 가서 점심도 같이 먹었다'고 했습니다. 확인서를 써달라고 했더니 국정원이 무서워서 써줄 수는 없지만 그때 틀림없이 유우성과 같이 있었다고 말했습니다. 유우성의 이모도 만났는데 2006년 5월 27일부터 6월 10일 무렵에는 우성이 자기 집에 있었고 당시 수두에 걸렸다고 이야기했습니다. '분명히 내 옆에 있었던 사람을 국정원이나 검찰이 자꾸 북한에 들어가서 보위부에 인입되었던 시기라고 주장한다. 나에게 와서 물어보면 다 알려줄 텐데 왜 가려가 국정원에서 했다는 허위자백에만 의존해서 계속 잘못된 주장을 하는지 모르겠다'고 했습니다.

김진형 변호사 증인은 검찰과 변호인 측이 제출한 증거의 진위 여부를 확인하기 위해 두 차례에 걸쳐 연길에서 취재를 한 것인데 증인이 취재하고 내린 결론은 무엇인가요?

허재현 기자 저는 기자로서 어떤 결론을 내리기는 어렵다고 생각하고, 취재한 내용 자체만을 독자들에게 알린다는 생각으로 다녀온 것입니다. 어떻게 된 건지 모르지만 제 취재물이 유우성 측 주장과 모두 일치하는 결과가 나왔습니다. 제가 유우성 측에게 이롭게 기사를 쓰겠다는 목적을 가지고 간 것은 아니고, 다른 기자들이 가도 똑같은 취재 결과물을 얻을 수밖에 없을 것입니다. 검찰 측에서 혹시라도 자신들이 원하는 결과물이 나오지 않았다고 해서 제 보도의 편향성 등을 의심하더라도 함부로 그것을 주장해서는 안 된다고 생각합니다. 언론은 양쪽 입장을 모두 검증한 뒤에 어느 한쪽의 주장이 더 신빙성 있다고 판단하면 그것에 무게중심을 두어서 보도합니다. 만일 제가 중국에서 취재한 결과 검찰 측 입장이 사실인 걸로 확인되고 유우성 측이 거짓으로 확인된다면 당연히 저는 검찰 측 주장이 맞다고 기사를 썼을 것입니다. 저는 공평하고 객관적인 입장에서 취재하러 간 것이었고 취재 결과물이 모두 사실관계에서 조금의 거짓도 없다고 기자로서 확신하고 있고, 결론을 내리긴 이릅니다만, 증거가 위조되었다는 의심을 할 수밖에 없는 취재 결과를 가지고 돌아왔습니다.

재판에 증인으로 나와준 〈한겨레〉의 허재현 기자는 법정에서 밝힌 대로 사실 취재를 통한 균형 잡힌 보도를 꾸준히 해주었다. 언론인들이 이 사건에 지속적인 관심을 가지고 진실을 보도해주는 것이 유우성이나 변호인단에게는 큰 힘이 됐다. 유우성이 기소되기 전에 '탈북자 1만 명의 신원정보를 북한에 보냈다'고 허위 보도한 〈동아일보〉를 비롯한 일부 언론들은 1심에서 무죄가 선고되고 난 뒤에도 국정원과 검찰을 편들며 '유우성이 간첩이 맞다'는 식의 기사들을 내보냈다. 증거 조작 의혹을 제기하는 특종보도를 한 〈뉴스타파〉는 유가려의 허위자백 과정을 애니메이션을 활용해서 제작한 '자백'이라는 다큐멘터리로 큰 반향을 일으켰다. 유우성 사건에 대한 정확한 분석 기사와 합신센터의 문제점을 제기하는 기사들도 꾸준히 보도됐다. 시사주간지 〈시사IN〉의 김은지 기자 역시 유우성 사건을 충실하게 취재하고 보도했다. '통일을 살아가는 사람들의 미디어'를 지향하는 인터넷매체 〈유코리아뉴스〉도 유우성 사건에 관심을 갖고 심층 보도했다. 〈KBS 추적60분〉은 1심 무죄 판결이 난 뒤 2013년 9월 7일, '서울시 공무원 간첩사건 무죄 판결의 전말'이라는 제목의 방송을 내보냈다. 방송통신심의위원회는 2013년 11월 '재판 중인 사건에 영향을 주는 방송을 해서는 안 된다'는 심의규정 11조를 들어 법정제재인 경고(벌점 2점)를 내렸다. 현업 피디들과 다른 언론들이 언론의 사명과 역할도 모르고, 법원의 판단력마저 무시한 징계라고 반발했다.

검찰이 유일한 직접 증거로 제출한 출입경기록이 위조로 판명되고 나서는 더 이상 재판을 계속할 이유를 찾을 수 없었다. 나머지 증거나 증인들은 1심에서 이미 다투었던 것이거나 공소 사실을 뒷받침할 만한 뚜렷한 내용이 없었다. 재판장은 중국에서 사실조회 회신이 오면 다른 쟁점이 없는 한 2014년 2월 28일에 열린 5회 공판 때 결심을 하겠다고 했다.

그런데 무슨 이유에서인지 이날 재판부가 새로 구성되어 재판장이 바뀌고 배석판사도 한 사람이 바뀌었다.

재판장 변호인 측에서는 금일에 결심을 원하시는 입장이죠?

천낙봉 변호사 검찰의 진상조사는 본 사건과 직접적인 관계가 없고 검찰이 제출했던 문서 세 건이 위조로 판명 났기 때문에 그것에 대한 사후적인 처벌의 문제이고 조사일 뿐이므로 변론을 종결해주시기를 강력하게 요청합니다.

재판장 변호인 측의 경과 설명에 대해서는 충분히 이해하고 있으나 사건의 중요성을 감안할 때 새로운 재판부가 구성된 첫 기일에 결심을 하는 것은 무리가 있고, 검찰의 진상조사에 이 재판이 얽매이는 것은 아니지만 현실적으로는 검찰의 입장을 정리하는 시간을 부여하는 것이 타당하다는 판단이므로 한 기일만 더 속행한 후 차회 기일에는 변론을 종결하고 지연 없이 선고할 예정입니다. 변호인과 검사 측의 양해를 구합니다.

검찰 측은 심리기일을 더 연장해달라고 요구했다. 그들은 왜 재판을 오래 끌고 싶어 하는 것일까. 상식적으로 생각해보면 위조 증거를 제출한 검찰 입장에서는 하루라도 빨리 재판이 끝나기를 원해야 할 것 같은데 대한민국 대검찰청 공안부 검사들은 전혀 그렇지 않았다. 그들은 부끄러움을 느끼는 뇌 부분에 손상이 있는 게 아닌지 의심스러울 정도로 당당했다. 검찰 측은 자성하기는커녕 재판을 연장하고 시간을 끌어 유우성을 괴롭히려는 의도를 드러냈다. 김용민 변호사가 검사들의 그런 태도에 일침을 가했다.

김용민 변호사 변호인이 빠른 종결을 원하는 이유 중 하나는 피고인이 재판을 하는 중 굉장히 힘들었던 사정도 있고, 시간을 끌면 어떤 서류들이 위조 내지는 변조되어 나올지 걱정스럽기도 합니다. 검찰에서 의견서를 계속 제출하면서 확인되지 않은 사람들의 진술서를 참고 자료로 첨부하는 등 증거 절차나 방법을 위반하는데도 재판이 진행되고 있는 것은 변호인으로서는 심히 유감입니다.

재판장은 절차 진행과 관련해서 피고인에게 의견을 진술할 기회를 주었다.

유우성 사실 오늘 최후변론을 준비해왔습니다. 제가 1월 13일에 구속된 이후로 가족들 모두가 1년 가까이 이 사건에 매달리고 있고 아버지가 콩팥에 종양이 생겨 수술을 받아야 하는데도 수술을 받지 못하고 있습니다. 저도 병원에서 계속 우울증 치료를 받고 있습니다. 그러한 내용과 상황에 대해서는 지난번 재판부 판사님께도 말씀을 드렸고 판사님께서 한 차례 더 진행하고, 증인이 나오든 안 나오든 간에 그때 가서 꼭 결심을 하겠다고 했고 저도 그렇게 알고 준비를 해왔습니다. 저로서는 하루하루 버티는 것이 악몽이나 다름없습니다. 저희 가족과 제가 하루빨리 정상적인 생활과 치료를 받을 수 있게 배려해주시면 감사하겠습니다.

재판장은 다음 기일에는 반드시 결심을 하겠다고 약속했다.

2
증거의 재활용

2014년 3월 28일 항소심 제6회 공판이 열렸다.

재판장 지난 기일에 변호인이 석명을 구한 사항에 대해서 검찰 측에서 답변해주시기 바랍니다.

이날도 이시원 검사는 '적반하장'과 '아전인수'의 신공을 유감없이 발휘했다. 그는 먼저 출입경기록을 열람하고 피고인에게 불리한 증거지만 증거로 제출하지 않았다고 주장했다.

이시원 검사 검사는 본건 수사 초기에 피고인의 출입경 내역이 기재된 자료를 열람하고 이를 참고한 바 있지만, 그 자료는 공소 사실에 부합하는 내용으로서 강력한 입증자료가 되고 오히려 피고인에게 극히 불리한 증거가 될 것임에도 증거 능력 획득 가능성 등을 감안해 증거로 제출하지 아니한 것을 말씀드립니다.

변호인들은 번갈아가며 집중포화를 날리며 검찰 측을 압박했다.

장경욱 변호사 출입경기록을 미리 입수해서 검사님은 보셨지만 오히려 변호인 측에게 불리할 수 있음에도 불구하고 증거로 제출하지 않았다고 확인하시는 거 맞습니까?

김용민 변호사 공문서를 통해서 발급 받았다고 여러 차례 말씀하셨는데 그 입장이 그대로인지요?

장경욱 변호사 정보협력 차원에서 중국의 국가기관이 자발적으로 협력했다는 공식 입장은 그대로 유지하십니까? 외교 경로를 통해서 공문서로 입수했다고 지금도 그렇게 주장하시는 겁니까? 기본 입장에 변함이 없다고 지난 기일에 이야기했기 때문에 석명을 구하겠습니다.

검찰 측은 6회 공판이 열리기 이틀 전인 3월 26일에 국정원이 위조한 중국 공문서 3건에 대해서 증거를 철회했다. 그렇게 궁색한 처지에 몰려서도 이시원 검사는 묘한 어법으로 변명을 계속했다. 그는 '국정원이 확보했다는 사실은 저희도 진상수사 결과가 발표되지 않은 상황에서 언론을 통해서 접하고 있습니다만'이라는 전제를 달았다. 전형적인 유체이탈화법이다. 이 말만 들으면 국정원이 위조한 공문서를 누군가 다른 검사가 증거로 제출한 것 같다. 공식 루트를 통해서 중국으로부터 받았다면서 위조문서를 증거로 제출한 당사자가 이 서류가 국정원에서 나왔다는 것을 언론을 통해서 접하고 있다고 말한다. 그러면서도 이시원은 출처가 국정원이라는 것을 밝히지 않은 이유에 대해서 변명을 늘어놓는다.

이시원 검사 국정원이 확보했다는 사실을 공개할 경우 중국 내 정보활동을 공식화함으로써 여러 문제를 야기할 우려가 있기 때문에 국정원의 역할을 구체적으로 설명할 수 없었습니다. (……) 변호인이 문제를 제기하고 있는 검사의 발언이나 의견서 기재는 그 전체 내용을 검토하시면 변호인의 주장 취지와는 전혀 다르다는 점을 충분히 알 수 있고, 일부는 연속되지 않은 발언을 붙여서 기재하거나 앞뒤 문장을 잘라 정확한 의미 전달이 불가능하게 하거나 동일 의견서의 전 취지를 배제한 채 일부 문장만을 문제 삼는 등 문제의 소지도 있음을 말씀드리고자 합니다.

이것 또한 낯익은 주장이다. 이시원은 '발언이 편집되어 왜곡되었다'면서 변호인 측에 잘못을 전가하려는 것이다. 이시원 검사는 정치권에 나가면 대성할 사람이다.

장경욱 변호사 검사님께서 본인들의 의견서 문맥을 저희가 끼워 맞추기 식으로 왜곡한 것처럼 얘기하시는데 전혀 이치에 맞지 않습니다. (……) 검찰 측은 이 문서들을 사법공조조약이나 사법공조법에 어긋나지 않는 외교적인 공식 루트를 통해서 받았다고 계속해서 말했습니다. 의견서를 허위로 작성해 재판부를 기망해놓고 적반하장격으로 변호인들이 억지주장을 한다고 말하고 있습니다.

검찰 측은 이제 손에 쥔 것이 아무것도 없었다. 검찰이 마지막으로 꺼내든 카드는 증거의 재활용이다. 이문성 검사는 1심 재판부가 배척한 유가려의 증거보전재판 진술의 증거 능력을 인정해달라고 조른다.

변호인들은 국정원에 의존하는 검찰 측을 강하게 비판했다.

양승봉 변호사 지금도 검사님께서는 계속 증거보전절차나 국정원 수사 과정에 대해서 조금씩 왜곡하고 있습니다. 그저께 검사님께서는 국정원에서 구해다 준 중국 공문서를 취득 과정이 적절치 않다고 해서 다 증거 철회를 했습니다. 국정원 직원들이 구해다 준 공문서를 철회하는 마당에 '폭행하지 않았다, 구타하지 않았다'는 국정원 직원들의 진술을 어떻게 믿을 수 있다고 주장하는지 의문입니다.

장경욱 변호사 유가려 진술에 임의성이 있다고 원심에서 판단한 부분은 아주 잘못된 것입니다. 항소심에서는 당연히 유가려의 진술에 임의성이 없음이 확인되어야 한다고 저희가 의견서를 제시했습니다.

재판장이 약속했던 2014년 3월 28일 제6회 공판에서도 결심은 이루어지지 않았다. 검찰 측은 추가 증거 제출과 공소장 변경을 이유로 재판부에 기일을 연장해줄 것을 요청했다. 검찰은 유우성의 공소장에 북한이탈주민의 보호 및 정착에 관한 법률 위반 혐의에 사기죄를 추가하고 부당 수급 지원금은 2천560만 원에서 8천500만 원으로 늘렸다. 피고인 이름도 유우성의 과거 중국 이름인 '리우찌아강(유가강)'으로 바꾸었다.

변호인들은 피고인이 개인의 재산권을 침해한 것이 아니어서 형법상 사기죄가 성립하지 않고 검찰이 단지 피고인을 괴롭히기 위해서 공소장을 변경한 것이라고 주장했다. 재판부는 하나의 행위로 북한이탈주민보호법 위반 혐의와 사기죄 등이 함께 구성될 수 있다고 판단했다(상상적 결합)면서 변호인의 지적에는 판결로 답하겠다고 언급했다.

공소장을 변경해도 간첩 혐의가 무죄로 판단되는 한 유우성의 형량은 1심보다 높아질 수 없다. 검찰이 1심에서 유죄로 인정된 북한이탈주민보호법 위반 부분에 항소하지 않았기 때문이다. 법원은 불이익변경금지 원칙에 따라 피고인만 상소한 혐의에 원심보다 무거운 형을 선고할 수 없다. 검찰의 공소장 변경은 유우성에 대한 부정적 인식을 심어주고 간첩 혐의에 대한 유죄 심증을 끌어내기 위한 악의적 조치라고밖에 볼 수 없다. 변호인 측은 결심 공판이 계속 미뤄지는 데 항의했다.

김용민 변호사 이번 기일에 변론을 종결하기로 이미 수차례 이야기가 됐습니다. 헌법에 보장된 신속한 재판을 받을 권리에 대해서는 더 이상 말씀드리지 않겠습니다. 피고인이 오늘 재판에 오기까지도 상당한 신변의 위협을 느꼈습니다. 보수단체가 법원 앞에서 피고인을 인격적으로 모독하는 발언을 하면서 집회를 열고 있습니다. 피고인의 재판이 길어지면서 살해 위협까지 받고 있습니다. 재판이 빨리 끝나야 하는 가장 중요한 이유입니다. 증거 조작과 관련해서 피고인이 고소를 한 사건도 있는데 수사팀에 저희가 병합신청을 했는데도 이루어지지 않고 있습니다. 피고인이 고발당한 사건에 대해서는 공소장 변경을 하겠다는데 오로지 피고인을 괴롭히기 위한 목적밖에 없어 보입니다.

재판장은 결심 기일이 늦어지는 것에 대해 변호인 측의 양해를 구하고 2주 뒤에 결심공판을 열고, 그로부터 2주 뒤에는 반드시 선고를 하겠다고 말했다. 천낙붕 변호사는 이 시점에 공안부 전체가 달려들어 유우성의 사기죄를 수사하는 것이 개탄스럽다는 의견을 피력했다. 장경욱 변호사도 강경한 어조로 검찰의 공소장 변경으로 결심공판이 늦어지는 것은 부당하다고 항의했다.

장경욱 변호사 지금처럼 검찰의 공소장 변경 허가신청이 받아들여진다면 신속한 재판을 받을 권리라는 헌법적 원칙의 존재 이유를 모르겠습니다. 공소장 변경 허가를 하고 심리를 해야 하기 때문에 추가 기일을 준다고 하는데 범죄자들이 오히려 더 큰소리치면서 사기죄를 잡겠다는 게 말이 됩니까? (검사는) 고의중과실로 재판을 이렇게 복잡하게 만든 정도가 아니라 우습게 만든 귀책사유가 있는데.

장경욱의 '범죄자' 발언은 재판 말미에 재판장으로부터 취소하라는 권고를 받았다. 검찰 측은 공소장에 나와 있는 밀입북 시기에 유우성과 아버지를 회령 집에서 보았다고 증언한 탈북자 이강석의 정신감정서를 증거로 제출했으나 증거로 채택되지 않았는데 이날 다시 증거로 제출했다. 증거의 재활용이라는 측면에서 보면 검사들은 환경보호에 앞장서는 사람들이 아닌가 싶다. 검찰은 또 하나의 재활용 증거로 유가려의 증거보전 녹취 파일 CD를 제출하겠다고 했다.

검찰은 또 유가려가 검찰에서 조사받은 내용을 녹화한 영상녹화 CD를 탄핵증거로 제출하겠다고 했다. 유가려를 조사하는 과정에 강압이 없었다는 것을 입증하겠다는 것이다.

재판장 형사소송법 318조의 2항에 보면 피고인 또는 피고인 아닌 자의 진술을 내용으로 하는 영상녹화물은 기억이 명백하지 않은 경우에 기억을 환기하기 위해서 사용하도록 되어 있습니다. 사용하는 용도를 제한해두고 있고요. 재생하는 것도 재판부의 재생이 아니라 피고인 또는 피고인 아닌 자에게 보여주기 위한 재생입니다. 말하자면 수사기관에서 있었던 영상녹화물은 재판부의 심증 형성에 영향을 주는 직접적인 증거가 될 수 없다는 취지가 아닌가 싶습니다.

재판장인 판사가 검사들에게 형사소송법 강의까지 해가면서 재판을 하고 있다. 검사들은 형사소송법도 모르고 증거를 제출한다는 말인가? 사법시험은 어떻게 통과했는지 의심스럽다.

장경욱 변호사는 검찰이 철회한 위조된 출입경기록문서를 변호인 측 증거로 제출하겠다고 밝혔다. 유가려가 증거보전절차재판에서 오빠가 2006년에 두 번째 밀입북할 때 두만강을 도강해서 들어왔다고 진술했고 검찰은 그것을 근거로 공소장을 작성했는데, 검찰이 제출한 위조문서에는 유우성이 세관을 통해서 밀입북한 것으로 되어 있다. 공소장의 내용과도 맞지 않는 부분이다. 그래서 검찰의 위조문서를 유가려의 증언이 감금상태에서 강압에 의해 나온 것임을 반증하는 증거로 삼겠다는 것이다.

국정원 수사에 의존해 자발적인 수사는 하지 않던 이시원 검사가 결심을 두 차례나 연기하면서 뒤늦게 수사에 대한 열정을 불태웠다. 그러나 사실은 재활용 증거들을 더 내놓겠다는 얘기에 불과하다.

이시원 검사 공소 사실의 중대성에 비추어서 검사가 수사를 하지 말아야 한다는 입장에 처하는 것은 매우 곤란합니다. 검찰로서는 새로운 증거가 나오면 제출하지 않을 수 없고, 국가보안법 위반 혐의에 대해서 완전히 증거 제출이 봉쇄되는 상황은 적절치 않다고 봅니다.

재판장 사건이 국가보안법 위반 사건이기 때문에 실체적 진실이 중요하다고 생각합니다. 그래서 지난번에 변호인과의 절차상의 합의가 있었음에도 양해를 구하는 조치를 취했던 것입니다. 그런데 그것이 계속 되풀이될 경우 과연 피고인이나 변호인들이 수긍할 수 있겠느냐 절차상의 정의가 구현되었다고 할 수 있느냐는 의심이 생길 겁니다. 실체적 진실의 발견도 일정한 한계가 있지 않을까 생각합니다. 이상진 교수, 감정의사로 이종일, 보조감정서 최성은 둘 중에 한 명만 택해서 하도록 하겠습니다. 시간을 제한할 테니 그 범위에서 진행하시기 바랍니다.

2014년 4월 11일, 결심공판이 열렸다.

언론의 주목을 받는 사건답게 법원 앞에는 언론사의 카메라들이 즐비했고, 100여 명의 방청객 중 거의 절반이 기자들이었다. 재판을 주도해온 이문성과 이시원 두 검사는 나오지 않았고 공안1부의 검사들 여섯 명이 산더미 같은 공판 자료를 앞에 놓고 앉아 있었다. 이날 공판에 임하는 검사들은 힘이 없었고 변호사들은 당당하고 자신감이 충만해 보였다. 재판장인 김홍준 부장판사는 오늘 시간이 걸리더라도 결심을 하겠다고 천명했다.

유력한 증거라고 자신하던 공문서가 모두 위조로 판명되어 증거를 철회하고 나서도 검찰은 물러서지 않았다. 다른 증거를 찾아내어 반드시 간첩 혐의를 입증하겠다고 버티면서 3월 28일로 예정되어 있던 결심공판 기일까지 연기해가면서, 이날 4월 11일까지 끌고 왔던 것이다. 검찰은 사실심리의 마지막 기회인 이날 과연 1심 판결을 뒤집을 만한 증거를 내놓았을까? 유감스럽게도 전혀 그렇지 못했다.

처음 검찰이 신청한 증인은 국립서울병원 정신의학과 의사였다. 유우성이 살던 회령 집에서 유우성과 그의 아버지를 목격했다는 증인(탈북자 이강석)에 대해 검찰이 의뢰한 정신감정 결과를 증언했다. 증인으로 나선 의사는 피감정인이 정신질환이 없고 지능이 정상이며 마약 검사에서 음성 판정이 나왔다고 말했다. 이강석은 검찰의 기소 내용에 있는 2007년 여름과 2012년 설 무렵에 유진룡이 살던 회령 집에서 유진룡과 유우성을 봤다고 증언했다. 변호인은 이씨가 타인의 고통에 둔감해 양심의 가책 없이 거짓말을 일삼고 북한에 있을 때 마약을 상습적으로 복용했다는 것을 내세워 그의 증언이 신빙성이 없다고 주장했었다. 변호인은 검사들을 향해서 답답하다는 듯이 말했다. "우리가 이 사람이 정신병자라고 주장한 적이 없습니다. 정신감정이 왜 필요한지 모르겠습니다." 또 하나의 압권은 변호인이 "마약 검사에서 음성 판정이 나왔다는데 그 검사는 마약을 복용한 지 며칠 동안 유효합니까?"라고 물었더니 의사가 '1주일'이라고 답했다는 점이다. 고작 1주일만 지나도 음성으로 나오는 마약 검사 결과를 가지고 상습적인 마약 복용 여부를 가릴 수 있다고 주장한다면 소가 웃을 일이다. 검찰 측이 애써 만들어온 증거와 증인이 초점도 맞지 않고, 도리어 피고인 측에 유리한 결과를 가져온 셈이다.

검찰은 1심 재판부가 배척한 국제특급우편(EMS) 송달증, 국가정보원 직원이 녹취한 유우성 외당숙의 진술 파일 등을 또다시 제출하겠다고 우겼다. 1심은 "어머니의 장례를 치르기 위해 북한을 다녀온 후 국정원과 검찰로부터 남북교류협력법 위반으로 조사받을 당시 자신의 탈북자 신분을 유지하기 위해 외당숙과 짜고 한 거짓말에 불과하다"는 유우성의 진술에 신빙성이 있다고 판단했다. 검찰은 이 녹음파일이 원본이 아니고 사본이라는 허점을 보강하기 위해 이 파일이 편집된 흔적이 없고 원본과 차이가 없다고 감정한 검찰 수사관을 증인으로 신청했다. 재판장인 김홍준 판사는 원본 파일이 파기된 상태이고 이것을 녹음한 매체도 확보되지 않은 상태에서 탄핵증거로 제출되더라도 원본과의 동일성을 입증할 수 없다고 말했다. 검찰은 당시 중국에서 활동 중이던 국정원 직원 김종준 씨(가명)를 증인으로 불러 김씨가 유우성의 친척을 만나 노트북을 전달한 사실을 확인했다고 주장했다.

검찰은 피고인의 출입경에 '출-입-입-입'이라는 기록이 나타난 경위를 묻기 위해 이상진 고려대 정보보호대학원 교수를 증인으로 불렀다. 이 교수는 법정에서 "출입경 시스템 업그레이드 과정에서 '출국' 기록이 '입국'으로 잘못 입력됐을 가능성이 있다"고 말했다. 이 교수는 "중국 전산시스템에 대해 공부하거나 아는 게 있느냐?" "관련 논문을 쓴 적 있느냐?"는 질문에 "없다"고 답해 중국의 전산시스템에 대해서 언급할 전문성이 있는지 의문을 불러일으켰다.

검찰은 유우성이 2006년 당시에 보냈던 택배 영수증을 근거로 유우성이 발송한 노트북의 무게가 2.3킬로그램이라는 주장까지 했다. 변호인은 검찰의 터무니없는 주장을 반박하기 위해 실제 가게에서 사용하는 저울을 가지고 와서 비슷한 기종의 노트북 무게를 재 실제로 4킬로그램이 넘는다는 것을 보여주었다.

3
무죄면 됐지 애국자 만드나?

증거 능력이 없거나 1심 재판부가 이미 배척한 증거들을 재활용하는 검사들 덕분에 결심공판은 한없이 늘어져서 자정이 넘어서야 최후변론이 이루어졌다. 검찰 측은 1심 때와 마찬가지로 징역 7년을 구형했다. 변호인들과 피고인 유우성이 지난 1년의 소회를 담아 최후변론에 나섰다.

김용민 변호사 이 사건 항소심에서 저희로선 상상도 할 수 없는, 위조된 증거가 법정에 제출됐습니다. 국가의 형벌권에 대한 진지한 고민을 하게 되는 부분입니다. 형벌이란 것은 개인 간의 사적인 복수에서 시작됐습니다. 그러나 그 사적인 복수를 금지하고 명백한 증거 조사를 통해서 죄 있는 자를 처벌하라는 국민의 신뢰를 담보한 권한이 국가 형벌권입니다. 그 형벌권은 검찰에게 수사권과 기소권을 줌으로써 실현됩니다. 수사권과 기소권은 권한입니다. 권리가 아닙니다. 국민에게 이익이 되도록 그 힘을 행사해야 합니다. 지금의 검찰 수사방식과 피고인을 괴롭히는 행위는 (형벌권을) 권한이 아니라 권리로 행사하고 있는 걸로 보입니다.

(……)

이 사건의 첫 번째 피해자는 법원입니다. 검사가 증거를 조작해 법정에 제출해서 법원의 판단을 흐리게 하는 행위를 했습니다. 피해자인 법원의 잘못된 판단에 따른 2차 피해자는 여기 앉은 피고인이 될 수 있습니다. 궁극적으로는 대한민국 전 국민이 피해자가 될 수 있습니다.

(……)

전무후무한, 아니 후무하기를 바라며, 이러한 증거 조작 행위에 대해서 검찰이 자체적으로 수사하고 있습니다. 하지만 이 법정에서 피해자인 법원 역시 검사의 증거 조작 행위에 제재를 가해야 합니다. 그 유일한 제재는 결국 검사들이 제출한 증거들의 능력, 신빙성을 의심을 갖고 바라봐주시고 피고인에게 무죄를 선고해주시는 것입니다.

김진형 변호사 재판이 진행될수록 과연 이 사건을 통해서 처벌받아야 할 사람이 피고석에 앉은 피고인인가 강한 의구심이 들지 않을 수 없었습니다. 이 사건의 본질은 국가기관이 부여받은 권한을 남용, 무고한 시민을 간첩으로 몬 범죄 행위라고 봐야 합니다. 우리 사법제도가 수십 년 동안 갈고닦아온 사법민주화가 한 순간에 무너질지도 모르겠다는 위기감이 들었습니다. 재판장님께서 현명한 판단을 내려주시길 바랍니다. 무고한 피고인에게 무죄를 선고해주십시오.

양승봉 변호사 재판장님, 많이 피곤하시겠지만 저희도 1년 3개월 동안 이

재판에 임하면서 많은 소회가 들었습니다. 들어주셨으면 합니다. 2013년 8월 21일, 1심 선고일을 하루 앞두고 잠을 못 잤습니다. 만약 (피고인의) 국보법 위반 혐의 9개 중 하나라도 유죄가 선고된다면 제 삶이 좀 달라지겠다는 생각 때문이었습니다. 이 공소 사실 중 하나라도 유죄가 인정된다는 건 판사님이 정신이 없거나 아니면 대한민국 사법구조가 그런 판단을 할 수밖에 없는 구조라고 생각했습니다. 판사님은 굉장히 영민한 분이었습니다. 그렇다면 대한민국 사법구조가 문제가 있는 것이라고 생각했습니다. 거기서 밥을 빌어먹고 사는 저는 하나라도 유죄가 난다면 이 체제 안에서 제정신으로 변호사를 할 수 없다고 생각했습니다. 잠이 안 왔습니다. 다행히 1심에서 무죄가 선고됐습니다. 1심 판사님들도 긴 시간 동안 재판을 지켜봤기 때문에 검사님께서 여러 가지 말씀했지만, 그에 대해 1심에서 충분히 논의가 있었고, 반박됐습니다. 직접 재판을 보신 분이 냉정하게 판단했다고 봅니다.

(……)

저는 1심과 2심을 거치면서 40회가 넘는 의견서를 썼는데 13회, 14회 지나니까 유우성 씨를 도저히 피고인이라고 쓸 수가 없었습니다. 그래서 나중에는 제목 빼고는 전부 다 유우성, 유우성, 이렇게 썼습니다. 피고인이라고 쓸 수도 없고, 부를 수도 없었습니다.

(……)

제 시간과 돈을 써서 일을 했는데도 계속 미안했습니다. 왜 미안한가. 굉장히 민망하지만 저는 그것이 애국심이라고 결론 내렸습니다. 대한민국 국가기관이 저지른 너무나 가혹한 행위에 대해 대한민국 국민의 한 사람으로서, 변호인이기 전에 국민의 한 사람으로서 미안함을 느낍니다. 그게 저는 애국심이라고 생각했습니다. 국가기관에 대한 애정과 신뢰가 있었기 때문에 실망감이 너무나 컸습니다.

(……)

검사들이 국정원 직원과 수사관이 가지고 온 중국 출입경기록을 철회했습니다. 유우성이 유죄라는 근거는 전부 국정원 조사 자료입니다. 거기에 대해서 검사들도 의심할 기회가 많았습니다. 판사님들도 한 번 의심을 해보시기 바랍니다. 그러면 보이실 것입니다. 존경하는 재판장님, 피고인은 국보법 위반 사실이 없습니다. 거기에 대해서 검찰의 항소를 기각해주시고, 피고인이 더 이상 이와 같은 억울한 일로 고통 받는 일이 없도록 해주십시오.

천낙붕 변호사 증거보전절차에서 유가려가 변호인 접견을 원한다고 했습니다. 국정원은 '합동신문센터 구금자는 접견권 없다'고 답변했습니다. 변호인이 그 일로 준항고 소송을 제기했습니다. 국정원은 이게 수사 방해라고 말했습니다. 준항고 신청이 왜 수사 방해가 되는지, 국정원만 알고 있는 사실 같습니다. 그러나 법원은 변호인의 준항고 신청을 모두 인용했습니다. 변호인의 접견권 침해 준항고 신청이 국정원 수사 방해라면 법원이 이를 인용한 것은 더욱더 수사를 방해하는 모양새입니다. 현재 국정원의 불법을 최종적으로 마무리하는 책임이 법원에 있을 수밖에 없습니다.

(……)

다음으로 공안검사를 보겠습니다. 검사는 항소를 취소하지 않고 유죄 판단을 받겠다고 합니다. 검사의 최종의견을 다 봤습니다. 아시다시피 원심의 유일한 증거, 거의 유일한 증거는 유가려의 진술이었

습니다. 항소심의 유일한 증거는 위조증거였습니다. (검사의 최종의견
은) 이제 남은 증거란 거의 없다는 걸 보여줍니다.

(……)

그럼에도 검찰이 공소를 유지하는 이유가 뭔지 다시 한 번 생각해봤
습니다. 아마도 이 정도의 증거만 있으면, 언제라도 탈북자는 간첩으
로 기소하겠다는 뜻으로 보입니다. 변호인의 도움이 미치지 않는 다
른 사건은 이 정도의 기소로도 간첩죄가 유죄 판결을 받아온 것 같
습니다. 이번 사건을 진행하면서 변호인들이 중국 출장만 네 차례 이
상 갔습니다. 그러지 않았다면 이번 사건도 간첩 사건이 되었을 테고
이는 곧 아직도 간첩이 만들어지고 있다는 반증 아니겠습니까. 그런
점에 이 사건 판결은 간첩 조작 사건을 근절하는 역사적 판결이 된
다는 의미가 있습니다.

정말 이쯤이면 국정원은 몰라도 적어도 검사는, 검사라면 무엇을 할
지 잘 알고 있어야 합니다. 이제 무엇이 더 할 게 남아서 아직도 항소
를 유지하는지 이해할 수 없습니다. 변호인들이 증거 조작을 아주
강하게 소명하면서 검사에게 같은 법조인으로서 진정성을 갖고 철
저히 검증하도록 권유했는데 검사는 스스로 하지 않고 다시 국정원
에게 맡겼습니다. 그럼에도 다시 (증거 조작의 책임을) 국정원에게 전
가하고 있습니다. 변호인이 작성한 문건의 책임을 사무실 직원에게
전가하거나 판사가 재판 책임을 사무직원들에게 전가하는 것과 뭐
가 다릅니까? 같은 법조인으로서, 스스로 책임져야 하는 일을 왜 검
사만 모르는지 모르겠습니다.

(……)

이번 사건은 합동신문센터에서 이루어진 허위자백으로 인해 발생한

사건입니다. 국보법은 그렇게 사건을 만들지 못하도록 하고 있습니다. 날조죄 등은 지휘자의 책임까지 묻습니다. 간첩 사건은 지휘 책임자인 검찰총장, 장관에게도 보고해야 합니다. (검찰이) 증거 조작 사건에서 국보법 날조죄보다 오히려 입증이 더 까다로운 모해증거위조죄로 몰아가는 것은 불순한 의도가 있어 보입니다. 간첩을 조작하면 검찰 총책임자까지 처벌하는 엄청난 규정이 유명무실해질 행태입니다.

마지막 보루는 법원이어야 합니다. 합동신문센터의 임의성이 부정돼 국정원이 조작을 꿈도 꾸지 말아야 합니다. 임의성이 없다는 판단은 그래서 중요합니다. 증거보전절차는 합동신문센터에 거주하면서 법정에서 진술하는 조건에서 이뤄졌습니다. 강압상태의 연속이었습니다. 검찰 진술도 이 상태에서 이뤄진 진술입니다. 결론적으로 전부무죄를 선고받아서 최소한의 기본권도 보장받지 못하는 탈북자들이 국가안보라는 미명으로 억압받는 현실에서 벗어나 신체의 자유라도 보장받는 자그마한 희망이라도 주어졌으면 좋겠습니다.

2014년 4월 25일 항소심 선고공판이 열렸다. 이날은 공교롭게도 유우성이 한국에 온 지 꼭 10년째 되는 날이었다. 유우성은 2004년 4월 25일에 한국에 입국했다. 우성은 떨리는 마음으로 법정에 나갔다. 변호인단과 지인들이 모두 무죄 선고가 날 거라면서 우성을 격려했지만 우성은 2013년 1월 10일의 악몽에서 벗어나지 못하고 있었다.

재판장인 김홍준 부장판사가 판결문을 읽어 내려가는 동안 유우성과 변호인들, 그리고 방청석을 메운 언론인들과 방청객들은 조용히 경청했다.

재판부는 검찰 공소 사실의 절대적 증거가 되었던 피고 유우성의 여동생 유가려의 중앙합동신문센터에서의 진술을 "증거 능력이 없다"고 봤다. 재판부가 유가려의 합신센터 진술을 증거 능력이 없다고 본 근거는 유가려가 사실상 피의자 신분임에도 불구하고 국정원이 형사소송법 244조 3항이 규정한 피의자의 진술거부권, 변호사선임권 등을 고지할 의무를 이행하지 않았다는 것이다. 1심 재판부도 이 때문에 유가려의 진술을 증거 능력이 없다고 봤었다.

1심 재판부가 인정하지 않았던 '임의성이 없다'는 부분도 항소심 재판부는 인정했다. 현행 형사소송법 제317조는 진술의 임의성에 대해서 다음과 같이 규정하고 있다. 임의성이 없다는 것은 피의자가 자기 의사로 진술한 것이 아니고 고문 등의 강압에 의해 할 수 없이 그렇게 진술했다고 보는 것이다. 임의성이 없는 진술은 증거 능력이 없다.

피고인 또는 피고인 아닌 자의 진술이 임의로 된 것이 아닌 것이나 (진술서의) 작성 또는 내용인 진술이 임의로 되었다는 것이 증명된 것이 아니면 증거로 할 수 없다.

- 형사소송법 제317조

재판부가 유가려의 진술을 임의성이 없다고 본 이유는 다음과 같다.
- 합신센터 수사기간에 국정원이 영장 청구를 할 수 있었음에도 영장 없이 수사를 진행한 점,
- 합신센터 독방에 갇혀 사실상 구금상태에서 진술한 점,
- 변호인 접견권 등에 대한 충분한 이해 없이 여러 차례 변호인 접견 권리를 침해당한 점,

• 합신센터 내에서 심리적 위축과 회유에 넘어가 진술한 점 등이다.

유가려가 합신센터에서 국정원 수사관들에게 자신이 화교라고 밝혔음에도 불구하고 국정원장은 임시보호조치(불법 입국 외국인이 임시 거주하는 처소에 머물게 하는 것 등)에 처하지 않고 합신센터에서 6개월 가까이 조사를 한 것은 재량권을 넘어선 것으로 유가려의 신체자유, 거주이전의 자유를 부당하게 제한했다고 보았다.

재판부는 또 2013년 3월 4일 검찰의 요청으로 안산지방법원에서 열린 증인 유가려에 대한 증거보전절차의 비공개와 관련해 '공개재판을 받을 권리를 침해한 것으로 증거 능력이 없다는 게 판례'라고 밝혔다. 당시 증거보전재판에서 증인 신문뿐만 아니라 증거보전 전체가 비공개로 되어 있는데 피고인의 이의 제기를 위해서도 '비공개 사유'가 명확하게 기재됐어야 하는데 기재되어 있지 않고, 따라서 증거보전재판에서 진술한 내용도 증거 능력이 없다고 판시했다.

검찰의 공소 사실 하나하나에 대해서도 법원은 증거 능력, 정황 등을 조목조목 따졌다. 재판부는 검찰이 제기한 국가보안법 위반과 관련한 공소 사실 9가지(특수잠입, 편의제공, 탈출, 국가기밀 탐지 및 수집, 회합 통신, 특수탈출 및 회합, 특수잠입 등) 모두에 대해 "검찰의 항소를 받아들일 수 없다"고 밝혔다. 1심과 마찬가지로 무죄로 판단한 것이다.

다만 피고가 화교임에도 불구하고 북한이탈주민으로 가장해 8천 500여 만 원의 재산상 이익을 취한 점, 대한민국 국적을 가지고 있으면서도 중국에 호구를 두는 등 이중적 태도를 보인 점에 대해서는 죄질이 가볍지 않다고 하면서도, 2004년 입국 후 탈북자로서 성공적인 정착을 위해 노력해온 점, 법정에서도 대한민국에 기여하고 싶다며 나름대로 애국심을 가지고 있다고 판단되는 점, 피고인 스스로 북한이탈주민으로 착각했을 수도 있다는 점, 피고가 이미 국보법 위반 혐의로 7개월 가까이 구치소에 유치됐던 점 등을 들어 징역 1년에 집행유예 2년, 추징금 2천500여 만 원을 판결했다.

재판부는 항소심 선고에서 국가보안법 위반 혐의는 전부 무죄를, 사기혐의 등은 유죄를 선고했지만 유죄 부분도 정상을 참작한다고 밝혔다.

재판부가 검찰 공소 사실의 증명력 등을 조목조목 따져나가며 선고하는 데 1시간 40분이 걸렸다. 재판정도 일반 법정이 아닌 대법정으로 했다. 그만큼 국민적 관심이 많다고 봤기 때문이다. 이날 선고공판에는 내외신 기자 등 수십 명이 몰렸다. 세월호 참사로 대부분의 사건 담당 기자들이 진도에 갔음을 감안한다면 언론의 관심이 컸다.

재판부가 국가보안법 위반 혐의에 대해서 무죄를 선고하자 유우성의 얼굴에 비로소 미소가 떠올랐다. 변호인들도 홀가분하고 기쁜 표정이었다. 변호인들과 함께 법정을 나서는 유우성에게 취재진들이 몰려들어 소감을 물었다.

"민변 변호사님들이 1년 4개월 동안 무료 변론을 해주셨습니다. 뭐라 말할 수 없이 감사드립니다. 그리고 저를 믿어주신 신부님, 목사님, 교수님, 대학교 지인 등이 없었다면 저는 이 자리에 설 수도 없었을 것입니다. 사실을 왜곡하지 않고 진실을 보도해준 언론과 기자님들께도 감사드립니다."

사기죄 등 일부 유죄 판결을 받은 부분에 대해서 어떻게 생각하느냐는 질문이 이어졌다.

"제가 북한에서 태어나고 싶어 태어난 것도 아니고 제가 선택해서 화교 가정에서 태어난 것도 아니어서 억울하기도 하지만, 처음부터 화교라고 말씀드리지 못한 점은 죄송하게 생각합니다."

변호사들에게 오늘 항소심 판결의 의미를 묻는 기자들의 질문이 이어졌다. 천낙붕 변호사는 유가려의 불법구금 사실을 인정한 것이 가장 중요하다고 했다.

"2012년 11월 5일 합신센터에서 여동생 가려 씨가 화교 신분임이 밝혀졌음에도 170여 일이나 불법구금이 이루어졌다는 걸 법원 판결로 확인한 게 가장 중요합니다. 그 불법구금 기간에 유가려 씨가 감금상태에 있었고, 안에서 문을 열 수 없는 시건장치, 하루 종일 감시하는 CCTV, 수사기관의 기망행위, 한국에서 잘살게 해주겠다는 거짓 약속 등에 의해서 허위자백을 했다는 것이 모두 사실임을 법원에서 판결로 확인해주었다는 것이 중요한 의미가 있는 거죠. 최장 6개월간 변호인 접견도 허락하지 않은 채 탈북자들을 상대로 사실상 '수사'를 하고 있는 합신센터의 불법성을 지적한 것입니다. 이번 판결로 합신센터 내 탈북자들의 인권 문제는 물론, 합신센터에서의 진술이 절대적 증거로 채택돼 대부분 유죄 판결을 받았던 탈북자 간첩 문제도 재조명되는 계기가 됐으면 합니다."

김용민 변호사는 항소심 판결이 검찰의 증거 조작 사건 수사에도 영향을 미칠 것으로 보인다고 말했다.

"검찰의 기존 입장은 '유우성이 간첩이라고 믿었다'였는데 항소심 판단은 간첩 증거가 아무것도 없다는 걸로 나왔기에 검찰 수사에 당연히 영향을 미쳐야 한다고 봅니다."

2014년 4월 25일 항소심에서 무죄가 선고되자, 그날 저녁 7시에 검찰은 판결을 반박하는 브리핑을 했다. 증거 조작 의혹이 중국 정부에 의해서 사실로 밝혀진 뒤에 "증거 조작은 없었다"고 밝혔던 서울중앙지검이 또 브리핑을 한 것이다. "유우성은 탈북자 단체에 가입해 탐지행위를 했는데 왜 간첩이 아니냐? 유우성은 과거에 처벌 받은 적이 있는데 재판부는 왜 아무 죄가 없는 사람처럼 판결문을 작성했느냐?"는 것이 반박의 내용이다. 항소심 재판부가 간첩 혐의를 입증할 증거가 없고, 검찰이 제시한 증거를 신뢰할 수 없다면서 유우성은 간첩이 아니라고 판단했다. 이런 판단에 대해서 논리적 반박을 하지 않고 억지를 쓰고 있다. 논리적 반박을 할 여지가 없기 때문이다. 탈북자 모임에 참석하는 것이 탐지 행위가 된다는 게 말이 되는가. 유우성은 밀입북 사실에 대해서 2010년에 기소유예처분을 받았다. 기소를 하지 않았으니까 처벌을 받은 적도 없는 게 당연한데 처벌 받은 적이 있다고 사실과 다른 이야기를 하고 있다. 검찰은 수사든 재판이든 브리핑이든 '사실'에 근거해서 해야 한다는 사실 자체를 잊어버린 것 같다.

검찰은 재판부가 판결문에서 정상참작의 이유로 '법정에서도 대한민국에 기여하고 싶다며 나름대로 애국심을 가지고 있다고 판단되는 점'이라고 언급한 것을 두고 기자들에게 "유우성에게 국가보안법에 무죄를 선고했으면 됐지 왜 애국자를 만드느냐?"고 볼멘소리를 했다. 이것이 대한민국 검찰의 수준이다.

4

위조와 날조 사이

항소심 판결이 검찰의 증거 조작 사건 수사에 영향을 미칠 것이라는 변호사들의 기대는 기대에 그치고 말았다. 검찰은 국정원 대공수사국 김모 과장과 권모 과장 등이 중국 공문서를 위조한 사실을 확인하고 이들을 기소했다. 김 과장 등은 자살을 기도한 김원하 등 정보원에게 돈을 주고 문서 위조를 지시한 뒤 중국 선양 소재 영사관에 파견한 국정원 소속 영사와 위조문서를 주고받는 등 조직적으로 증거 조작을 일삼은 것으로 확인됐다.

중국 선양 주재 한국총영사관은 위조된 문서를 정식 문서로 세탁하는 일을 맡았다. 김 과장 등은 2013년 11월 27일에 위조한 허룽 시 공안국 명의의 사실 확인서를 김 과장의 집에서 인터넷팩스 서비스를 이용해 선양 한국영사관에 보내고 허룽 시 공안국에서 보낸 것처럼 꾸몄다. 이 팩스에 발신번호가 9680-2000번으로 찍힌 것을 뒤늦게 발견하고, 허룽 시 공안국 대표 팩스 번호로 발신번호를 조작해 선양 한국영사관에 다시 보낸 것으로 드러났다. 선양 한국영사관에서 이 가짜 문서를 수신한 사람은 이인철 영사다. 이인철은 국정원 출신으로 국정원 본부의 지시를 받아서 위조한 문서에 허위 영사증명서와 외교 전문을 첨부해 정식 문서인 것처럼 꾸몄다.

유우성 사건을 담당했던 이시원 검사와 이문성 검사는 발신번호가 다른 같은 문서를 법원에 두 번 제출했다. 그들은 위조 사실을 전혀 몰랐다고 주장했지만 국정원이 위조한 허룽 시 공안국 명의의 사실 확인서가 비정상적인 문서라는 것을 당시에도 알았을 가능성이 높다.

싼허변방검사참 명의의 답변서 역시 지난해 12월 초 정보원 김원하가 중국에서 "가짜로 만드는 방법밖에 없다"고 하자 김 과장은 "문제될 리 없으니 걱정 말라"고 했고, 위조 비용으로 중국 돈으로 4만 위안(740만 원)을 지급한 것으로 드러났다.

검찰은 국정원 김 과장과 정보원 김원하를 재판에 넘기며 모해증거위조와 위조사문서행사 등의 형법상 혐의만 적용했다. 최소 7년 이상의 징역형이 적용되는 국가보안법상 날조 혐의는 끝내 적용하지 않았다. 법조계에서는 국가보안법상 날조 혐의를 적용해야 한다는 목소리가 지배적이다.

이 사건 수사를 지휘하는 윤갑근 대검 강력부장은 국가보안법상 날조 혐의를 적용하지 않은 이유에 대해서 국어사전까지 뒤적여봤다면서 궁색한 변명을 한다.

"적어도 형체가 있는 것에서 만들어내는 게 위조, 무에서 유를 창조하는 게 날조다."

국정원이 만든 문서는 없는 문서를 만들어온 게 아니라 있는 문서에 손을 댔기 때문에 국가보안법상 날조죄를 적용하기 힘들다는 논리다. 법조계 인사들은 위조와 날조는 다르다는 검찰 수사팀의 논리에 대해,

전혀 존재하지 않던 문서를 증거라며 조작해냈고, 허룽 시 공안국 명의의 사실 확인서를 공식 입수한 것처럼 꾸미려고 외교 경로까지 조작한 것으로 볼 때 국가보안법상 날조 혐의 적용이 충분하다고 지적했다.

법조인들은 윤 검사에게 국어사전 말고 황교안 법무부장관이 2011년에 펴낸 책 〈국가보안법〉이나 읽어보라고 권한다. 공안통인 황 장관은 책에서 "날조란 증거를 허위로 조작해내는 것을 말한다. 형법상의 위조·변조는 물론 위조·변조한 증거의 사용도 포함된다"라고 명시해놓았다. 윤갑근 부장검사의 말과는 다르다.

또한 황교안은 "허위 사실의 신고가 되기 위해서는 전체가 허구일 필요는 없다"라고도 밝혔다. 일부 변화가 전체 사건의 성격을 바꾸면, 전체가 허위가 될 수 있다는 것이다. 문제가 되는 출입경기록의 경우가 그렇다. 위조가 된 부분은 '출-입-입-입'이 '출-입-출-입'으로 딱 한 글자지만 이 부분은 사건 전체를 뒤흔들 정도로 중요하다. 일부가 전체를 허위로 만들 수 있는 경우라 국보법상의 무고·날조죄 적용이 가능하다. 국가보안법이 형법보다 우선 적용되어야 한다는 황교안의 견해도 이번 사건을 국가보안법 무고·날조죄로 처벌해야 한다는 의견을 뒷받침한다.

황교안은 국보법의 무고·날조죄는 미필적 고의로도 처벌이 가능하다고 밝혔다. 이 논리대로면 이번 사건을 국보법에 적용할 경우, 수사팀 검사까지도 '몰랐다'며 빠져나가기 힘들다. 검찰은 지난 2월 기자 브리핑에서 지난해 11월 위조된 출입경기록(출-입-출-입)을 재판부에 내기 전에 변호인이 낸 기록과 똑같은 기록(출-입-입-입)을 세 차례에 걸쳐 본 적이 있다고 밝힌 바 있다. 검찰이 국정원 수사에 국가보안법을 적용하지 않으려고 애쓰는 이유가 짐작이 간다.

민주주의 법학연구회는 2014년 3월 24일, 이번 사건에 국가보안법을 적용해야 한다는 의견서를 검찰 수사팀에 제출했다. 유우성의 변호인단도 피해자 자격으로 증거 조작에 가담한 자들을 국가보안법으로 처벌해야 한다는 의견서를 냈다. 황교안의 책 〈국가보안법〉을 수사팀에 제출하면서 "선배 공안 검사였던 황교안 장관의 저서는 일종의 수사지침이니 꼼꼼히 읽어봤으면 한다"고 밝혔다.

검찰은 자살을 기도한 권모 과장과 이모 대공수사처장 등 10여 명을 조사했으나 윗선은 없다면서, 이미 드러난 국정원 실무자 선에서 수사를 마무리하겠다고 했다. 검찰은 김모 대공수사단장 등 국정원 지휘부에 대해선 제대로 수사하지 않았고, 유우성 사건 담당 공안검사들에 대해서도 위조 사실을 몰랐다며 기소 없이 내부감찰에 넘겼다.

이 사건을 담당한 검사들의 행보에도 의문점이 많다. 1·2심 공판을 담당한 이문성 검사는 2011년 9월부터 2013년 4월까지 국정원 법률지도관으로 일했다. 검사 신분인 법률지도관은 주로 국정원이 감청영장이나 체포영장 등을 신청할 때 조언을 한다. 이 검사는 이후 공안1부로 복귀해 바로 유우성 사건을 담당했다. 유우성은 2013년 1월 구속된 다음, 2월 기소되었다. 이 검사가 국정원에 근무했던 기간에 국정원은 유우성을 구속하고 수사했다. 여동생 유가려에 대한 국정원의 합신센터 조사 또한 이 검사가 국정원에 근무하는 기간에 이뤄졌다. 유가려는 2012년 10월 말부터 2013년 4월까지 합신센터에서 조사를 받았다. 가려의 합신센터 조사 결과는 유우성 구속의 핵심 근거가 되었다. 이 검사가 국정원에 근무할 때부터 이 사건에 관여했을 가능성이 높다는 점을 시사한다.

유우성 사건이 1심에서 무죄가 선고되었는데도 담당 검사들은 영전

했다. 수사부터 재판까지 이 사건을 맡았던 이시원 검사는 영월지청장으로 갔다가 서울남부지검 형사6부장으로 갔다. 이문성 검사도 서울중앙지검 부부장에서 창원지검 공안부장으로 승진했다.

위조한 출입경기록을 증거로 제출하면서 공식적인 외교 루트로 공문서를 통해서 받은 합법적인 증거라고 수도 없이 거짓말을 하고, 증거 조작을 밝히는 중국 정부의 공문이 왔는데도 자신들이 낸 증거가 사실에 부합한다고 주장하고, 위조 증거를 철회하고 나서도 끝까지 유우성이 간첩이라고 우기던 이시원 검사와 이문성 검사에게는 어떤 처분이 내려졌을까?

2014년 5월, 대검찰청 감찰본부(이준호 본부장)는 이시원, 이문성 검사 등 두 명에게 각각 정직 1개월, 당시 이들을 지휘한 최성남 부장검사는 감봉 3개월을 법무부에 청구했다. 위조 증거를 재판부에 제출하고 법정에서 거짓 진술을 하는 등 사법 체계 근간을 뒤흔들었다고 지탄받는 검사들에게 이런 징계를 청구하고 검찰은 이것이 중징계라고 발표했다. 이진한 전 차장검사 이상 공안수사 지휘라인은 아예 징계 대상에서 빠졌다. 법무부는 2014년 8월 1일자로 이시원 검사와 이문성 검사에게 각각 정직 1개월을, 최성남 부장검사에게는 감봉 3개월을 1개월로 깎아서 처분을 내렸다. 검사들에 대한 징계사유는 품위손상과 직무태만이다. 품위손상과 직무태만이라니, 대한민국 검찰, 참 대단하다! 담당 검사들을 증거은닉과 날조 혐의로 유우성의 변호인단이 고발한 사건은 불기소 의견으로 송치돼 면죄부를 받았다.

아무리 국정원이 증거를 구해오고 증인을 데려왔다고 하더라도 모든 공소의 책임은 검찰이 진다. 검찰은 증거를 수집하고 검증한 다음 그 증거를 바탕으로 재판에 부친다. 기소를 독점하는 검찰에게는 그만

큼의 책임이 따른다. 절차적 정의가 지켜지지 않은 기소를 철회하지 않는 검찰에 뭘 기대할 수 있을까?

증거 조작 의혹 수사팀은 2014년 4월 14일, 조작 증거를 법원에 제출한 검사들과 국정원 수뇌부를 무혐의 처분하는 수사 결과를 발표했다. 수사 결과를 발표하고 나서 김진태 검찰총장은 "위조된 증거가 제출되고 사법절차에 혼선을 초래해 국민께 심려를 끼친 것에 대해 유감스럽게 생각하고 다시는 이런 일이 반복되지 않도록 환골탈태하겠다"고 말했다. 국민에게 유감을 표명하는 데 대검 간부를 모아놓고 대변인을 앞세워 대독하는 형식이었다.

국가와 공권력에 대한 신뢰를 뿌리부터 흔들어놓은 증거 조작이라는 전대미문의 잘못을 저질러놓고도 검찰은 반성하는 모습을 보이지 않는다.

대한변호사협회는 2014년 6월 17일, 국정원 간첩 증거 조작 사건의 진상조사 결과를 발표하고 담당 검사들까지 형사 책임을 물어야 한다는 입장을 밝혔다. 1만 5천여 변호사들을 대표하는 변협이 국정원의 증거 조작 사태를 사법제도 근간을 훼손하는 엄청난 범죄 행위로 규정하고, 국회청문회와 국정조사를 통한 진상조사까지 촉구한 것이다. 변협이 지난 3월부터 2개월여 동안 진행한 진상조사 결과를 토대로 작성한 80쪽에 달하는 진상보고서는 유우성 사건의 수사와 재판 과정, 언론 보도 문제까지 상세하게 다루며 과연 현재 기소된 국정원 직원들만 증거 조작에 가담한 것인지 강한 의문을 던지고 있다.

특히 변협은 담당 검사들이 유씨의 출입경기록 4건을 사전에 입수한 상황에서 각각의 내용이 다르다는 것을 알면서도 특정 기록만을 골라 법원에 제출한 점, 그리고 지린성 공안청에 보낸 협조 요청이 거절당해 공식 경로를 통한 증거 입수가 불가능하다는 사실을 알고도 수차례 법정에서 공식 경로로 증거를 입수했다고 허위주장을 한 점 등에 주목했다. 진상보고서는 이 같은 정황을 봤을 때 유씨 사건을 담당한 두 검사가 국정원과 긴밀한 협의 속에 위조문서 사용에 관여한 것으로 의심된다고 밝혔다.

변협은 보고서에서 담당 검사들이 유씨에게 유리한 통화 내역과 휴대전화 사진을 숨긴 것 역시 피고인에게 유리한 증거를 발견했을 때 이를 제출해야 한다는 검사의 객관 의무를 위반한 것으로 봤다. 또 증거 조작 사건을 수사한 검찰이 가담자들에게 특별법인 국보법상 날조죄를 우선 적용하지 않고 형법인 모해증거위조 혐의를 적용한 것도 법리에 어긋나는 행위라고 지적했다.

국정원 증거 조작 사건을 수사한 검찰은 2014년 4월 국정원 직원들을 재판에 넘기며 정작 위조 증거를 제출한 공판 담당 검사들에겐 무혐의 처분을 내렸다. 이에 대해 변협은 문제를 바로잡아야 할 검찰 지휘부가 범죄행위에 관여한 검사와 책임자에게 면죄부를 줬고, 당시 남재준 국정원장은 수사조차 하지 않아 엄중한 법 집행이 이뤄지지 않았다고 비판했다.

변협은 이번 국정원 증거 조작 사건 재판이 진행되는 동안 물타기성 보도를 일삼은 일부 언론에 대해서도 비판을 가했다. 개인정보 보호를 위해 일부 정보를 삭제한 〈뉴스타파〉의 보도 화면을 두고 위변조 의혹을 제기한 〈문화일보〉 3월 17일자 보도 등은 기본적인 사실 확인조차 하지 않은 추측성 보도였던 것으로 드러났다고 밝혔다. 변협은 그동안 진상조사를 위해 국정원과 검찰 등에 직접 조사를 요청했지만 모두 거부당해 현재까지 드러난 수사와 재판 진행 과정을 토대로 조사를 진행했다고 말했다.

변협 진상조사단은 국가권력 기관의 증거 조작 행위는 법치주의의 근간을 훼손하고 사법 정의를 마비시키는 중대한 범죄행위인데 검찰 수사가 크게 미진했다며 국회청문회와 국정조사를 통해 보다 철저한 진상규명이 이뤄져야 한다고 지적했다. 또 수사기관의 인권 침해를 막기 위해 보다 근본적인 대책이 필요하다며 검찰의 기소독점과 국정원 대공수사권도 재검토해야 한다고 밝혔다.

새정치민주연합은 2014년 6월 19일부터 발효되는 상설특검법의 첫 적용 대상을 '서울시 공무원 간첩 증거 조작 사건'으로 정했다. 박영선 새정치연합 원내대표는 19일 국회 의원총회에서 "상설특검법에 따라서 국정원, 검찰, 외교부 등이 외국 정부의 공문서를 위조해 재판 증거를 조작한 사건에 대한 수사 요구서를 제출할 예정"이라고 밝히며 당론으로 채택했다.

관련 의안을 직접 준비하고 있는 전해철 새정치민주연합 의원은 제안 설명에서 "상설특검 1호 의안은 사법질서를 문란하게 하고 법치주의의 근간을 흔든 간첩 조작 사건으로 해야 한다는 당 지도부의 요청이 있었다"고 밝혔다. 전 의원은 "검찰의 국정원 상부 부실 수사, 부적절한 검찰권 행사, 수사 및 참여 검사에 대한 부적절한 징계 의혹, 합동신문센터에서 자행된 국정원의 불법구금 의혹 등을 수사해야 한다"고 말했다. 이날 당론으로 채택된 상설특검 수사요구서는 국회 법사위와 본회의를 거쳐야 하며 일반 의결정족수(재적의원 과반 출석·과반 찬성)를 충족하면 특검을 실시할 수 있다.

국정원 간첩 증거 조작 사건은 현재 1심 재판이 진행 중이다. 서울지

방법원 형사26부(부장판사 김우수)는 2014년 7월 17일에 열린 첫 공판에서 비공개 진행을 결정했다. 앞서 재판부는 국정원 협조자 김원하의 국민참여재판 신청에 대해 '재판 내용에 국가안보와 밀접한 부분이 포함돼 일부 절차가 비공개 진행될 가능성이 있다'면서 받아들이지 않았다.

이날 피고인으로 출석한 사람은 선양 주재 한국총영사관 이인철(48세·4급) 영사와 국정원 소속 이모(54세·3급) 대공수사처장, 김모(48세) 기획과장, 조선족 김원하(62세) 등이다. 검찰은 모두진술에서 피고인들의 혐의를 다음과 같이 제기했다.

이 영사와 이 처장은 2013년 11월 국정원 직원 권모 과장(50세)과 공모해 중국 허룽 시 공안국 명의로 유우성의 출입경기록과 출입경기록 발급확인서, 공증서 등 문서 3건을 허위로 작성해 행사한 혐의를 받고 있다. 김 과장과 협조자 김원하는 중국 싼허변방검사참 명의의 정황 설명에 대한 답변서를 위조해 검찰에 낸 혐의다.

김원하를 제외한 다른 피고인들은 자신들의 혐의를 모두 부인하고 있다. 김원하는 유우성이 간첩이라는 사실을 믿고 국익을 위해 증거 조작에 가담한 것이라는 주장을 펴고 있다. 반면 국정원 김 과장은 "김원하가 자발적으로 답변서를 받아줄 수 있다고 했다"는 주장을 굽히지 않고 있다.

2014년 7월 29일에 열린 재판에서는 새로운 사실이 드러났다. 국정원 비밀요원인 김 과장(48세)이 허룽 시 공안국 명의의 출입경기록 발급확인서를 국정원 사무실이 아닌 자신의 집에서 중국 선양 한국영사관으로 보냈다는 것이다. 검찰은 중국 웹팩스업체 '엔팩스24'에 사실 조회를 의뢰해 2013년 11월 27일로 예약발송된 팩스가 전날 김 과장의 집에서 발송된 것을 알아냈다고 밝혔다. 김 과장이 허룽 시 공안국에서 보낸 것처럼 보이기 위해서 팩스 번호를 위조해서 보낸 것이다.

이날 공판에서는 검찰이 증인으로 부르려 했던 전직 중국 변방검사참(출입국 관리소) 직원 임모(50세) 씨가 증인으로 출석했다. 임씨는 "국정원에서 요구하는 대로 진술서를 써주고 현금으로 100만 원을 받았다"고 말했다. 조선족 출신인 임씨는 자신의 중국 소학교 스승인 국정원 협조자 김원하의 부탁을 받고 유우성의 출입경기록과 관련해 유우성 측의 주장을 반박할 수 있는 진술서를 써줬다고 증언했다.

이 진술서에는 전산장애로 출입경기록에 오류가 발생할 수 있지만, 처음부터 없던 기록이 생성될 수는 없고, 유우성이 가지고 있던 것과 같은 을종통행증으로도 북한을 여러 차례 오갈 수 있다는 내용이 담겨 있다. 유우성은 출입경기록에 '입-입-입'이 세 번 연속으로 찍힌 것이 전산 오류로 없던 기록이 생성된 것이고 을종통행증으로는 북한에 한 번밖에 다녀올 수 없다고 주장했다. 임씨의 진술서는 유우성 측의 주장을 반박하고 국정원 측의 주장을 뒷받침하는 내용이다.

임씨는 이 진술서는 당시에 스스로를 검찰 직원이라고 소개한 권 과장이 프린트해온 내용을 보고 그대로 베껴 쓴 것이라고 주장했다. 권 과장은 증거 조작 사건으로 검찰 수사를 받던 도중 자살을 기도한 국정원 직원으로 최근에 불구속 기소됐다. 임씨는 권 과장이 2014년 1월 17일에 열릴 유우성의 재판에 증인으로 출석해달라고 부탁했고 재판에서 어떻게 말하면 되는지 1문1답 방식으로 연습도 했다고 증언했다. 임씨는 공판기일이 연기돼서 증인으로 출석하지는 않았다. 검찰은 재판 당시 임씨의 진술서를 근거로 자신들이 제출한 위조 증거가 맞는 증거라고 주장했다.

2014년 7월 30일에는 유우성의 가짜 출입경기록을 국정원에 전달한 혐의를 받고 있던 조선족 김모(60세) 씨가 붙잡혔다. 김씨는 지난해 10월 중순께 중국 허룽 시 공안국 출입경관리과 명의로 유씨의 출입경기록을 위조해 국정원 측에 건넨 혐의를 받고 있다. 김씨는 배편을 이용해 인천으로 입국했다가 검찰 수사관들에 의해 체포됐다. 검찰은 2014년 4월 증거 조작 사건에 대한 수사결과를 발표하면서 김씨의 신원을 밝혀내지 못한 채 기소중지를 해놓은 상태였다. 형사사법 공조에 따라 중국 측의 회신을 받은 검찰은 김씨의 신원을 파악해서 입국 시 체포할 수 있도록 공항과 항만에 통보해놓았다. 검찰은 중국에 있는 김씨의 신병을 확보하지 못해 증거 조작 사건의 전모를 밝혀내는 데 어려움을 겪고 있었다. 검찰은 김씨를 상대로 출입경기록을 위조한 경위를 조사하고 증거 조작 관련 재판이 진행 중인 시점에 입국을 결정한 배경이 무엇인지도 캐묻고 있다.

일명 '김사장'으로 불린 국정원 김 과장은 김씨에게 입수한 출입경기록을 대공수사팀 내 수사관을 통해 공판 담당 검사에게 증거로 제출해달라고 전달했다. 검사가 이 출입경기록이 허룽 시 공안국에서 발급됐는지 여부를 확인하자 김 과장은 2013년 11월 국정원 이모 처장(54, 3급, 불구속 기소), 권모 과장(50, 4급, 불구속 기소)과 공모해 출입경기록 발급확인서까지 위조하기로 공모한 사실이 검찰 수사로 밝혀졌다. 김씨는 '재판에서 증거로 사용될 줄은 몰랐다'고 주장하고 있다. 검찰은 사문서위조, 위조사문서행사 혐의로 8월 1일, 김씨에 대한 구속영장을 청구했다. 검찰은 문서 위조와 전달 경위가 밝혀지면 모해증거위조 등 다른 혐의를 추가로 기소하는 방안을 검토 중이다.

재판 과정에서 국정원 직원들은 협조자들에게 증거 위조를 지시한 사실이 없다고 발뺌하고 있다. 두 사람의 국정원 협조자들이 허룽 시 공안국 명의의 출입경기록과 싼허변방검사참 명의의 상황설명서를 알아서 위조해서 갖다 바쳤다는 이야기다. 과연 그랬을까? 중국에서 국정원 정보원으로 활동해온 A씨는 전혀 다른 이야기를 하고 있다.

2014년 3월 13일, 〈뉴스타파〉는 중국 동북3성 지역 일대에서 국정원 정보원으로 활동해온 A씨를 단독 인터뷰한 기사를 실었다. 그는 중국 정보당국이 국가정보원에 의한 중국 공문서 위조 사실을 일찌감치 파악하고 있었다고 주장했다. 중국 측의 경고 메시지가 한국 측에 여러 차례 전달됐지만 국정원은 이를 무시한 채 위조를 강행했다는 것이다.

A씨는 〈뉴스타파〉 취재진과 만나 위조문서가 법원에 제출되기 전에 유우성 씨의 실제 중국-북한 출입경기록을 직접 확인해 국정원 측에 전달했다고 털어놨다. 그의 증언대로라면 '위조 여부에 대해 몰랐다'는 국정원의 일관된 주장은 거짓이 된다.

A씨는 중국 측 협조자를 통해 '보통 공무원(10년 분의 기록 열람 가능)'에게 발급되는 권한으로 출입경기록을 열람했고 '출-입-입-입'으로 기록된 것을 확인했다고 밝혔다. 또한 중국과 북한 간의 정보교류 협정을 토대로 북한의 출입경기록까지 확인했는데, 북한 쪽 기록은 2006년 5월 27일 오전 10시 이전에 출국한 것으로 끝나 있었다고 A씨는 말했다. 중국 쪽 삼합세관에 유씨가 들어온 것은 오전 10시 24분으로 유우성의 진술대로 한 번만 북한에 들어왔다 나간 것으로 돼 있다는 것이다.

검찰이 제출한 위조 출입경기록에는 유우성이 이날 북한에서 중국으로 들어갔다가 다시 북한으로 나간 것으로 되어 있다. 검찰 기록이 맞으려면 북한 쪽에는 다시 들어온 기록이 있어야 하는데 10시 이전에 나간 기록이 마지막이었다는 것이다. 따라서 유우성이 북한에 다시 들어갔다는 국정원과 검찰의 주장은 북한 측 기록과도 맞지 않다고 A씨는 주장했다.

국정원의 문서 위조가 진행되던 당시 A씨의 협력자인 중국 공무원은 "한국이 이런 식으로 서류 위조를 하고 다니는데, 이러면 큰일 난다. (한국 정보당국에) 말이라도 해놓으라"고 말했다고 A씨는 털어놨다. A씨는 이 사실을 국정원 직원에게 알렸지만, 직원은 "다들 조용히 하고 있는 게 좋을 것 같다. 우린 그냥 지켜만 보자"고 답했다고 A씨는 말했다.

A씨는 중국 정보당국이 첩보전이 치열한 연변 지역의 각국 정보원들을 확인해 주시하다가 결정적인 순간 조치를 취한다고 전했다. 지난해 박근혜 대통령 방중 이후 한-중 정보기관 사이의 파이프라인(소통창구)이 생겼는데, 국정원의 위조 움직임을 유심히 지켜보던 중국 정보기관이 기선제압 차원에서 나섰다는 분석도 있다고 말했다.

그는 국정원의 중국 공문서 위조 사실이 들통 나면서 중국에서 활동하는 한국 정보원들의 활동이 크게 제약받게 됐다고 밝혔다. 정보원들과 연결돼 있던 중국 공무원들의 직무, 직책이 바뀌고 서류 발급이 더 어려워져 사실상 길림성 지역 정보원들의 활동이 무력화됐다고 말했다.

A씨는 위조 사태가 터진 뒤 국정원이 '위조 서류인지 몰랐다'고 주장하는 것은 말이 안 된다고 일축했다. 국정원은 내사 단계부터 중국 공안국의 호구자료를 열람했을 테고 출입국기록도 당연히 봤을 것이기 때문에 정확한 기록을 알 수밖에 없다는 것이다. 실제로 국정원은 유가려와 유우성을 수사하는 과정에서 '출-입-입-입'으로 된 진본 기록을 제시한 바 있다.

A씨는 이번 사태의 원인으로는 국정원의 무능을 꼬집었다. 중국 정부에 놀아나면서도 제대로 대응하지 못했고, 서류를 위조해 제출해도 변호사 측에서 위조 사실을 입증하지 못할 것이라고 안일하게 판단했다는 것이다. 끝으로 그는 국정원이 잘못된 관행을 버리고 더 강하게 바뀌었으면 좋겠다는 바람으로 이 같은 진술을 하게 됐다고 밝혔다.

A씨는 검찰이 위조 공문서를 증거로 제출하기 전인 2013년 10월 23일 〈뉴스타파〉 취재진과 만나 '중국에서 위조된 서류가 올 가능성이 있다'고 전했다. 실제 검찰은 2013년 11월 초 위조 의혹을 받고 있는 3건의 중국 문서를 고등법원 항소심 재판부에 제출했다. 〈뉴스타파〉는 오랜 취재 기간 동안 다양한 경로를 통해 그가 국정원의 정보원 역할을 해온 것을 확인할 수 있었다. A씨는 〈뉴스타파〉에 밝힌 내용을 이미 검찰 수사진에 진술했다고 말했다. 그는 "검찰이 추후 정식 진술을 위해 부르겠다고 했으나 아직 아무런 연락이 없다"고 밝혔다.

간첩 증거 조작 사건의 재판은 아직 진행 중이다. 하지만 국가보안법을 적용하지 않은 점, 책임을 져야 할 윗선이 다 빠져나간 점, 담당 검사들에 대한 사법조치가 이루어지지 않은 점 등이 이미 사건 수사와 처벌의 한계를 보여주고 있다. 그리고 재판이 계속 비공개로 이루어져서 국민과 언론의 감시를 받지 않는다는 점 또한 재판의 공정성에 의구심을 품게 만든다.

5

간첩공작소

경기도 시흥시 조남동에 위치한 국정원 중앙합동신문센터.

인적이 드문 시내 외곽에 6만 평이 넘는 부지를 차지하고 있다. 왜 그렇게 넓은 부지가 필요한지는 알려지지 않았다. 높다란 담장 위에 철조망이 둘러쳐진 곳으로 일반인의 출입은 물론이고 접근까지 금지되어 있다. 이곳은 그냥 봐서는 무엇을 하는 곳인지 짐작도 할 수 없다. 그동안 양지공사니 대성공사니 하는 별명으로 부르던 비밀스런 곳이다.

유우성 남매의 악몽이 시작된 이곳은 일부 언론에서 미국의 관타나모 수용소에 비유되기도 했다. 관타나모 수용소는 쿠바 남동쪽 관타나모 만에 설치된 미국 해군 기지 내 수용소로 고문과 인권 침해가 자행되었다는 증거가 발견되며 폐쇄 논란이 일고 있는 곳이다. 테러 용의자 70명 등 현재 150명이 수감돼 있다. 이곳의 수용자들은 구체적인 증거 없이 적법한 절차도 거치지 않은 채로 구금·방치되고 있어 유엔인권위원회 등 세계 인권단체들이 폐쇄를 주장해왔다. 버락 오바마 미국 대통령이 대선 후보 시절부터 폐쇄를 약속했지만 의회와 여론의 반대가 심해 실행하지 못했다. 최근 들어 임기 내 폐쇄를 관철시키겠다고 선언하고 수감자를 석방 중이다.

국정원은 2014년 4월 4일, 합동신문센터를 기자들에게 공개했다. 32개 언론매체 기자들을 공식 초청한 것은 처음이다. '가혹행위' 논란을 잠재우기 위해서였다. 생활실과 조사실, 의무실, 도서실, 어린이놀이방, 식당 등을 공개하고 탈북자들과의 간담회 시간도 마련했다. 10대에서 50대까지 5명의 남녀 탈북자들을 모아놓고 기자들의 질문에 대답하게 했다. 탈북자들은 "이곳에서 가혹행위가 일어난다는 말을 이해할 수 없다"고 말했다. 이들은 국정원 수사관들을 선생님이라고 부르며 이곳 생활에 만족하고 있다고 말했다. '준비된' 공개였다. 기자들은 인터뷰에 응한 5명의 탈북자 말고 다른 사람들은 만나보지 못했다. 의무실에서 진료를 기다리거나 운동장에서 자유시간을 보내던 탈북 주민들과 마주치기도 했지만 질문은 허용되지 않았다. 조사실에는 책상과 의자만 놓여 있을 뿐이고 유가려를 담당한 조사관에게 직접 이야기를 들어보겠다는 기자의 요구도 들어주지 않았다. 2013년 가을부터 탈북자들이 생활실 안에서 스스로 문을 열고 밖으로 나올 수 있도록 조치했으며 생활실 안에 달력도 비치했다고 말했다. 이런 설명은 그동안 인권 침해가 심각했음을 스스로 밝힌 것이나 다름없다.

유우성 사건은 항소심 판결이 나오기 전에 국정원 합동신문센터의 무리한 수사방식이 처음으로 법원의 제재를 받았다는 점에서도 주목을 받았다. 유우성의 변호인은 2014년 2월 21일에 국정원을 상대로 준항고 신청을 냈다. 준항고는 법관이 행한 일정한 재판, 검사 또는 사법경찰관이 행한 일정한 처분에 대해 법원에 제기하는 불복신청을 말한다. 서울중앙지방법원 형사31단독 양석용 판사와 형사32단독 송영복

판사는 국정원이 합동신문센터(합신센터)에 있던 유가려의 변호사 접견을 막은 것은 법에 어긋난다고 판결했다.

민변은 이번 기회에 합신센터에 대한 근본적인 통제 장치가 필요하다고 지적했다. 국정원이 탈북자를 영장 없이 장기간 구금한 상태에서 간첩 색출 수사에 버금가는 조사를 진행하고, 외부와 접촉을 차단한 채 위법적인 조사를 하는데도 아무런 통제 장치가 없다. 이런 일이 계속되는 한 간첩 조작 사건은 그치지 않을 것이다.

유가려는 합신센터에서 조사받으면서 오빠의 간첩 혐의를 허위로 진술하는 일이 괴로워 자살을 기도했다고 밝혔다. 합신센터 조사 과정에서 간첩 혐의를 추궁 받으면서 자살할 생각을 했다고 고백한 다른 탈북자들도 있다.

2011년 12월 13일, 국정원 합동신문센터 조사 과정에서 자신이 위장탈북한 간첩이라고 자백한 뒤 자살했다고 국정원에서 발표한 사람이 있다. 최근 〈뉴스타파〉가 취재원의 도움을 받아 이 자살자의 신분을 밝혀냈다. 정확한 이름은 한종수, 1976년 8월 15일 생이라는 사실을 확인하게 됐다. 이어서 또 다른 취재원으로부터 한씨가 2010년 10월 북한을 탈출했고 2011년 9월에 국내로 들어와 합동신문센터에서 조사를 받기 시작했다는 사실도 확인했다. 그는 경기도 시흥시의 정왕공설묘지에 무연고 변사자 40여 명과 함께 매장돼 있다.

한종수는 3개월가량 합동신문센터 조사를 받았고, 2011년 12월 13일 새벽 5시 45분경 독방에서 스스로 목을 매 숨졌다는 국정원의 짧은 보도자료를 통해 세상에 알려졌다. 국정원의 보도자료는 한씨가 숨진 지 2주 만인 2011년 12월 27일에야 나왔다.

이름도 알려지지 않은 한 탈북자의 죽음에 대해서 일부 언론은 시신 부검도 제대로 마치지 않은 상태에서 사건이 급하게 자살로 종결 처리됐다면서 여러 가지 의혹을 제기했다. 당시 서른여섯 살이었던 한 씨는 외부와 격리된 합신센터에서 3개월간 조사를 받다가 스스로 목 숨을 끊고 공설묘지에 묻혀 있다. 묘지 관리 규정에 따라 앞으로 8년 뒤에는 시신이 화장되고 분골돼 다른 무연고 변사자들과 합장된다고 한다. 〈뉴스타파〉는 한씨가 위장탈북한 간첩이건 아니건 그가 죽음에 이르게 된 과정을 밝히고 가족이나 연고자를 찾을 수 있도록 해주는 것이 인간에 대한 예의이자 인권 존중이라고 밝혔다.

합동신문센터 조사 과정에서 간첩 행위를 했다고 자백한 이경애는 북한 공작원으로 중국에서 위조화폐를 교환해서 외화벌이를 하고 재 미교포를 유인해서 정탐했다는 혐의를 받았다. 이경애는 1심 재판 때 부터 구타와 폭언, 자백 강요로 허위자백을 했다고 주장했다. 이경애의 진술은 유가려가 합동신문센터에서 당했던 일과 비슷하다. 이경애는 2013년 8월 2일, 고등법원에서 징역 5년형을 선고받았고 대법원에서 유죄가 확정됐다. 유우성은 1심과 2심에서 무죄 선고를 받았지만 자신 의 결백을 입증할 증거를 내놓지 못한 이경애는 유죄가 확정된 것이다.

유우성 사건의 재판에서 국정원의 증거 조작이 사실로 확인되어 국 정원과 검찰이 언론의 뭇매를 맞고 있을 때 국정원에서 보위사령부 직 파 간첩을 잡아 검찰이 구속 기소했다는 뉴스가 나왔다. 〈조선일보〉는 다음과 같은 기사를 냈다.

남한 구치소 밥이 북한 국경절이나 명절에나 먹을 수 있는 밥보다 맛 있어 – 〈조선일보〉 2014년 3월 11일자 기사
서울중앙지검 공안1부(부장 이현철)는 10일 북한 보위사령부 7처 공

작원 홍모(40) 씨를 국가보안법상 목적 수행·간첩 미수와 특수 잠입 혐의로 구속 기소했다.

검찰에 따르면 군 출신인 홍씨는 2012년 5월 북한군 보위사 공작원으로 선발돼 공작 교육을 받고, 국정원의 탈북자 합동신문을 통과하는 방법 등을 배워 1년 뒤 남파 공작 계획에 착수했다. 그는 ▲ 탈북자 정보 ▲ 탈북자 단체와 우호·비우호 세력 ▲ 국정원 정보망 ▲ 통일·애국 세력 등을 파악하라는 지령을 받고 작년 6월 두만강을 건너 탈북했고, 태국·라오스를 거쳐 두 달 만에 한국에 들어왔다. 그는 "지령을 받은 사실 외에 나머지는 사실 그대로 말해 거짓말 탐지기를 피하라"는 보위사 교육을 받았으나 홍씨가 간첩이라는 첩보를 입수한 국정원에 덜미가 잡혔다. 홍씨는 작년 6월 탈북 브로커 유모(55) 씨를 납치하라는 지령을 받고 유씨를 북·중 국경으로 유인해 납치하려다가 미수에 그쳤는데, 이를 눈치 챈 유씨가 당국에 신고한 것으로 알려졌다. 지난달 11일 구속된 뒤 수차례 검찰에 불려 온 홍씨는 "남한 구치소 밥이 북한 국경절이나 명절에나 먹을 수 있는 밥보다 맛있어 몸무게가 14킬로그램이나 늘었다"고 진술하기도 했다.

당시 검찰이 서둘러서 이 사건을 언론에 발표한 것을 두고 유우성 사건에서 불거진 증거 조작을 물타기하려는 것이라는 비난이 일었다. 특히 거짓말탐지기를 통과하는 방법을 교육 받았다거나 남한 구치소 밥이 맛있어서 몸무게가 늘었다는 등의 유치하고 선정적인 보도에 곱지 않은 시선을 보내는 사람들이 많았다.

이 사건의 피의자인 홍씨가 변호사 접견 과정에서 허위자백을 했다고 밝혔다. "국정원이 북한에 있는 가족들을 한국에 데려와주겠다고 약속해 허위자백을 했다"고 말한 것이다. 홍씨는 서울구치소에 수감 중인데, 검찰의 공소요지인 보위사 공작원으로 선발된 점, 탈북 브로커를 납치하라는 지령을 받았다는 점 등이 국정원 합신센터 조사 중 수사관의 회유와 강압에 의해 만들어진 허위진술이라고 변호인 측이 밝혔다. 홍씨는 구치소에 수감된 이후 자신이 북한 보위사 직파 간첩으로 언론에 보도됐다는 사실을 알았고, 이 때문에 가족을 데려와주겠다는 국정원 측의 약속이 사실상 불가능해진 것으로 판단해 검사에게 강하게 항의한 것으로 알려졌다. 홍씨는 국정원과 검찰이 자신의 사례를 언론에 공개하지 않겠다고 해놓고 약속을 어겼다고 주장했다.

홍씨가 변호인단에 밝힌 합신센터의 수사 과정은 유가려가 밝힌 허위진술 유도 과정과 판박이다. 홍씨는 합신센터에서 억류 최장 기간인 6개월 동안 조사를 받았고, 대부분 독방에서 지내야 했다고 한다. 또 변호인 등 외부의 도움으로부터 철저히 고립된 채, 국정원의 유도 진술을 통해서 나온 간첩 행위의 세부사항에 대해서 여러 차례 진술서를 썼고, 나중에는 그 내용을 암기할 수 있을 정도에 이르렀다고 홍씨는 말했다. 이 같은 강압적인 조사와 함께 '북의 가족들을 데려다주겠다' '집과 돈을 주겠다'는 회유 과정도 있었다고 밝혔다.

검찰은 "홍씨가 구치소에서 자신이 공작원으로 입국했으며 반성하고 있으니 관대한 처벌을 원한다는 내용의 자필 반성문을 써 법원에 제출했다"고 밝히며 변호인단이 제기한 간첩 조작 의혹은 사실이 아니라고 반박했다. 변호인단은 검찰이 언급한 자필 반성문 역시 '형량이 줄어들 수도 있다'는 얘기를 듣고 작성한 허위 반성문이라고 받아쳤다. 반성문이라면 유가려도 썼던 것이다.

변호인단은 검찰이 홍씨에 대한 변호인의 접견을 방해하고 있다고 주장했다. 2014년 3월 27일 오전 변호인단은 구치소에서 홍씨를 접견한 뒤 오후에 다시 접견하려 하자 검찰이 홍씨를 갑자기 소환해 면담할 수 없었다는 것이다. 변호인단은 변호인들이 홍씨를 접촉한 직후 검찰이 그를 소환한 것은 허위자백을 유지하려는 의도가 있을 수 있다고 강하게 반발했다. 검찰은 홍씨의 자발적인 면담 요청에 의해 이뤄진 만남일 뿐 조사는 아니었다고 해명했지만, 홍씨는 자필 확인서를 통해 검찰에 면담을 요청한 사실이 없다고 밝혔다.

변호인단은 3월 27일 이 같은 사실을 밝히는 기자회견을 통해 검찰의 소환 조사가 부적절하다고 밝혔으나 검찰은 3월 28일 오전에도 홍씨를 소환하려 한 것으로 드러났다. 홍씨는 검찰의 소환을 거절했지만 서울구치소 교도관이 나서 '변호인 요구에 의해 불출석한다'는 내용의 사유서를 작성하도록 유도했다. 변호인단은 이 같은 상황을 적은 홍씨의 자필 확인서를 공개하며 검찰의 행위는 변호 활동을 저해하려는 움직임이라고 지적했다.

2014년 4월 7일에 이 사건의 첫 공판이 열리기로 예정되어 있었으나 홍씨의 변호인단은 재판부에 국민참여재판을 신청했다. 재판부는 홍씨의 신청을 받아들여 4월 7일부터 11일까지 닷새간 국민참여재판을 열기로 했으나 증거 조사 및 증인 신문이 장기화할 것을 고려해 당초 계획을 번복, 국민참여재판 배제 결정을 내렸다. 홍씨의 변호인단은 재판부의 국민참여재판 배제 결정에 맞서 항고했다. 서울중앙지법 형사합의26부(김우수 부장판사)는 2014년 6월 2일, "국민참여재판 배제 결정에 홍씨가 항고함에 따라 그 결과가 나올 때까지 기일을 연기한다"고 밝혔다. 재판부는 2014년 6월 12일에 국민참여재판을 받아들인다고 결정했다가 2주 만에 이를 번복하고 국민참여재판 배제 결정을 내렸다. 홍씨 사건은 일반 법정에서 1심 재판이 이루어졌다.

재판부는 2014년 9월 5일 홍씨에게 무죄를 선고하면서 다음과 같이 판시했다.

국정원 중앙합동신문센터에서 작성된 조서를 비롯해 검찰이 홍씨를 피의자로 불러들여 작성한 1~8회 신문조서 등 직접 증거들이 형사소송법에서 정한 증거 능력 인정 요건을 모두 갖추지 못해 유죄의 증거로 삼을 수 없다. 탈북자인 피고인이 국내 절차법상 지식이 부족한 상태에서 변호인의 조력 없이 조사를 받으면서 심리적으로 불안하고 위축되어 있어 신빙할 수 있는 상태에서 작성됐다고 보기 어려우므로 증거로 인정할 수 없다. 나머지 간접·정황 증거들도 증명력이 부족하다. 공소 사실을 인정할 수 없으므로 피고인을 무죄로 판단한다.

국정원 중앙합동신문센터에서의 자백은 강제에 의한 허위진술이었다는 홍씨의 주장을 법원이 모두 수용한 것이다. '제2의 유우성 사건'으로 주목받던 소위 '보위사 직파 간첩 사건'이 무죄 선고를 받음으로써 국정원에 대한 신뢰는 더욱 곤두박질치고 있다. 유우성 사건 이후에도 국정원이 달라진 것이 없다는 것을 보여줬기 때문이다. 국정원 중앙합동신문센터의 탈북자 조사 과정을 근본적으로 바꿔야 한다는 요구가 더욱 거세지고 있다.

합신센터에 들어온 탈북자들은 더 이상 북한 주민이 아니고 아직은 대한민국 국민도 아니다. 그들은 국제법상 난민으로 인정받지도 못하는 불안한 신분이다. 국정원 중앙합동신문센터에 들어오는 순간부터 그들은 대한민국 국민으로 인정받는 것이 목표다. 그들을 한국에서 살 수 있게 적합 판정을 내리는 칼자루를 쥔 '국정원 선생님'의 말을 들을 수밖에 없다. 탈북자들이 믿고 있는 것처럼 대한민국이 민주주의 국가라면 절대약자인 그들의 인권을 존중해야 한다. 합신센터에서 신분이 취약한 탈북자들을 쥐어짜서 간첩 검거 실적내기에 이용한다면 그들이 목숨 걸고 찾아온 대한민국의 자유와 민주주의는 신기루에 불과하다.

국정원은 2014년 7월 28일, 보도자료를 배포하고 "그동안 탈북민 보호와 위장탈북자 조사 과정에서 인권 침해 논란을 빚었던 합신센터가 '북한이탈주민보호센터'로 이름을 바꾸고 오해 소지가 있는 시설과 업무 관행도 대폭 개선한다"고 밝혔다. 또 조사실을 인권 침해 오해를 없애기 위해 개방형으로 바꾸기로 했다. 국정원은 탈북자 중 70퍼센트 이상이 여성인 점을 고려해 여성 변호사 등 법률전문가를 '인권보호관'으로 임명해 탈북민을 대상으로 법률상담을 하고 인권 침해 여부를 점검하며 직원 인권의식 교육을 강화할 계획이라고 전했다.

이병기 국정원장은 인사청문회 당시 "간첩 조작 시비라든가 인권 사각지대가 없도록 하겠다"고 밝힌 바 있다. 국정원의 이와 같은 조치는 유우성 사건을 통해서 합신센터의 인권 침해 사실이 밝혀지면서 비판 여론이 높아졌기 때문이다.

김용민 변호사는 국정원의 합신센터 개선안에 대해서 다음과 같은 의견을 제시했다.

첫째, 조사실을 개방형으로 바꾸겠다고 하는데 내부에서 다른 수사관들에게 조사실을 개방하는 것은 진정한 개선책이라고 볼 수 없다. 합신센터의 조사 방식이 문제가 되었던 것은 외부의 통제를 받지 않았기 때문이다. 합신센터의 조사 내용을 외부에 공개하지 않는 한 근본적으로 달라질 것은 아무것도 없다.

둘째, 여성 인권보호관을 파견한다고 했는데 법률전문가가 국정원 직원인 변호사일 경우에는 이것 또한 의미가 없다. 국정원 내부에서 인권 침해 사례가 있어도 국정원 직원인 법률전문가는 이것을 외부에 알릴 수 없다. 국정원 직원법상 기밀누설 금지 조항이 있어서 외부에 알리거나 외부기관에 고발할 가능성이 원천적으로 봉쇄되어 있기 때문이다.

셋째, 조사와 수사를 마음대로 넘나드는 합신센터의 조사 방식에 대해서 국정원은 개선책을 내놓지 않았다. 국정원 직원은 합신센터에서 탈북자들에 대한 조사만 담당해야 하고 수사 단계로 넘어가게 되면 수사기관에 고발하거나 통보 처분해서 수사가 별개의 절차로 진행되도록 해야 한다. 유가려의 경우처럼 화교 신분이 밝혀지고 난 후에 국가보안법 위반 혐의에 대한 수사로 전환됐지만 아무에게도 알려주지 않고 변호인의 조력도 받지 못한 상태에서 영장 없이 구금 상태에서 수사하는 일이 계속되고 있다. 이런 사례들이 계속 누적됐기 때문에 서울시 공무원 간첩 증거 조작 사건이 나온 것이고 이런 조사 방식이 개선되어야 증거 조작 사건을 근절할 수 있다.

국정원 중앙합동신문센터가 김용민 변호사의 의견대로 실효성 있는 개선책을 내놓지 않은 채 이름만 '북한이탈주민보호센터'로 바꾼다면 간첩공작소의 오명을 씻지 못할 것이다.

6
아무것도 끝나지 않았다

어둠이 조금씩 묽어진다. 우성은 잠자리에 누운 채 빛이 어둠을 밀어내는 것을 지켜본다. 아침이 오고 있다. 여전히 제 시간에 잠들지 못해 애를 먹으면서도 우성은 수면제를 끊었다. 언제까지나 수면제에 의존해서 잘 수는 없는 노릇이니까. 수면제 없이 잠들 수 있는 날도 있었고 오늘처럼 밤새 잠들지 못하고 새벽이 오는 것을 지켜보는 날도 있었다. 차차 나아질 거라고 자신을 타일렀다. 구치소를 나온 지 일 년이 다 됐는데 아직도 잠에서 깨어나면 자기 방이 낯설어 보였다. 눈뜰 때마다 구치소 독방의 회색 벽이 생각났다. 가슴이 두근거리고 눈앞이 흐려지는 증세도 사라지지 않았다. 그래도 우성은 아침에 일어날 때마다 '아 다행이다. 하느님 감사합니다'라고 소리 내어 말한다.

우성은 재판이 끝나고 결백함이 밝혀지면 고통이 끝날 줄 알았다. 그러나 아무것도 끝나지 않았다. 우성의 고난은 현재진행형이다. 우성에게 간첩 누명을 씌운 검찰은 그에게 사과하고 보상하는 대신 보복에 나섰다. 검찰은 수년 전에 외당숙 공성철이 프로돈 사업을 할 때 계좌를 빌려준 일을 가지고 외환거래법 위반 혐의로 유우성을 기소했다. 탈북자들의 고발에 의한 것이라고 하지만 우성은 국정원이나 검찰이 탈북자들을 시켜서 고발했다고 생각한다. 그들이 새삼스럽게 그 일을 끄집어내어 고발할 이유가 달리 없기 때문이다. 그가 화교 신분을 속이고 서울시 공무원으로 일했다고 해서 공무집행방해죄로 고발하기도 했다. 검찰은 우성의 이미지를 실추시키고 정신적 고통을 주기 위해서 최선을 다하고 있다. 우성의 변호인단은 검찰이 기소권을 남용하고 있다고 비판했다. 우성은 2심 재판이 끝나고 나서도 검찰 조사를 받고 변호인단과 만나 재판 준비를 했다. 변호인단은 이 사건에 대해서 국민참여재판을 신청했는데 법원은 받아들이지 않았다. 변호인단은 국민참여재판을 관철하기 위해 상고했다.

보복 기소보다 우성을 더 힘들게 하는 것은 간첩 증거 조작 사건에 대한 부실한 수사와 재판이다. 국정원의 윗선과 검찰은 다 빠져나가고 국정원 수사관과 정보원 몇 명이 재판에 넘겨졌다. 국정원 수사관들은 증거 위조를 지시했다는 사실을 부인하고 있다. 증거를 위조한 사실을 인정하고 반성한다고 밝힌 것은 국정원 정보원인 중국 동포 김원하 한 사람뿐이다. 위조된 증거가 있고 증거를 위조했다는 사람이 있는데 위조를 지시한 사람은 없다는 것이다.

유우성은 국정원 간첩 증거 조작 사건의 1심 재판을 맡은 서울중앙지법 형사합의26부에 피해자 재판 진술 신청서를 제출했다. 현행 형사소송법은 범죄로 말미암은 피해자의 신청이 있는 경우에는 피해자로 하여금 재판에서 피해 정도와 결과, 처벌 등에 관한 의견을 진술할 기회를 주도록 규정하고 있다. 재판부는 한 달이 넘도록 피해자 진술 여부에 대해 답변하지 않고 있다. 우성은 이 사건의 실체가 정확하게 밝혀지기를 원한다. 책임질 사람이 책임지고 처벌받을 사람이 처벌받아야 비로소 이 사건이 끝난다고 생각한다. 검찰 측이나 재판부는 진실을 규명하겠다는 열의를 보이지 않았다. 진상 규명을 하지 않고 사건을 덮어버릴 것 같다는 불안감이 우성을 괴롭히고 있다.

우성이 풀어야 할 또 하나의 문제는 국적이다. 검찰은 공소장을 변경하면서 우성의 이름을 유가강(리우짜이강)으로 표기했다. 우성이 중국인이라는 것을 부각하기 위해서였다. 우성은 중국으로 돌아갈 수도 없다. 중화인민공화국의 법률은 외국 국적을 취득한 사람이 다시 중국 국적을 회복하는 것을 허용하지 않는다. 중국 여성이 외국인과 결혼해서 다른 나라 국적을 취득했다가 이혼하고 다시 중국 국적을 회복하려고 해도 허락하지 않는다. 우성이 앞으로 한국 국적을 유지하지 못하게 된다면 난민이 될 수밖에 없다. 우성은 이 문제를 풀어야 한다. 아직은 아무 해결책도 갖고 있지 않다. 어쨌든 우성은 한국에서 살고 싶다.

"우성 씨를 간첩으로 몰고 동생한테 오빠가 간첩이라고 자백하게 만든 나라인데, 그래도 대한민국에서 살고 싶어요?"

2심에서 무죄 선고를 받은 후에 유우성이 자주 듣는 질문이다. 우성은 고개를 끄덕거린다.

"북한에서 이런 일 당했으면 저는 그냥 죽었을 겁니다. 북한에는 저를 믿어주고 도와주신 민변 변호사님이나 신부님, 목사님, 교수님, 진실을 보도하려고 애쓴 기자님 같은 분들이 없어요. 대한민국은 잘못된 점도 있지만 이런 분들이 있어서 희망이 있습니다. 대한민국에 살면서 이런 분들에게 진 빚을 갚고 공부도 더 하고 탈북자들의 인권이나 정착을 위해서 일하고 싶어요. 제가 간첩이 아니고 평범하지만 올바른 생각을 가진 사람이라는 걸 직접 보여드리고 증명하려면 한국에서 살아야죠. 무죄 선고보다 중요한 게 '그래도 뭐가 있으니까 간첩으로 잡혀 갔겠지'라고 의심하는 분들에게 그렇지 않다는 걸 몸으로 보여드리는 거라고 생각합니다."

유우성은 한국에 온 것을 후회하지 않는다. 처음 한국에 왔을 때 북한에서 살던 화교인데 한국에 살고 싶어서 북한을 탈출했다고 사실대로 말하지 않은 것을 후회할 뿐이다. 우성은 항소심 판결문에 '나름대로 애국심이 있다'는 내용이 들어 있는 것이 고마웠다. 자신을 한국인으로 인정해준 것 같아서다. 판사는 한국 국적을 가지고 살면서 중국에 호구를 두고 있는 이중성을 꾸짖기도 했다. 이 부분에 대해서도 우성은 할 말이 많다. 우성은 2004년에 북한을 탈출하기 위해서 중국에 나왔을 때 여권을 가지고 왔기 때문에 입국 신고를 했었다. 한국에 입국하기 위해 국경을 넘을 때는 합법적인 월경이 아니었기 때문에 우성은 계속 중국에 체류한 것으로 되어 있었다. 서류상 우성의 중국 체류기간이 4년이 넘으면서 중국 호구를 받게 되었다. 가려는 한국에 오고 싶어 했지만 아버지는 중국에 남겠다고 했다. 장남인 우성은 아버지를 부양하기 위해 중국 호구를 유지했다. 우성은 그것이 잘한 일이라고 생각하지는 않는다. 하지만 우성이 적극적으로 중국에 호구를 두려고 했던 것은 아니다.

우성은 국적 문제가 해결되고 집행유예 기간이 끝나기 전에는 아버지나 동생을 만나러 중국에 갈 수 없다. 아버지는 신장 수술을 받고 나서 예전보다 건강이 좋아졌다. 불행 중 다행이다. 가려도 중국에 돌아간 지 일 년이 지나면서 조금씩 안정을 찾아가고 있다. 가족이 다시 만나서 서로의 상처를 보듬어주려면 아직 오래 기다려야 할 것이다. 우성은 아버지나 가려와 자주 통화하면서 늘 걱정 말라는 말로 통화를 마무리한다. 장남으로서의 책임감과 자기 때문에 고통을 겪은 가족들에 대한 마음의 빚이 크다.

가려는 오빠가 보고 싶다. 오빠와 이야기하고 싶을 때는 편지를 쓴다. 가려의 책상 서랍에는 부치지 않은 편지가 쌓여 있다.

오빠, 동생은 이제 잘 지내고 있어. 아직도 밤 되면 무서워서 가끔 베개 들고 아버지 방으로 건너가기도 하지만 꿈 안 꾸고 자는 날도 있어. 심리치료사 선생님도 내가 많이 좋아졌다고 하서. 처음 중국에 돌아왔을 때는 잠만 들면 날마다 꿈을 꿨어. 조사실 책상 앞이나 독방 책상 앞에서 진술서 쓰는 꿈. 진술번복죄가 간첩죄보다 무섭다는 말이 천둥소리처럼 들리고 무릎 꿇고 앉아서 비는 꿈. 커다란 조사실에 혼자 서 있는데 벽에 기대려고 하면 벽에서 손이 나와서 때리고 머리채 잡아다 쪼아대고 몇 시간이고 그렇게 혼자 서 있어야 된다는 걸 알고 울다가 깨어난 적도 많아.

가려는 지금도 궁금해. 그 사람들은 나한테 왜 그랬을까? 왜 그런 거짓말을 시켰을까? 그렇게 많은 사람들이 거짓 진술 받아내려고 날마다 나를 둘러싸고 그런 일을 한 이유가 뭘까? 왜 내가 거짓 진술을 하지 않으면 그 사람들이 정복을 벗어야 된다고 했을까? 왜 그 사람들은 오빠가 간첩이어야 했을까? 국정원 사람들이나 검사들은 왜 그런 일을 할까? 나라의 큰 기관인데 왜 그런 일을 하지? 그 사람들은 공부도 많이 하고 나라에서 돈도 많이 받는 사람들이잖아. 너희 가족 돕느라고 나라 돈 억수로 썼다고 했는데 그런 엉터리 같은 일을 하느라고 왜 나라 돈을 쓰지? 가려는 아무리 생각해도 모르겠어.

오빠는 좋아하지 않겠지만 한국 가수들 사진이랑 배우들 사진 도로 방에다 걸어놨어. 작년에 한국에서 돌아와서 다 떼어서 서랍 속에 넣어뒀었잖아. 이제 또 보고 싶어졌어. 우리가 한국에서 고생한 게 그 사람들 잘못은 아니잖아. 한국 노래도 다시 듣고 한국 드라마도 다시 보고 있어. 가려는 지금도 한국이 좋아. 국정원이나 검사들은 생각하기도 싫지만 변호사님들은 보고 싶어. 무섭기는 하지만 재미 있기도 한 장경욱 변호사님, 국정원 가짜 삼촌들 대신 진짜 삼촌이었으면 좋을 거 같은 양승봉 변호사님, 잘생기고 똑똑한 용민 변호사님, 천낙붕 변호사님, 김진형 변호사님이나 김유정 변호사님, 이재정 변호사님도 다 보고 싶어. 구윤회 목사님이나 신부님들, 기자 언니들도 보고 싶고. 나 중국에 돌아오기 전날 식당에서 송별회 했잖아. 그때 송별회에 왔던 분들 다 보고 싶어. 아, 최승호 피디님도 있구나. 그날 기자 언니들이랑 변호사님들이 나더러 자꾸만 미안하다고 했어. 정말 이상하지, 오빠? 진짜 미안하다고 해야 할 사람들은 사과하지 않고 재판에 나와서 거짓말만 하는데 우리 도와주고 우리한테 잘해준 사람들만 미안하다고 하는 거야. 나는 그게 되게 이상했어.

한국에 계신 분들이 나더러 다시 한국에 놀러 오라고 했지만 가고 싶지 않아. 그분들이 보고 싶긴 하지만 한국은 아직 무서워. 지금도 가끔 국정원에서 나를 잡으러 오지 않을까 하는 머저리 같은 생각을 하거든. 이시원 검사가 말한 보위부 사람들은 안 무서운데 국정원 사람들은 무서워. 아버지는 오빠가 또 재판 받고 있다는 얘기를 듣고 화를 내셔. 멀쩡한 사람 간첩 만들고 그렇게 고생시켰으면 됐지 또 무슨 재판이냐고. 오빠가 조사받고 불려 다니고 재판 받는 거 생각하면 또 미안해. 나는 조사라는 말만 들어도 펄쩍 뛸 정도로 넌더리가 나는데. 오빠는 국정원이나 검사들한테 안 넘어가고 결백을 밝힐 정도로 똑똑한 사람이니까 잘할 수 있을 거야. 힘내!

오빠는 가려가 의학 공부 계속해서 의사가 됐으면 좋겠다고 했지만 나는 공부보다는 다른 쪽에 취미가 있어. 가려는 가수나 드라마 좋아하는 것처럼 옷이나 화장 같은 거, 꾸미는 걸 좋아해. 지금 배우고 있는 메이크업 아티스트 과정이 나한테 맞는 거 같아. 선생님도 내가 소질이 있대. 나는 이 일이 재미있어.

오빠, 미안해. 이제 오늘만 하고 미안하다는 말은 그만 할게. 오빠가 미안하다는 말 듣기 싫어하니까. 험한 일을 겪으면서도 한 가지 배운 게 있어. 무서워서 피하고 무서워서 거짓말하는 건 바보 같은 짓이라는 걸 알았어. 무서워도 용기를 내서 사실을 말하고 나니까 세상이 환해지는 것 같았어. 사실은 재판 받을 때도 날마다 무서웠어. 무서워도 참고 날마다 용기를 냈던 거야. 나는 마지막에 내가 사실을 말했다는 게 기뻐. 가려가 더 똑똑해지면 왜 우리한테 이런 일이 생겼는지 알 수 있을지 모르지만 지금 이거 두 가지는 알아. 거짓말은 밝혀지게 되어 있다. 용기를 내서 사실을 말하고 나면 마음이 편해진다. 오빠가 가르쳐준 거야. 고마워, 오빠.

2심에서 무죄 선고를 받은 2014년 4월 25일, 우성은 많은 사람들에게 축하를 받았다.

☞ 우성 씨, 무죄 판결은 당연한 것이고 많은 축하를 받았을 테니까 저는 다른 일을 축하하고 싶어요. 오늘이 한국에 온 지 10년째 되는 날이죠? 10년 동안 고생 많이 했고 힘든 일도 겪었지만 앞으로 남은

50년은 한국에서 좋은 일 가득하길 빌게요. 힘내요!

　지인이 보내준 이 메시지는 무너진 꿈을 다시 일으켜 세울 수 있을지 고민하는 우성에게 큰 힘이 됐다. 1심과 2심에서 무죄를 선고받기까지 우성을 믿어준 사람들은 여전히 그를 격려하고 도와준다. 그들이 있어서 무너지지 않고 여기까지 왔다. 갈 길이 멀지만 주저앉을 수는 없다. 우성은 믿고 싶다. 아침이 되면 빛이 어둠을 밀어내듯이 진실이 거짓을 밀어내고 그 모습을 완전히 드러내는 날이 올 거라고.

에필로그

저는 2004년에 한국에 와서 의과대학에 가려고 열심히 돈을 모으고 공부를 했습니다. 한국에서 의대를 간다는 것은 보통 힘든 일이 아니었습니다. 특히 영어시험이 번번이 발목을 잡았습니다. 2007년에 의대 진학을 포기하고 연세대학교 중문과에 입학했습니다. 대학에 처음 입학했을 때 제일 힘든 건 한국 학생들과 잘 어울리지 못한다는 것이었습니다. 나이도 많고 말투도 다른데 모르는 건 왜 그렇게 많은지 이것저것 일일이 다 물어볼 수도 없어서 답답했습니다. 항상 누군가에게 도움을 청해야 하니까 다른 사람에게 폐가 되는 것 같아서 우울했습니다. 그러던 중에 남북 청년들이 함께 활동하는 통일한마당 동아리에서 탈북자들을 배려해주는 한국 대학생들과 친구가 되었습니다. 그 친구들이 모르는 것을 다 가르쳐주어서 학교 생활에 적응하는 데 크게 도움이 되고 자신감이 생겼습니다.

저 자신이 한국에 정착하고 학교에 적응하는 데 어려움을 겪어본 경험이 있기에 탈북자 후배들을 도와주고 싶었습니다. 그래서 남한 출신 가톨릭 청년들과 함께 신부님의 지도로 영 한우리 동아리를 만들게 되었고 그곳에서 임원진으로 활동하며 탈북자 청년들에게 필요한 도움을 주고자 노력했습니다. 탈북 청년들이 각종 봉사활동과 멘토 프로그램을 통해서 남한 청년들과 교류하고 남한 사회를 경험하면서 대학 진학이나 조기 정착에 도움을 받을 수 있게 해주고 싶었습니다. 그런 모임과 봉사활동을 통해서 작성된 회원 명단이 현재 북한에 넘긴 탈북자 신원정보로 둔갑해 재판부에 증거로 제출되었습니다.

저는 2011년 6월부터 서울시청 복지정책과 생활보장팀에서 계약직 공무원으로 근무했습니다. 그곳에서 제가 담당한 업무는 서울시 기초생활수급자 관련 보조 업무입니다. 북한이탈주민에 대한 업무를 따로 맡은 것이 아닙니다. 기초생활수급자 안에는 장애인과 독거노인, 북한이탈주민 등이 포함되어 있지만 북한이탈주민이라고 해서 어떤 서류에도 따로 표시되어 있지 않습니다. 한마디로 제가 서울시청에 근무하면서 북한이탈주민에 대한 정보를 수집할 위치에 있거나 그런 직무를 수행하지 않았음을 알아주십시오.

저는 복지정책과에 근무하면서 사회복지에 관심을 갖게 되었고 2012년 2월부터 연세대학교 행정대학원 사회복지학과에서 복지에 대한 공부를 시작하게 되었습니다. 저는 사회생활을 하면서 북한이탈주민에 대한 편견을 깨고 싶었습니다. 대학원 재학 기간 중 각종 모임에서 자발적으로 총무 등 임원진을 맡았습니다. 처음에는 모임의 많은 분들이 과연 탈북자 유우성이 이런 역할을 잘해낼 수 있을까, 남한 청년들도 많은데 왜 하필 유우성이 임원을 하는가, 하는 불만과 우려가 있었습니다. 저는 잘할 수 있다는 걸 보여주려고 노력했습니다. 공지사항 하나를 올려도 꼼꼼하게 여러 번 검토했고, 참여도를 높이기 위해서 여러 번 메시지를 보내고 전화를 하기도 했습니다. 제가 만나는 사람들에게 탈북자라고 해서 일을 못하는 게 아니라 기회가 없어서 능력을 발휘하지 못하는 것임을 저를 통해서 조금이나마 증명하고 싶었습니다. 시간이 지나면서 대학원의 선배, 동기, 후배 들에게 조금씩 인정을 받게 되었습니다. 대학원 선배님들이 탈북 청년들에게 관심을 갖게 되었고, 그분들은 어렵게 정착하고 있는 탈북 청년학생들에게 소중한 장학금과 옷, 신발 등 물품을 후원해주시기에 이르렀습니다. 저는 동아리 회장으로서 학생들의 명단을 작성해서 장학금과 물품을 전달했을 뿐입니다. 지금도 제가 갖고 있던 명단에는 신발 사이즈와 옷 사이즈들이 적혀 있습니다. 저는 순수한 마음에서 후배들에게 조금이나마 도움이 되고자 봉사한 것입니다. 그런 제 마음을 탈북자 신원을 모집했다고 왜곡하고 있으니 억울하기 짝이 없습니다.

언론에서는 계속 제가 탈북자 200여 명의 신원정보를 북에 넘겼다고 보도하고 있습니다. 저는 신원정보를 넘긴 적이 없지만 기소 내용에 나와 있는 숫자는 정확히 170명입니다. 그나마 대부분의 이름이 중복되고 한국 학생과 중국 유학생들이 섞여 있어서 그중에 순수한 탈북자 분들은 74명밖에 안 됩니다. 그 74명 중에 공소장에 나온 대로 이름, 전화번호, 주소, 세 가지가 다 기재된 명단은 불과 30여 명밖에 안 됩니다.

공소 사실대로라면 제가 2006년에 북한 보위부에 포섭되어 2013년까지 7년 동안 공작해 북한이탈주민 신원을 74명밖에 모집하지 못했다는 주장입니다. 그게 사실이라면 저는 게을러도 보통 게으른 공작원이 아닙니다. 그런데도 저는 북한에서 공작을 잘했다고 표창까지 받았다고 합니다. 공소장에 따르면 제가 2006년에 어머니 장례식에 갔다온 이후 다시 북한에 들어가서 보위부에서 7일 동안 고문을 받아 다리를 절고 얼굴과 입에서는 피가 나고 링거까지 맞아가며 앓았다고 합니다. 그렇게 7일 동안 맞아서 엉망이 된 상태에서 3일 동안 간첩 교육을 받고 남파되었다고 합니다. 저는 모르겠습니다. 정말 사흘 동안 교육 받으면 간첩이 될 수 있는지도 모르겠고 제가 그렇게 머리가 좋고 똑똑하다는 얘기인지 무슨 말인지 하나도 모르겠습니다. 저는 사흘 동안 초스피드로 간첩 교육 받고 7년 동안 북한이탈주민 74명의 신원정보를 수집할 만한 능력이 못 됩니다. 저는 정말 억울합니다.

저는 1년 넘게 재판을 받으면서 내가 과연 21세기에 살고 있는 것인지 아니면 1970년대에 살고 있는 것인지 분간이 잘 가지 않았습니다. 변호사님들과 함께 〈변호인〉이라는 영화를 보았습니다. 그 시대에 일어났던 일이 지금도 똑같이 일어나고 있다는 게 너무 이상합니다. 거듭 말씀드리지만 저는 간첩이 아니고 그냥 평범한 사람입니다. 힘도 없고 백도 없고 그저 진실을 추구한다는 생각 하나로 지금까지 버텨온 것뿐입니다. 저는 이번 간첩 사건의 재판을 받으며 간첩으로 억울하게 살았던 분들의 심정을 이해할 것 같습니다. 죽을 만큼 억울하고 힘들어도 왜 그 당시 진실을 밝히지 못했는지 제가 겪어보니 알 것 같습니다. 저도 민변 변호사님들을 만나지 못했다면 제 억울함을 밝힐 수 없었을 것입니다.

지금도 여전히 저를 괴롭히는 것은 일부 언론의 왜곡기사와 헐뜯기입니다. 제가 살고 있는 동네까지 기사화해 저를 찾아와 괴롭히는 사람들까지 있습니다. 변호사님 사무실 앞에 와서 시위하는 사람들도 있습니다. 저는 매일 숨어 다녀야 하고 인터넷을 하면 저에 대한 악플과 왜곡기사를 보면서 분노하고 고통 받아야 합니다. 지인들 중에는 이상한 이야기를 하는 사람들도 있습니다. 진실이 밝혀지고 무죄 선고를 받아도 어떤 수단과 방법을 가리지 않고 너한테 꼭 보복할 거다, 그래서 그 사람들이 원하는 대로 해야만 이 모든 것이 끝날 거다, 라고 이야기합니다. 그분이 말하고 싶어 하는 게 뭘까요? 제가 굴복하고 국정원이나 검찰이 원하는 대로 가짜 간첩이 되어주는 게 좋겠다는 걸까요?

너무 괴로울 때는 가끔 이런 생각도 해봅니다. 2013년 1월 10일에 국정원에 체포되어 조사받으면서 국정원에서 원하는 대로 동생처럼 허위진술을 했다면 지금의 상황과는 다를 수도 있지 않았겠나 하는 생각이 들 때도 있습니다. 동생은 꿈에도 살고 싶은 한국에서 살 수 있고 저도 억울하지만 얼마간 징역을 살고 나왔다고 가정해봅니다. 저도 어떤 탈북자들처럼 텔레비전에 출연해서 간첩이라고 떠벌리며 그것이 무슨 업적인 양 자랑하면서 대단한 사람인 척하고 살아갈 수도 있지 않았을까. 하지만 저는 인간으로 태어나서 자신이 하지도 않은 일을 결코 했다고 말할 수 없었습니다. 더구나 제가 도와주려고 했던 탈북자들에게 피해가 되는 일을 했다는 것은 절대 인정할 수 없습니다.

저는 북한에서 태어나 자랐지만 재북화교라는 이름의 중국인입니다. 북한에서 태어나고 싶어서 태어난 것도 아니고 중국인의 자식으로 태어나고 싶어서 태어난 것도 아닙니다. 어릴 때부터 다른 북한 애들처럼 된장국과 김치찌개 먹으면서 자랐고 한국어로 말하고 한글을 쓰면서 살았습니다. 저는 중국에서 살아본 적이 없습니다. 음식과 생활, 문화, 모든 것이 북한 사람들과 똑같았기에 저는 제가 한국 사람이라고 생각했습니다. 그런데 얼굴 한 번 본 적 없고 이름조차 잘 모르는 조상님 덕분에 저는 모든 것을 잃고 사기꾼이 되어버렸습니다. 저는 여기 앉아 계시는 모든 분들이 부럽습니다. 선생님들은 좋은 나라 한국에서 태어나 그런 걱정 해본 적이 없겠지만 저는 운명을 탓할 수밖에 없습니다.

그저 평범한 행복을 원했을 뿐인데 제게는 그것이 허락되지 않았습니다. 저는 대한민국에 정착한 지 10년이 되었습니다. 고향에서 넘어온 다른 친구들은 대개 다 가족을 이루었고 아이도 둘 이상 키우면서 행복하게 살고 있습니다. 저도 소박한 꿈을 가지고 열심히 살았습니다. 낮에는 서울시청에서 일하고 밤에는 연세대학교 대학원에서 공부하며 하루 스물네 시간이 부족하게 살았습니다. 성공적으로 남한 사회에 정착한 탈북자로 인정받고 싶었습니다. 그런 저의 꿈은 그렇게 이루기 힘든 것이었을까요?

저는 한국에 정착해 10년 동안 살면서 대한민국 정부로부터 많은 은혜를 입었습니다. 북한에 그냥 있었다면 죽어서 다시 태어나도 경험해볼 수 없는 좋은 분들과 신앙을 알게 되었습니다. 이런 것을 가르쳐주고 저를 10년 동안 보호해준 고마운 대한민국 정부입니다. 저는 어떤 것이 좋고 어떤 것이 나쁜 것인지는 정확히 분간할 줄 아는 사람입니다. 제게 사랑과 은혜를 베푼 대한민국에 해로운 일을 하지 않았습니다. 은혜도 모르는 그런 인간이 아닙니다. 제 가족이나 한국에 살고 계시는 북한이탈주민 가족 분들은 다 똑같이 소중합니다. 저는 그분들한테 떳떳합니다. 그분들의 단 한 명의 신원정보도 북에 보낸 적 없습니다. 여러분이 알고 있는 유우성은 간첩이 아니라고 당당하게 말할 수 있습니다. 그 진실을 규명하느라고 모든 것을 다 잃는다고 해도 저는 제 가족과 모든 사람들 앞에 떳떳할 수 있습니다.

존경하는 재판장님!

저는 대한민국을 사랑하고 믿습니다.

또한 제가 서 있는 이 법정과 재판부를 믿습니다.

어떤 판결을 내려주셔도 저는 달게 받겠습니다.

부디 현명한 판단을 내려주시고 저와 제 가족의 누명을 벗겨주십시오.

장시간 저의 최후변론을 들어주신 여러분들에게 진심으로 감사드립니다.

끝으로 오랫동안 고생하신 변호사님과 신부님, 목사님, 교수님 그리고 진실을 널리 알려준 언론계에서 근무하시는 선생님들에게 머리 숙여 깊은 감사드립니다.

-유우성의 항소심 최후변론 중에서